Römer und Bajuwaren
an der Donau

Thomas Fischer

Römer und Bajuwaren an der Donau

Bilder zur Frühgeschichte Ostbayerns

Fotos von Manfred Eberlein
Luftaufnahmen von Otto Braasch

Verlag Friedrich Pustet Regensburg

CIP-Kurztitelaufnahme der Deutschen Bibliothek

Fischer, Thomas:
Römer und Bajuwaren an der Donau : Bilder zur
Frühgeschichte Ostbayerns / Thomas Fischer. Mit Fotos von
Manfred Eberlein u. Luftaufnahmen von Otto Braasch. –
Regensburg : Pustet, 1988
  ISBN 3–7917–1131–8

ISBN 3–7917–1131–8
© 1988 by Verlag Friedrich Pustet, Regensburg
Umschlaggestaltung: Peter Loeffler, Regensburg
Umschlagmotiv: Eiserne Dolche aus dem Künzinger Waffenhort, 3. Jh. (s. a. Taf. 43).
Farbreproduktion: OSIRIS, München
Gesamtherstellung: Friedrich Pustet, Regensburg
Printed in Germany 1988

Vorwort

Archäologie ist ein Thema, das in den letzten Jahren auch in Bayern immer wieder Schlagzeilen machte. Dabei galten diese nicht spektakulären Funden aus exotischen Ländern und geheimnisvollen Kulturen, die sonst ein breiteres Publikum ansprachen, sondern Zeugnissen der ältesten Geschichte dieses Landes.

Maßgeblichen Anteil an der Popularisierung der bayerischen Landesarchäologie hatte der Archäologe Dr. Rainer Christlein (1940–1983). Er verstand es nicht nur, zunächst in Niederbayern, dann in ganz Bayern, der archäologischen Forschung neue Impulse zu geben, sondern auch die Ergebnisse der Archäologie in Bayern durch Vorträge, Tagungen, Publikationen und gezielte Medienarbeit unters Volk zu bringen. Auch die Einführung einer planmäßigen Luftbildarchäologie ist sein Verdienst. Eine ganze Reihe der im vorliegenden Buch vorgestellten Ausgrabungen sind direkt oder indirekt mit Christleins Wirken in Ostbayern (1973–1980) verbunden. Seinem Andenken möchte ich dieses Buch widmen.

Mein Dank gilt einer ganzen Reihe von Kollegen und Institutionen. Besonders verbunden bin ich meinen Kollegen an der Prähistorischen Staatssammlung, dem Fotografen Manfred Eberlein für seine mühevolle Arbeit, zumeist im Rahmen eines gemeinsamen einwöchigen Arbeitsurlaubs in Regensburg und Straubing, sowie dem Graphiker Michael Berger für Karten und Rekonstruktionszeichnungen. In gewohnter Qualität steuerte dankenswerterweise Oberstleutnant a. D. Otto Braasch (Bayerisches Landesamt für Denkmalpflege) die Luftbilder bei. Mein Dank gilt Dr. Ingrid Burger (Archäologisches Museum Kelheim), Dr. Sabine Rieckhoff-Pauli und Dr. Wolfgang Pfeiffer (Stadtmuseum Regensburg) und Dr. Johannes Prammer (Gäubodenmuseum Straubing) für die Erlaubnis, Exponate aus ihren Häusern hier abbilden zu dürfen. Besonders dankbar aber bin ich den Kollegen Dr. Johannes Prammer und Dr. Hans Geisler (Gäubodenmuseum Straubing), Ludwig Kreiner M. A. (Kreisarchäologie Dingolfing-Landau) und Dr. Peter Schröter (Anthropologische Staatssammlung München) für ihre großzügige Zustimmung, unpubliziertes Fundmaterial, an dem sie die Publikationsrechte besitzen, für dieses Buch zur Verfügung zu stellen. Herzlich danken für mancherlei Hinweise und Hilfe möchte ich auch Dr. Udo Osterhaus und Dr. Robert Koch (Bayerisches Landesamt für Denkmalpflege, Abteilung Bodendenkmalpflege, Außenstelle Regensburg.)

Mit Frau Heidi Krinner-Jancsik und Herrn Karl Wittmann vom Verlag Pustet war es eine Freude, zusammenzuarbeiten. Ganz besonderen Dank schulde ich aber meiner Frau und meinen Töchtern, die es tolerierten, wenn der Ehemann und Vater in jeder freien Minute im Arbeitszimmer verschwand.

Taufkirchen, Mai 1987   Thomas Fischer

Inhalt

Vorwort 5

Einführung 7

Forschungsgeschichte 8

Römer an der Donau 10
   Kastelle 11
   Straßen 13
   Lagerdörfer *(canabae)* 13
   Gutshöfe *(villae rusticae)* 13
Markomannenkriege 15
   Die 3. italische Legion *(legio III Italica)* 15
   Blütezeit der römischen Zivilisation 16
Katastrophe im dritten Jahrhundert 19
   Die Alamannen 20
Die Spätantike 23
   Reformen Diocletians und Constantins 23
   Notitia dignitatum 28
   Ländliche Besiedlung 28
   Germanische Söldner im spätrömischen Heer . . 29
   Letzter Ausbau des Donaulimes 30
   Germanen aus Böhmen 33
Ende der römischen Herrschaft 35
   Reichsverweser Stilicho 35
Die raetische Grenzwehr im 5. Jahrhundert 36
   Zusammenbruch des raetischen Grenzverteidi-
   gungssystems 40
   Der Heilige Severin 41
Die Bajuwaren 47
   Wiederbesiedlung des Donauraumes 48
   Reihengräberfelder 49
   Adelsnekropolen 54
   Einfluß des Christentums 57

Ausgewählte Literatur 61

Bildnachweis 62

Museen 63

BILDTEIL 65

Namen- und Ortsregister 167

Einführung

Ostbayern, vor allem das Donautal zwischen Eining und Passau, bildet eines der Zentren der vor- und frühgeschichtlichen Archäologie in Süddeutschland. Seit dem Entstehen dieser Wissenschaftsdisziplin lieferte der Donauraum immer wieder wichtige und aufsehenerregende Funde von überregionaler Bedeutung.

Nach etwa einem Jahrhundert ihres Bestehens ist es der archäologischen Forschung in Süddeutschland gelungen, für die Zeiten vom ersten Auftreten des Menschen in der Eiszeit bis zum frühen Mittelalter ein historisches Grundgerüst zu erstellen, das durch Neufunde ständig ausgebaut und gelegentlich auch korrigiert wird. Der allergrößte Zeitraum der menschlichen Geschichte, eine Spanne von ca. 50 000 Jahren, dokumentiert sich auch in Ostbayern nur durch Bodenfunde. Erst die ab der karolingischen Zeit im 8. Jahrhundert vermehrt einsetzende Schriftlichkeit der historischen Überlieferung, verdrängt die Ergebnisse der archäologischen Forschung als führende historische Quellengattung.

Die Zeiten, in denen archäologische Funde und Befunde die Hauptmenge der historischen Kenntnisse liefern, teilt man in die vor- oder urgeschichtliche und die frühgeschichtliche Epoche ein. Erstere kennt überhaupt keine zeitgenössischen schriftlichen Überlieferungen. Die Zeitspanne, in der gelegentlich spärliche schriftliche Zeugnisse zu den Bodenfunden hinzukommen, ist Gegenstand der frühgeschichtlichen Archäologie.

Bis vor wenigen Jahren klaffte in der Kenntnis der historischen Abläufe der frühgeschichtlichen Epoche in Bayern noch eine beträchtliche Lücke. Diese betraf das fünfte Jahrhundert, die Epoche der Völkerwanderungszeit, also die Spanne zwischen dem Aufhören der Römerherrschaft, das bisher um 400 n. Chr. angesetzt wurde, und der beginnenden staatlichen Konsolidierung des bairischen Stammesherzogtums im 6. Jahrhundert.

In den letzten Jahren gelang es aber, diese Lücke teils durch Zufallsfunde, teils durch gezielte Forschungen so zu füllen, daß neue Beurteilungen dieser Zeit und damit auch Antworten auf die Frage nach der Entstehung der Bajuwaren möglich sind. Besonders aus Ostbayern stammte neues Fundmaterial, das hier zur Klärung beitragen konnte. Vor allem im Bereich des Donautales ergaben sich ganz neue Perspektiven. Während man früher von einem scharfen Bruch um 400 n. Chr. zwischen dem Ende der Römerzeit einerseits und der Einwanderung der Bajuwaren im frühen sechsten Jahrhundert andererseits ausging, scheint jetzt der trennende Einschnitt zwischen den historischen Epochen ganz anders zu liegen: Im dritten Jahrhundert bereits erlitt die römische Zivilisation im Grenzgebiet an der Donau durch die Einfälle der Alamannen entscheidende Schwächung. Was dann in der Spätantike folgte, war eine Epoche stark barbarisierter römisch-germanischer Mischkultur, die trotz aller Turbulenzen der Völkerwanderungszeit ohne dramatische Brüche in das frühe Mittelalter überleitete.

Diese Zeit des Übergangs zwischen dem dritten und siebten Jahrhundert behandelt das vorliegende Buch. Bewußt beschränkt es sich auf den Raum Ostbayern und die Beschreibung exemplarischer Fundstellen und Funde (Abb. 1, s. S. 8). Denn gerade hier im Donautal und seinem näheren Umfeld lassen sich historische Ereignisse auf Grund neuer Funde, die auch für andere Gebiete Bayerns von grundlegender Bedeutung waren, besonders gut beschreiben.

Es liegt allerdings bei einer Geschichtsschreibung, die vornehmlich auf archäologischen Quellen beruht, in der Natur der Sache, daß jedes Theoriengebäude sich zwangsläufig nur auf das momentan bekannte Material stützen kann. Neufunde können es jederzeit bestätigen, ausbauen, erweitern oder zum Einsturz bringen.

Wie kaum für ein anderes Fach gilt jedoch auch für die frühgeschichtliche Archäologie die Erkenntnis von T. H. Huxley, daß es keine Tragödie bedeute, wenn eine schöne Theorie von einer häßlichen Tatsache erschlagen würde.

Forschungsgeschichte

Die ersten Ansätze zur ernsthaften Erforschung der bairischen Frühgeschichte einschließlich der Römerzeit beginnen in der Zeit des Humanismus im 15. und 16. Jahrhundert. Besonders hervorzuheben ist hier Johannes Turmair aus Abensberg, genannt Aventinus (1477–1534), der »Vater der Bayerischen Geschichtsschreibung«. Er beschäftigte sich auch mit dem Sammeln, Lesen und Interpretieren römischer Steininschriften, unter anderem aus Eining und Regensburg. Über die Herkunft der Baiern berichtete er:

»(Die Römer) . . . haben dieses Land bis in das fünfhundertfünfunddreißigste Jahr mit Gewalt innegehabt. Nach dieser Zeit sind die Baiern wieder aufgekommen und der Römer allmählich Herr geworden, sind aus dem alten Baiern vom Nordgau aus dem böhmischen Wald über die Donau in das alte römische Reich über die alten Christen hergefallen . . .«.

Aus der Zeit vor Aventin sind allenfalls einige mehr oder weniger abstruse Theorien zur Herkunft der Bayern, z. B. aus Armenien, bekanntgeworden. Ältere Stammessagen, wie etwa bei Goten und Langobarden haben sich bei den Bajuwaren nicht überliefert.

So wird man wohl auch in Zukunft Licht in die Frage nach Herkunft und Entstehung des Baiernstammes vornehmlich mit Hilfe der Archäologie bringen können.

Der große Aufschwung der vor- und frühgeschichtlichen Archäologie als eigene wissenschaftliche Disziplin erfolgte erst im 19. Jahrhundert. Im Zeichen der aufkommenden nationalen Begeisterung und der damit verbundenen romantischen Rückbesinnung nach den napoleonischen Kriegen, waren es vor allem die Historischen Vereine, die mit wohlwollender staatlicher Förderung begannen, Bodenfunde zu sammeln und zu publizieren. Aus solchen vereinseigenen Sammlungen entstanden viele

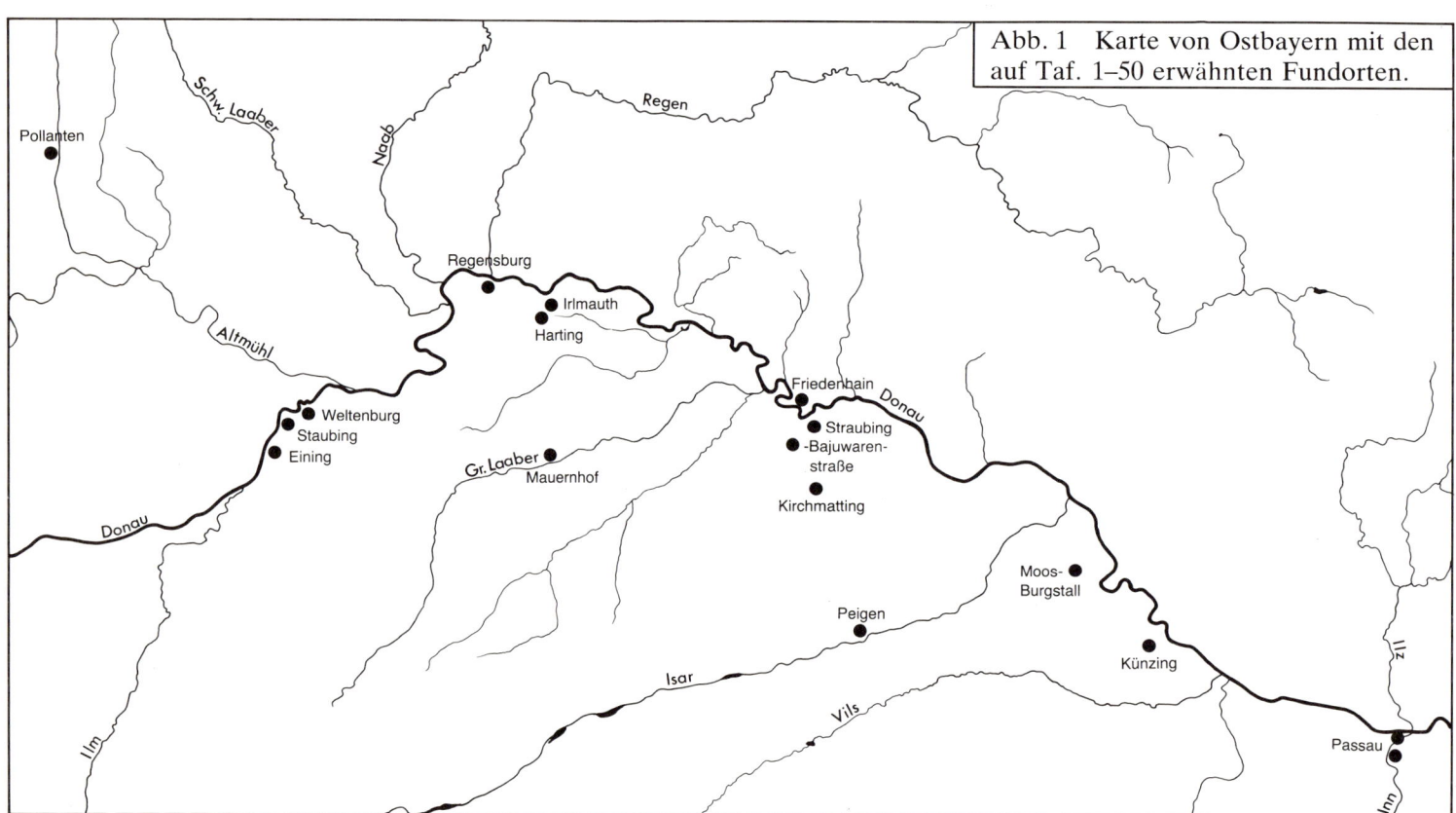

Abb. 1 Karte von Ostbayern mit den auf Taf. 1–50 erwähnten Fundorten.

der heutigen Regionalmuseen, etwa in Kelheim, Regensburg, Straubing und Deggendorf. Seit 1885 gab es auch eine Prähistorische Sammlung des Staates in München, aus der dann die Prähistorische Staatssammlung als staatliches Museum für Vor- und Frühgeschichte hervorging. Erfassung und Schutz der archäologischen Fundstellen und Denkmäler wurden seit 1908 vom Staat koordiniert, als das »Königliche Generalkonservatorium der Kunstdenkmäler und Altertümer Bayerns« mit Planstellen auch für Prähistoriker gegründet wurde. Daraus entstand dann das Bayerische Landesamt für Denkmalpflege.

Bis weit in das 20. Jahrhundert hinein bildete die Tätigkeit begeisterter und fachkundiger Laien das Fundament der archäologischen Forschung, gerade in Ostbayern. So wirkten zum Beispiel in Regensburg der Pfarrer Joseph Dahlem (1826–1900) und Konrektor Dr. h.c. Georg Steinmetz (1850–1945). Oberstudienrat Dr. Josef Keim (1883–1973) hatte in Straubing und Umgebung als »Scherbendoktor« einen geradezu legendären Ruf, im Raum Deggendorf wirkte der Ingenieur Johann Neubauer (1901–1986), in Passau der Gymnasialprofessor Dr. Albrecht Aigen (1893–1985).

Heute sind an die Stelle dieser Männer zumeist hauptamtliche Wissenschaftlerinnen und Wissenschaftler getreten. Stellen für Archäologen an kommunalen Museen existieren zur Zeit in Kelheim, Regensburg und Straubing. In den Landkreisen Straubing–Bogen, Deggendorf und Dingolfing–Landau gibt es Kreisarchäologen. Eine ganze Reihe neuerer Funde, die in diesem Buch teilweise zum ersten mal vorgestellt werden können, verdanken ihre Rettung und Bergung gerade den kommunalen Archäologen, die beim Auftauchen solcher Funde, im Rahmen von Bauarbeiten beispielsweise, entsprechend schnell vor Ort die notwendigen Rettungsgrabungen einleiten können.

Überwachung und Vollzug des Denkmalschutzgesetzes in Ostbayern ist Aufgabe des Bayerischen Landesamtes für Denkmalpflege in München und seinen Außenstellen in Regensburg (seit 1949) und Landshut (seit 1973).

Aber auch andere Museen und Forschungsinstitute führten und führen in Ostbayern Ausgrabungen durch, die der frühgeschichtlichen Epoche dieses Landes galten. Zu nennen sind hier die Römisch-Germanische Kommission des Deutschen Archäologischen Instituts in Frankfurt, die Kommission zur Erforschung des spätrömischen Raetien bei der Bayerischen Akademie der Wissenschaften in München, die Universitäten Frankfurt, Erlangen und Passau und die Prähistorische Staatssammlung München.

Bei der Auswertung ihrer Ausgrabungen sind die Archäologen zunehmend auf die Hilfe von Nachbarwissenschaften angewiesen. Menschliche Skelettreste bearbeiten die Anthropologen, die Tierknochen werten Paläoanatomen und Haustierforscher aus, Pflanzenreste die Paläoethnobotaniker. Textil- und Speisereste werden in Speziallabors untersucht, um Eisenschlacken und Metallgegenstände kümmern sich Metallurgen, Keramik untersuchen auf ihre Herkunft Mineralogen und Mikropaläontologen.

Römer an der Donau

Im Jahre 15 v. Chr. überschritten römische Heere die Alpen, um die Zentralalpen und das Voralpenland dem Imperium des Kaisers Augustus einzuverleiben. Die ganze Operation wurde von der routinierten Berufsarmee in einem Sommer problemlos erledigt. Allerdings trafen die Römer im Voralpenland nicht mehr auf die mächtigen keltischen Stämme, wie die der Boier und Vindeliker mit ihren großen stadtähnlichen Zentralorten (oppida). Die Keltenstaaten Süddeutschlands waren ungefähr zur Zeit Cäsars um 50 v. Chr. von einer furchtbaren Katastrophe heimgesucht worden. Aus Mitteldeutschland brachen plötzlich die germanischen Sueben hervor und verwüsteten das keltisch besiedelte Voralpenland. Die Bewohner wurden zum großen Teil entweder umgebracht oder ver-trieben, bevor die Sueben unter ihrem Häuptling Ariovist zum Rhein nach Gallien zogen. Erst die Legionen Cäsars konnten den germanischen Siegeszug am Rhein in einer blutigen Schlacht 58 v. Chr. stoppen und die Sueben vernichtend schlagen.

Das eroberte Voralpenland, zunächst ein Anhängsel des obergermanischen Militärbezirks, war nur entlang der wichtigsten Fernstraßen punktuell militärisch gesichert, der Hauptwaffenplatz war Augsburg. Erst unter dem Kaiser Claudius (41–54 n. Chr.) schuf man die Provinz Raetien (Abb. 2) mit der Provinzhauptstadt Augsburg (*Augusta Vindelicum*) und begann, die Donaugrenze durch Anlage von Kastellen zu schützen.

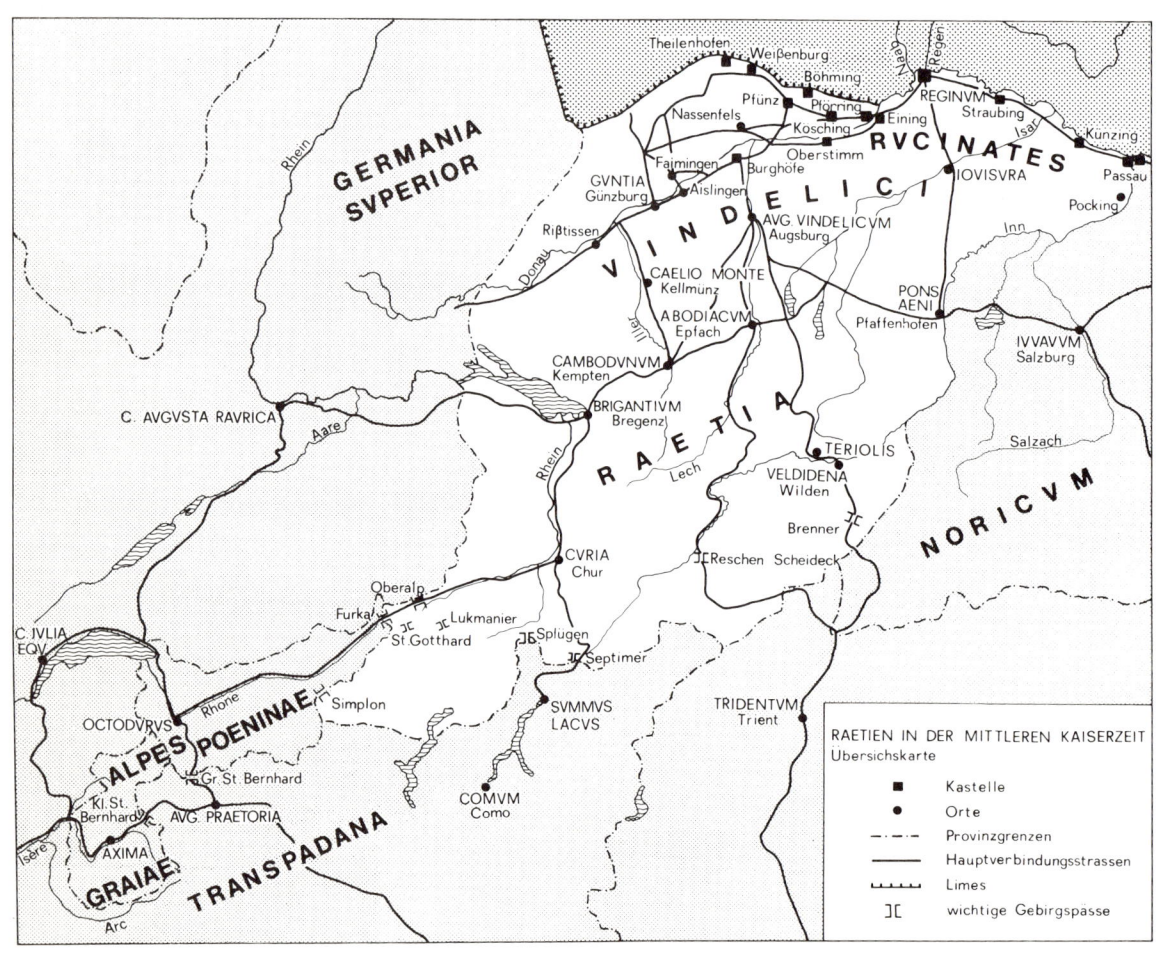

Abb. 2
Raetien in der mittleren Kaiserzeit (nach Dietz u. a.).

Kastelle

Die Kastelle der römischen Kaiserzeit waren streng genormte Kasernenanlagen mit einer meist rechteckig angelegten Umwehrung. Diese bestand aus einem oder mehreren Spitzgräben als Annäherungshindernisse gegen angreifende Reiterei oder dicht gestaffeltes Fußvolk. Dahinter lag eine Mauer, die in der Frühzeit aus Holz und Erde, ab der Mitte des zweiten Jahrhunderts aus Stein, mit dahinter aufgeschüttetem Erdwall, errichtet war. In regelmäßigem Abstand standen Tore, Eck- und Zwischentürme. Im Inneren drängten sich, zumeist streng rechtwinklig angeordnet, die zunächst aus Holz, später aus Stein bestehenden Innenbauten. In der Mitte, am Schnittpunkt der Hauptstraßen, erhob sich das Stabsgebäude (*principia*), dahinter oder daneben das Wohnhaus des Kommandeurs (*praetorium*) der im Kastell stationierten Einheit. Ansonsten befanden sich im Lager Mannschaftsunterkünfte, Ställe, Schuppen, Speicher, ein Lazarett und Werkstätten (Abb. 3–5).

Die Kastelle der Provinz Raetien waren zunächst nur mit sog. Hilfstruppen besetzt. Dabei handelte es sich um Einheiten von 500 oder 1000 Mann Stärke, die aus der rechtlich unterprivilegierten Provinzbevölkerung ausge-

hoben worden waren. In den Legionen, den ca. 6000 Mann starken Eliteeinheiten des römischen Reiches, durften nur Soldaten dienen, die das römische Bürgerrecht besaßen. Allerdings konnte der Soldat einer Hilfstruppeneinheit nach 25 Dienstjahren bei ehrenvoller Entlassung das römische Bürgerrecht für sich und seine Nachkommen erhalten. So sicherte sich Rom die Dienste von aufstiegswilligen Provinzbewohnern und förderte gleichzeitig deren Romanisierung, da sie beim Militär mit der lateinischen Schrift und Sprache und mit der römischen Zivilisation vertraut gemacht wurden.

Zu Beginn der römischen Herrschaft im Voralpenland bis zur Donau erfolgte die militärische Sicherung noch nicht entlang des ganzen Stromverlaufes; zwischen den Kastellen Oberstimm bei Ingolstadt und Linz (Oberösterreich) klaffte zunächst eine Lücke in der Kastellreihe. Die Lücke wird verständlich, wenn man einerseits bedenkt, daß in diesem Bereich nördlich der Donau damals kein Gegner zu fürchten war, andererseits Ostbayern selber kaum besiedelt war. Es genügte zunächst durchaus, hier kleine Militärposten anzulegen. Ein solcher ist durch entsprechende Funde auf dem Frauenberg bei Weltenburg (Taf. 6) nachgewiesen, ein weiterer vielleicht in Passau.

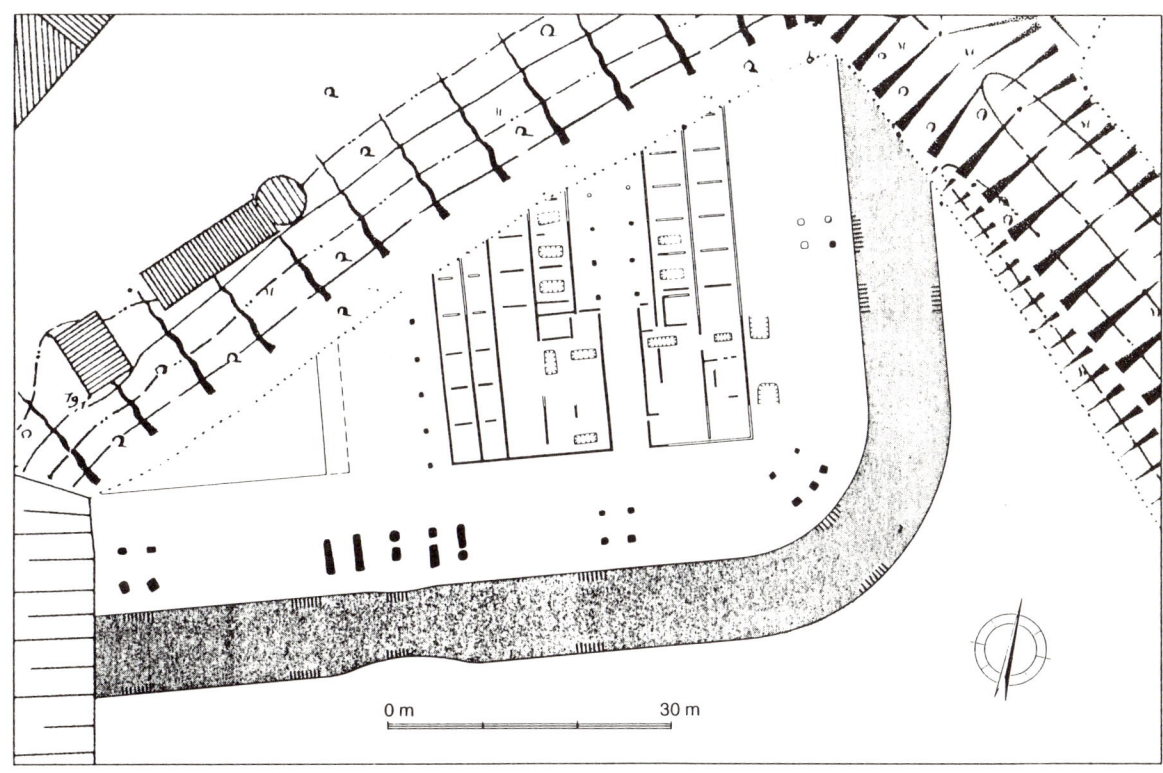

Abb. 3
Kastell von Moos-
Burgstall.
Plan der Ausgrabungen
1978–1980
(nach Schönberger).

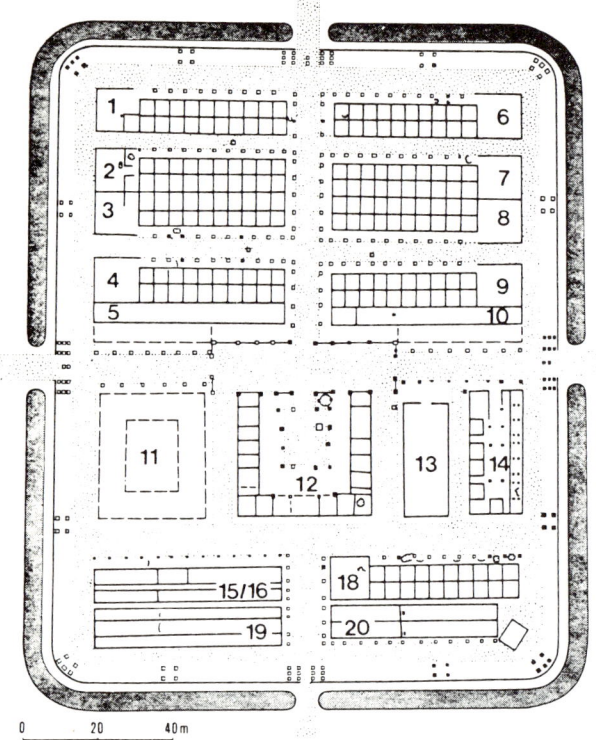

Der Bürgerkrieg und die Aufstände in Helvetien und Gallien nach dem Selbstmord Kaiser Neros (54–68) brachten manche Schwäche des Grenzverteidigungssystems zum Vorschein. Vespasian (69–79), der als Sieger aus den Wirren des Dreikaiserjahres 68 n. Chr. hervorging, richtete daher sofort sein Augenmerk auf die Wiederherstellung beziehungsweise den Ausbau der Grenzsicherung an Rhein und Donau. Unter seiner Regierungszeit und der seines Sohnes und Nachfolgers Titus (79–81) entstanden in Ostbayern Kastelle in Eining (Taf. 1), Regensburg–Kumpfmühl, in Straubing sogar zwei gleichzeitige. Östlich davon folgten Moos-Burgstall (Taf. 36; Abb. 3) und Passau (Taf. 46). Der zweite Sohn Vespasians, Domitian (81–96), ließ Kastelle in Straubing, in Künzing (Taf. 42; Abb. 4) und in Passau–Innstadt (Taf. 46) errichten. Auch bei der Herzogsmühle, Gde. Mangolding (Lkr. Regensburg), wo sich wichtige Straßen kreuzten, entstand ein Militärposten, dessen Art und Ausdehnung noch nicht erforscht ist. Wenig später folgten noch Kleinkastelle in Alkofen (Lkr. Kelheim) und Steinkirchen (Lkr. Deggendorf).

Abb. 4a   Ergänzter Plan des Kastells Künzing in der ersten Bauperiode (ca. 90–120). 1–4, 6–9, 18 Mannschaftsbaracken; 5, 10, 15, 16 Speicher oder Ställe; 19, 20 Ställe; 11 Wohnhaus des Kommandanten (*praetorium*); 12 Kommandantur (*principia*); 13 Speicher (*horreum*); 14 Lazarett (*valetudinarium*) (nach Schönberger).

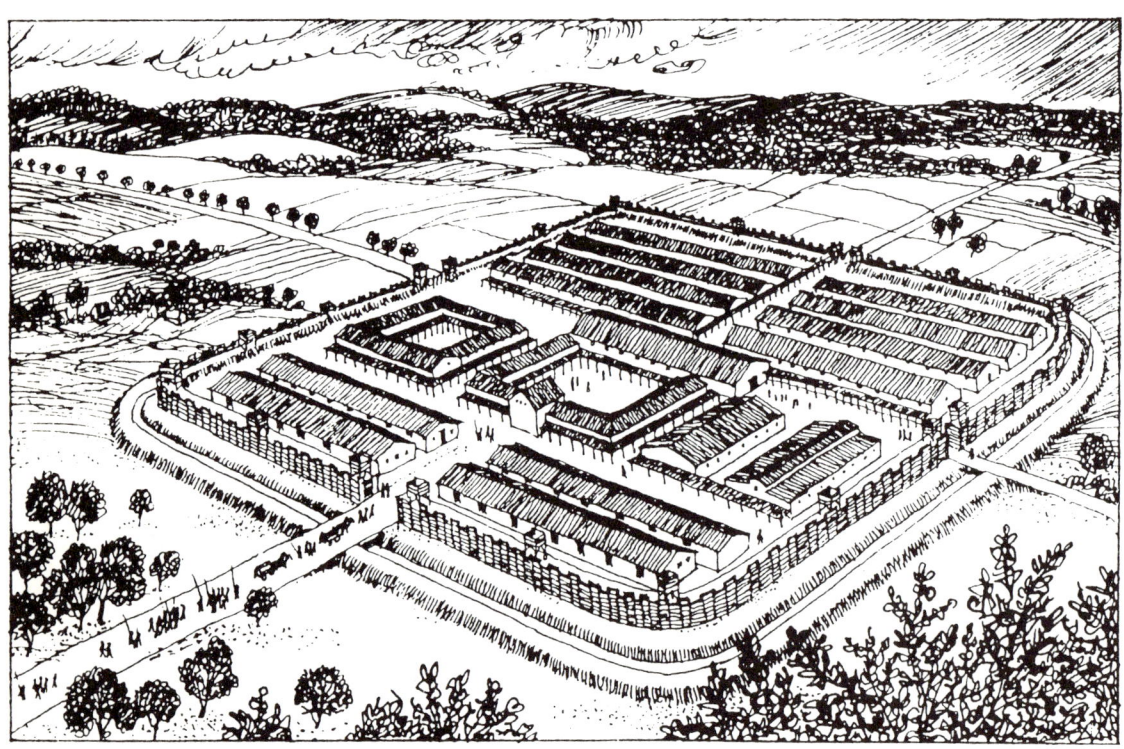

Abb. 4b   Rekonstruktionszeichnung des Kastells Künzing in der zweiten Bauperiode (ca. 120–135). Umwehrung und Innenbauten noch in Holz-Erde-Bauweise wie bei der 1. Bauperiode. Um das Kastell ist das Lagerdorf (*vicus*) zu ergänzen (nach Bleibrunner).

Straßen

Mit dem römischen Militär war auch die damals in voller Blüte stehende Zivilisation des Mittelmeerraumes über die Alpen gekommen. Als Schlagadern der wirtschaftlichen und kulturellen Erschließung des Landes dienten die ersten im Voralpenland angelegten Kunststraßen. Dem Bau der für ihre Qualität bekannten Römerstraßen ging zunächst eine genaue Vermessung voraus. So führten die Straßen oft geradlinig auch über hügeliges Gelände. Die Straßen erhielten ein sorgfältig geschüttetes Bett zwischen zwei Straßengräben; sie trugen meistens einen Kiesbelag, der bei Bedarf stets ausgebessert wurde. Im Bereich größerer Siedlungen waren die Straßen auch mit Steinplatten gepflastert und wurden von unterirdischen Abwasserkanälen aus Steinen, Holz und Tonröhren entwässert. An jeder Meile (1 röm. Meile = 1480 m) standen am Straßenrand Meilensteine, aus Stein gehauene, bis zu 2 m hohe Säulen. Darauf waren Name und Titel des Kaisers verzeichnet, der sie beim Bau oder größeren Reparaturen der Straße hatte setzen lassen. Außerdem gaben sie die Entfernung von den nächsten größeren Orten an. Straßenbau und Errichtung von Meilensteinen erfolgten durch das Militär.

Die Anlage einer Straßennetzes diente nicht nur raschen Truppenbewegungen, dem Nutzen von Verkehr und Wirtschaft, sondern bildete auch eine gigantische, nie endend wollende Arbeitsbeschaffungsmaßnahme für das Heer, damit dieses nicht durch Untätigkeit verweichlichte und seine Disziplin verlor.

Lagerdörfer (canabae)

Mit den Hilfstruppeneinheiten, die in den ostbayerischen Kastellen lagen, waren auch Händler und Handwerker, Wirte und leichte Mädchen gekommen, die sich außerhalb des Lagers niederließen. Unter der strengen Aufsicht der Militärbehörden entwickelten sich diese Lagerdörfer aus Gebäudeansammlungen – wie in den Goldgräberstädten des Wilden Westens – zu schmucken, blühenden Kleinstädten. Die Lagerdörfer lebten zum großen Teil vom Militär, das ja durch stete Soldzahlungen immer Bargeld besaß, aber auch vom ländlichen Umfeld. Es konnte sogar immer wieder vorkommen, daß nach Abzug der Truppe, wie z. B. in Moos–Burgstall, das ehemalige Lagerdorf trotzdem erhalten und lebensfähig blieb. In den Lagerdörfern gab es neben Wohnhäusern und Werkstätten, die überall bald auch in Steinbautechnik ausgeführt wurden, Markthallen, Tempel, öffentliche Gebäude und großzügig angelegte Thermen mit allen Raffinessen antiker Badekultur.

Das regelmäßige Baden mit Sauna, Massage und Gymnastik war kein Zeichen einer überzüchteten Kultur, sondern eine hygienische Notwendigkeit. Die in drangvoller Enge kasernierten römischen Soldaten wären samt den Zivilisten im Lagerdorf bald von Seuchen hinweggerafft worden, wenn es die öffentlichen und privaten Bäder nicht gegeben hätte.

Gutshöfe (villae rusticae)

Die Bewohner des Lagerdorfes und die Soldaten in den Kastellen benötigten Lebensmittel in beträchtlicher Menge. So kam es bald zur Anlage von zahlreichen Gutshöfen in dem vorher menschenleeren Raum Ostbayerns. Vor allem im fruchtbaren Gäuboden waren die besten Voraussetzungen für eine blühende Landwirtschaft gegeben. Die Militärverwaltung förderte diese Entwicklung, indem sie Veteranen, d. h. in Ehren entlassenen Soldaten, als Abfindung nach dem Militärdienst Land zur Bebauung zuwies und auf diese Weise auch die Versorgung der Truppe sicherte. Der römische Einzelhof (villa rustica) war so in Ostbayern die herrschende ländliche Siedlungsform geworden (Taf. 14); irgendwelche anders geartete Ansiedlungen, etwa von Eingeborenen, existierten nicht.

Diese villae rusticae bestanden in der Regel aus einem steinernen Wohngebäude mit Ziegeldeckung, das oft mit Fußbodenheizung, Wandmalereien und Glasfenstern ausgestattet war (Abb. 5). Die großen Luxusvillen mit Mosaikfußböden, wie sie etwa in den reicheren Provinzen Norikum, Pannonien oder im Rheinland vorkamen, sind in der raetischen Grenzzone bisher nicht nachgewiesen, hier lebte man bescheidener. Allerdings gehörte selbst zu einem einfachen Gutshof stets ein Badegebäude. Oft waren die Bäder auch in das Wohnhaus integriert. Die Bäder hatten Heiß- und Kaltwasserbecken und eine Sauna und waren, wie die Wohnhäuser, mit Fußbodenheizung, Wandmalereien und Glasfenstern ausgestattet.

Die Wasserversorgung erfolgte durch gefaßte Quellen oder Brunnen.

Daneben gab es Wirtschaftsgebäude, Ställe, Scheunen, Mühlen, Unterkünfte für Landarbeiter und Sklaven, bisweilen auch Handwerksbetriebe wie Töpfereien oder Ziegeleien. Der ganze Gebäudekomplex war von einer rechteckigen Umwehrung, zumeist einer Steinmauer, umschlossen, ringsherum erstreckten sich die zugehörigen Felder und Weiden.

Zu einer jeden Villa gehörten ein eigener Friedhof für die Familie des Gutsherrn oder -pächters und das Gesinde, und manchmal auch ein kleines Heiligtum.

Abb. 5 Hauptgebäude einer *villa rustica*. Rekonstruktionszeichnung nach dem Luftbildbefund von Taf. 14 (Mauernhof, Gde. Zaitzkofen, Lkr. Regensburg).

Markomannenkriege

Ohne große Störungen konnte sich im Osten der Provinz Raetien ein friedliches und blühendes Leben und Wirtschaften entwickeln. Der Schutz der römischen Armee ermöglichte eine Friedensperiode von ca. 100 Jahren – einer enorm langen Zeit, wenn man sich die folgenden Jahre von der Antike bis heute mit ihren ständigen Kriegen vor Augen hält. Doch in der Regierungszeit des Kaisers Marc Aurel (161–180), der durch seine Schriften als »Philosoph auf dem Kaiserthron« bekannt wurde, kam es zu militärischen Auseinandersetzungen von beträchtlichem Ausmaß.

Im fernen Armenien und Mesopotamien, im Grenzgebiet zu den Parthern, brach ein größerer Krieg aus, der mit Hilfe dorthin verlegter Grenztruppen aus dem Donauraum zunächst gewonnen wurde. Die Kräftebindung im Osten machten sich verschiedene, meist germanische Stämme an der mittleren und unteren Donau zunutze und drangen in die römischen Provinzen ein. Hauptgegner der Römer in diesem langdauernden Krieg waren die Markomannen, ein germanischer Stamm, der in Böhmen siedelte. (Nach ihnen erhielt die Auseinandersetzung den Namen Markomannenkriege.)

Zwar wurden daraufhin die Truppen aus dem Osten wieder zur Donau zurückbeordert, doch sie brachten einen neuen, fast noch gefährlicheren Gegner mit sich – die Pest. Tausende starben an der Seuche, nur mit Mühe und unter Aufbietung aller Kräfte konnte Rom die Germanen immer wieder besiegen, sogar Sklaven sollen damals von den Römern bewaffnet worden sein.

Auch Raetien war in den 70er Jahren des zweiten Jahrhunderts von den Germaneneinfällen betroffen. Über den Böhmerwald und den Bayerischen Wald, wohl über die Cham–Further Senke und das Regental, fielen plündernde Trupps in die Provinz ein. Zerstörungen sind an den Kastellen und Lagerdörfern von Eining, Regensburg und Straubing nachgewiesen sowie in der militärisch besetzten Straßensiedlung von Mangolding–Herzogmühle im Landkreis Regensburg.

Die 3. italische Legion (legio III Italica)

Um die Germanen wieder aus Raetien herauszudrängen, wurde auch eine in den Markomannenkriegen neu geschaffene Truppe eingesetzt, die 3. italische Legion. Im Rahmen dieser Rückeroberung errichtete ein Teil dieser Legion im Unterfeld bei Eining ein befestigtes Lager, das nur ganz kurzfristig in Benützung war. Luftaufnahmen und Grabungen ließen die Umwehrung und Teile der steinernen Innenbebauung bekannt werden (Abb. 6).

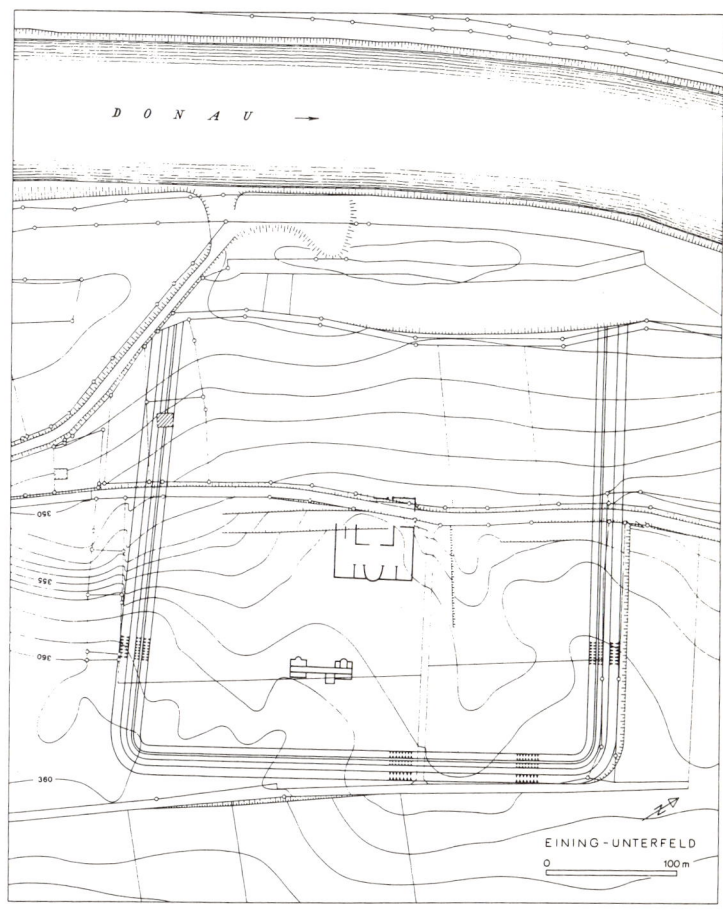

Abb. 6 Das Lager im Unterfeld von Eining mit Eintragung der beiden wichtigsten Steinbauten (nach Luftbildbefund). In der Mitte Kommandantur (*principia*) mit eingebauter halbrunder Apsis des Fahnenheiligtums, dahinter Kommandantenhaus (*praetorium*). Der Verlauf der Umwehrung ist durch die Grabungen Schönbergers gesichert (nach Christlein-Fischer).

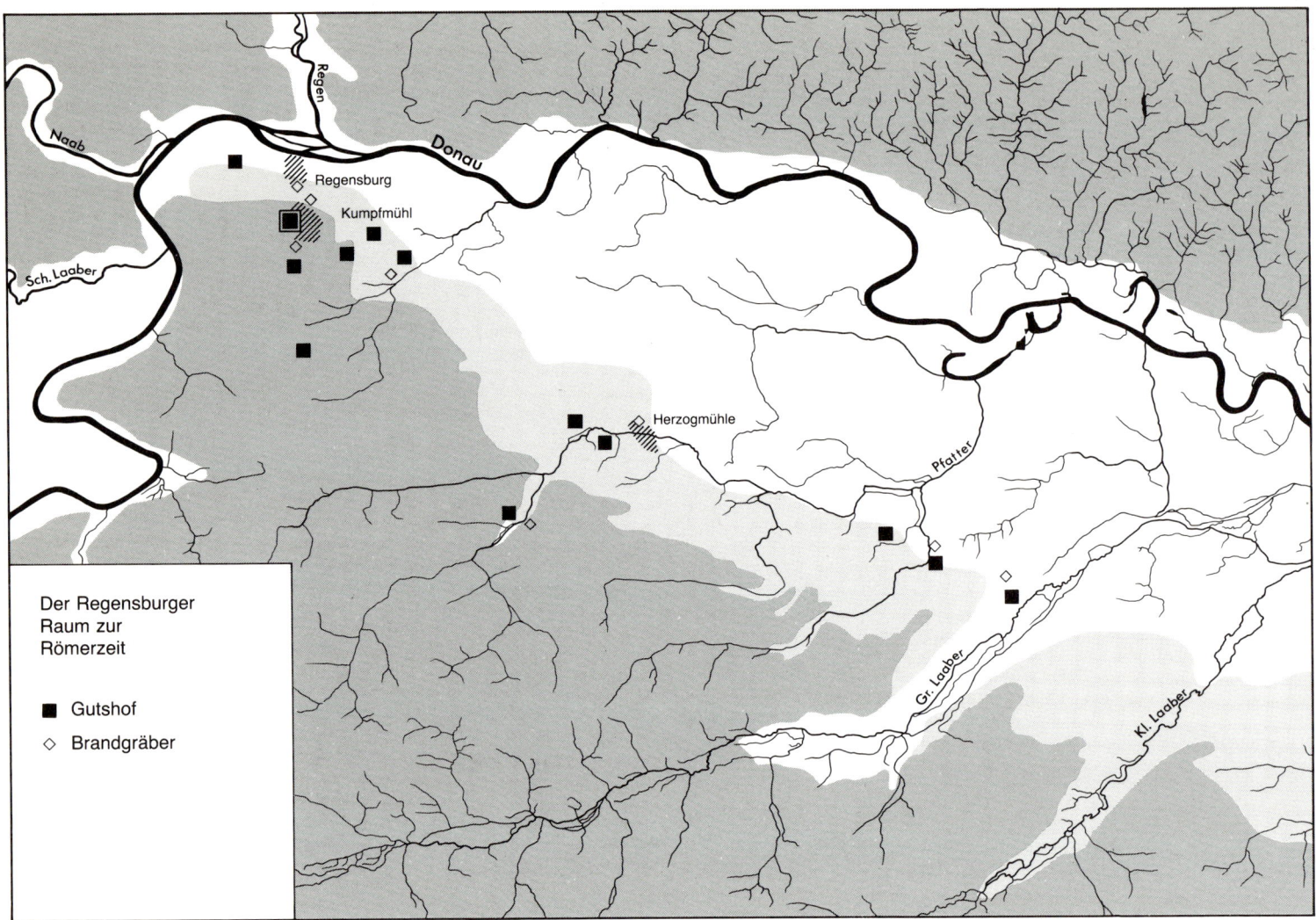

Abb. 7   Ländliche Besiedlung der Römerzeit um Regensburg in der Zeit zwischen ca. 80 und 170 (nach Fischer).

Um in Zukunft die Provinz vor Einfällen aus Böhmen zu schützen, beschloß man in Rom, die 3. italische Legion nun auf Dauer in Raetien zu stationieren, und zwar dort, wo das Regental als Hauptverbindungsweg nach Böhmen in das Tal der Donau einmündet: in Regensburg.

Bereits im Jahre 179 n. Chr. war die Umwehrung des Legionslagers samt Toren und Türmen laut Bauinschrift fertiggestellt (Taf. 7–9). Ihre ungewöhnlich massive Bauweise bewirkte, daß große Teile dieser römischen Befestigungsmauern heute noch erhalten sind. Der antike Name der Festung lautete zunächst wohl *Reginum*, erst in der Spätantike kam die Bezeichnung *Castra Regina*/Festung am Regen auf.

Zum Schutz der Naabmündung östlich der Regenmündung legte man in Regensburg–Großprüfening ein kleines Kastell samt Lagerdorf an; die zerstörten Kastelle

wurden alle rasch wieder aufgebaut, wobei Spezialisten der 3. italischen Legion die Arbeiten leiteten. Nur das Kastell von Regensburg–Kumpfmühl und das zweite Straubinger Hilfstruppenlager gab man auf und benutzte die Ruinen als Steinbruch.

Blütezeit der römischen Zivilisation

Die Ankunft der 6000 Mann starken Truppe samt Troß, die sich nun auf Dauer niederließ, brachte für das östliche Raetien einen ungeheuren wirtschaftlichen Aufschwung. Durch gezielte Förderung seitens der Militärverwaltung, die die Ernährung der stark angewachsenen Bevölkerung gesichert sehen wollte, stieg die Anzahl der Gutshöfe um Regensburg sprunghaft (Abb. 7, 8) an.

16

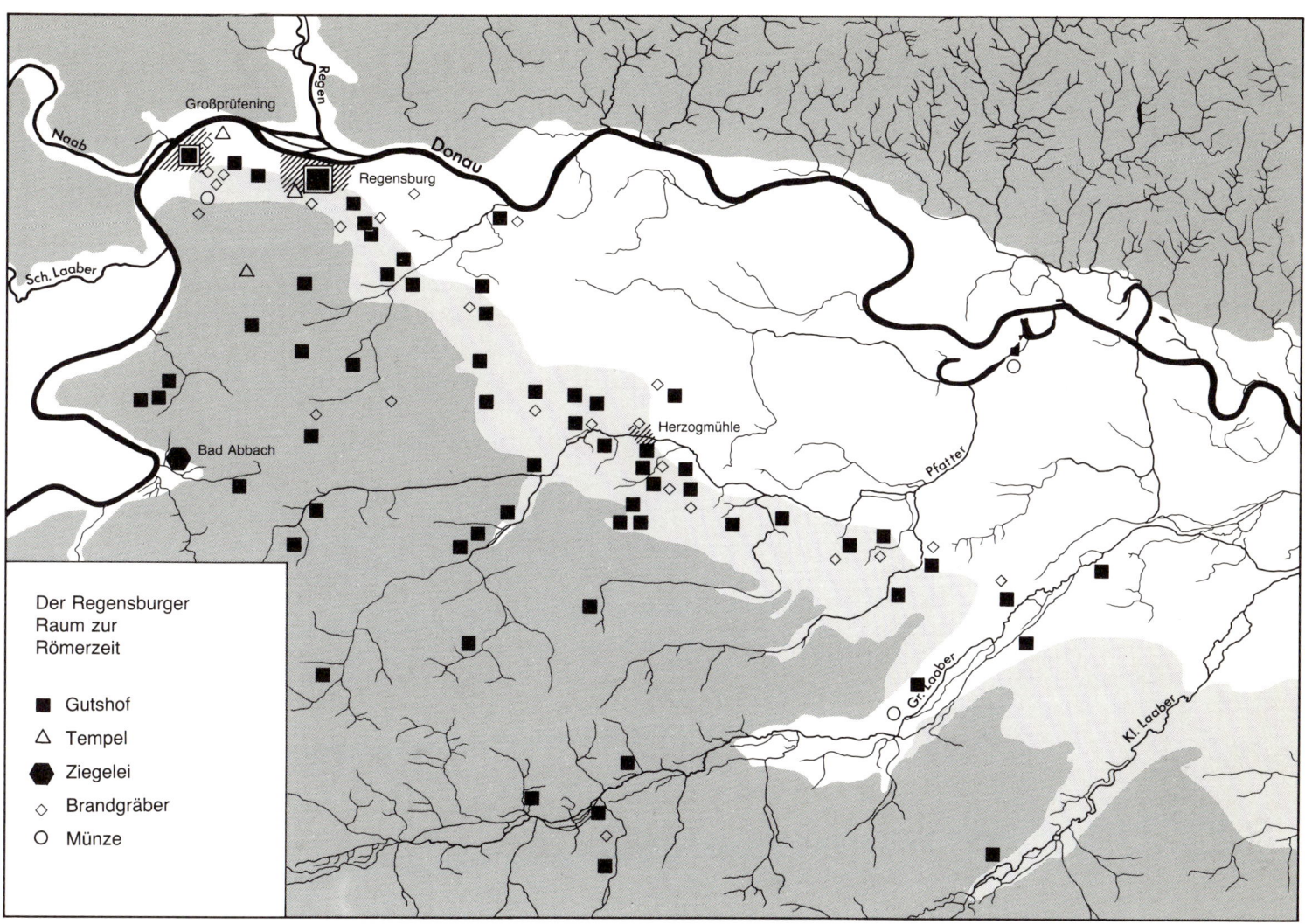

Abb. 8 Ländliche Besiedlung der Römerzeit um Regensburg in der Zeit zwischen ca. 180 und 260 (nach Fischer).

Eine rege Bautätigkeit setzte ein: man hatte ja nicht nur die Schäden der Markomannenkriege zu beseitigen, das Militär legte nun beim Ausbau seiner Festungen zudem Wert auf repräsentative Architektur. Auch der private Bausektor belebte sich durch das Geld, das die Legion ins Land brachte.

Ziegel für die staatlichen Bauvorhaben lieferte die Legionsziegelei in Bad Abbach; für die Kalksteinbrüche zwischen Kelheim und Bad Abbach, die schon das Baumaterial für die Regensburger Legionsfestung gestellt hatten, kam eine Zeit der Hochkonjunktur.

Auch die örtlichen Steinmetzwerkstätten hatten viel zu tun und fertigten Gebrauchskunst in Mengen nach mittelmeerischem Vorbild, allerdings in sehr bescheidener provinzieller Ausformung. Vom einfachen Grabstein bis zum aufwendigen, mit Reliefs geschmückten, turmhohen

Pfeilergrabmal lieferten sie alles, je nach Zahlungsfähigkeit ihrer Kundschaft. Aufgrund frommer Gelübde entstanden seit der Zeit um 180 n. Chr. in Ostbayern mehr Altäre und Götterbilder als jemals zuvor.

Sogar die Errichtung bzw. Wiederherstellung von ganzen Tempeln in Regensburg und Umgebung erfolgte von privater Seite. Als Stifter sind auf Inschriften Offiziere der Legion, in einem Fall auch Kaufleute aus Trier, wohl Heereslieferanten, genannt.

Aktivster Bauherr aber war der Staat bzw. die Militärverwaltung. Um das gesundheitliche Wohl der Soldaten bemüht, errichtete man ein ausgedehntes Kurbad der Legion in Bad Gögging. Über den dort sprudelnden heißen Schwefelquellen (im Volksmund der Neuzeit bezeichnenderweise »Stinkerbrunn« genannt) entstand eine prächtige Thermenanlage. Entsprechende Ziegelstempel beweisen, daß sich sogar die römischen Kaiser mit ihrem Privatvermögen an den Baukosten beteiligten. Teile der Anlage konnten bei Ausgrabungen in und um die romanische Andreaskirche freigelegt werden, in der Kirche sind sie in konserviertem Zustand zu besichtigen. Die wirtschaftliche und – in bescheidenem Rahmen auch kulturelle – Blüte ging auf die Zeit der Severischen Dynastie im späten zweiten und frühen dritten Jahrhundert zurück. Der Soldatenstand gewann bei der wachsenden äußeren Bedrohung zunehmend an Bedeutung. Den Kaisern blieb gar nichts anderes übrig, als immer wieder mit Solderhöhungen und allerlei Diensterleichterungen und Vergünstigungen das Militär bei Laune zu halten. Das notwendige Geld hierfür holte man sich durch Steuererhöhungen, da es trotzdem nicht ausreichte, suchte man es durch eine verheerende Politik der Münzverschlechterung zu vermehren, was wiederum eine steigende Inflation zur Folge hatte. So trieb das Reich bei wachsender äußerer Gefahr auch einer gewaltigen inneren Krise entgegen: Die kurzfristige wirtschaftliche Scheinblüte der militärisch geprägten Grenzprovinzen war mit dem finanziellen Ruin des bürgerlichen Mittelstandes und einem desolaten Währungssystem allzu teuer bezahlt, düstere Zeiten brachen an.

Katastrophe im dritten Jahrhundert

Am ostraetischen Donaulimes hatten sich die Römer nach den Markomannenkriegen auf weitere Bedrohungen aus dem böhmischen Kessel eingestellt. Nur so kann man die Lage der einzigen raetischen Legion an einer doch recht abgelegenen Ecke der Provinz fern der Hauptstadt Augsburg erklären und rechtfertigen. Im dritten Jahrhundert aber sollte sich die politische Großwetterlage entscheidend ändern – der Hauptfeind kam nun aus einer ganz anderen Richtung.

Im Gebiet nördlich des raetischen Limes hatten im ersten und zweiten Jahrhundert germanische Völkerschaften, wie die Hermunduren, gewohnt, mit denen Rom ein gutes Auskommen hatte.

Im dritten Jahrhundert entstand in diesem Gebiet ein neuer Stamm, der aus den verschiedensten Volksgruppen, vor allem des elbgermanischen Kulturkreises, Zuzug erhielt: Die Alamannen. Schon der Name drückt dies deutlich aus (freie Übersetzung: »Männer aus allen Himmelsrichtungen«). Bald setzte sich das neue Volk ein klares Ziel, nämlich die Ausplünderung der römischen Provinzen.

Die erste Runde der Auseinandersetzungen gewannen noch die Römer. Wohl nach ersten Übergriffen in das Limesgebiet durch die Alamannen, fackelte der Kaiser Caracalla (211–217) nicht lange und führte im Jahre 213 ein großes Heer über den Limes. Obwohl die zeitgenössische römische Geschichtsschreibung, bei der der Kaiser eine schlechte Presse hatte, den Sieg Caracallas herunterzuspielen suchte, kann die Aktion so erfolglos nicht gewesen sein: Immerhin herrschte nun für 20 Jahre Ruhe am Limes.

Im Jahre 233 allerdings war diese Ruhe jäh beendet. Die Konfrontation mit den Alamannen spielte sich nun nach einem klassischen Muster ab, das sich in den kommenden Jahren immer wieder wiederholen sollte:

Da im römischen Reich aber keine dauerhafte Eingreifreserve für den Fall existierte, daß die in einer Provinz stehende Armee durch eine überdimensionale Bedrohung überfordert war, mußte man erst ad hoc eine solche bilden. Dies geschah, indem man überall aus den Grenztruppen momentan weniger gefährdeter Provinzen Teile – natürlich nicht gerade die schlechtesten – herauszog und damit das notwendige mobile Entsatzheer bildete. Für die betroffenen Provinzen bedeutete ein solches Vorgehen eine gefährliche militärische Schwächung.

Genau so verfuhr man, als unter Kaiser Severus Alexander (222–235) ein Perserfeldzug notwendig wurde. Auch aus den raetischen Kastellen und dem Regensburger Legionslager zogen nun die Eliteabteilungen in den Osten, aufmerksam registriert vom gut funktionierenden Nachrichtendienst der Alamannen. Als dann das römische Heer in Persien Feindberührung hatte und in schwere Kämpfe verwickelt war, brachen sie über den Limes. Die Folgen waren verheerend. Die römische Geschichtsschreibung läßt sich allerdings über die Ereignisse nur spärlich aus, kein Wunder, denn Niederlagen der Römer darzustellen, die nun in überreichlichem Maße im ganzen dritten Jahrhundert folgen sollten, war nicht ihre Stärke. So berichtet der zeitgenössische Geschichtsschreiber Herodian:

»... die Germanen hätten Rhein und Donau überschritten, verwüsteten das römische Reich und griffen an den Flußufern Lager, Städte und Dörfer mit großer Streitmacht an; in nicht geringer Gefahr seien die illyrischen Dörfer, die an Italien angrenzten und ihm benachbart sind. Daher bedürfe es seiner (Anm.: des Kaisers) persönlichen Gegenwart und des gesamten Heeres, das mit ihm sei. Diese Nachricht erschreckte den Alexander und betraf die aus Illyrien stammenden Soldaten schwer, die sich von zweifachem Unglück heimgesucht fühlten, einmal von ihren Leiden im Kampf gegen die Perser, und dann von dem, was jeder Einzelne über den Untergang seiner Angehörigen durch die Germanen erfuhr.«

Besondere Mühe bei den Recherchen von Details scheint sich Herodian bei dieser Stelle seines Geschichtswerkes nicht gemacht zu haben, er verwechselt ganz offensichtlich Obergermanien und Raetien mit dem *Illyricum* (Teile des heutigen Ungarn und Jugoslawien).

Dieser Einfall scheint Ostbayern allerdings weitgehend verschont zu haben, vielleicht weil die verbliebenen Einheiten der 3. italischen Legion hier noch einmal das Schlimmste abwenden konnten. Aber schon der nächste große Angriff der Alamanen in der Zeit um 245 brachte Tod und Verwüstung, als die raetischen Truppen durch einen Perserfeldzug des Kaisers Gordian III. (238–244) wieder einmal stark geschwächt waren.

Dieses Mal bleiben historische Nachrichten aus, die archäologischen Indizien sprechen aber eine um so deutlichere Sprache. Das Regensburger Legionslager, die Kastelle samt Zivilsiedlungen, die Villen, alles sank in Schutt und Asche. Vielfach erfolgte der Überfall so überraschend und die Brandstiftung so schnell, daß nicht einmal mehr sorgfältig geplündert werden konnte. Die Brandschichten, die dieser Alamanneneinfall verursachte, sind überreich an Fundmaterial (Taf. 9). Darunter sind auch wertvolle Metallgegenstände, die man unter normalen Umständen nie hätte einfach liegenlassen, beispielsweise zahlreiche Münzen. Diese geben heute mit ihren jüngsten Prägungen die genauere Zeit der Katastrophe an, fast vergleichbar mit der angeschmolzenen Armbanduhr in Hiroshima, die die Stunde des Abwurfs der Atombombe festgehalten hat. Menschliche Skelettreste, oft mit Spuren gewaltsamer Verletzungen, die immer wieder in den Schuttschichten des dritten Jahrhunderts auftauchen, setzen drastische Akzente.

Für sich sprechen die zahlreichen Hortfunde. Nur in Stunden höchster Not trennen sich die Menschen so von ihrer wertvollsten Habe, Bargeld (Taf. 35) und Schmuck, aber auch von Werkzeug und Haushaltsgerät. All dies vergrub man, in der Hoffnung, es wieder bergen zu können, wenn die Gefahr vorüber war. Dazu ist es dann nicht mehr gekommen.

Anders beurteilt werden müssen wohl die großen Schatzfunde von Eining (Taf. 2 und 3), Straubing (Taf. 22 und 23) und Künzing (Taf. 43) mit ihrem Sammelsurium an Paraderüstungen, Statuetten, Waffen, Werkzeug, Baubeschlägen etc. In diesen Sammelfunden liegt wahrscheinlich Plünderungsgut der siegreichen germanischen Eroberer vor, das um des Metallwerts willen zusammengetragen und nur kurzfristig verborgen werden sollte, bis man aus dem Inneren des römischen Gebietes Beute beladen wieder zurückkam. Wie die im Boden verbliebenen Funde zeigen, hat sich in dieser Zeit auch mancher Alamanne verrechnet.

Die Alamannenstürme des dritten Jahrhunderts hinterließen eine verwüstete, weitgehend entvölkerte Landschaft. Um Regensburg zum Beispiel wurden die meisten Gutshöfe verlassen, nur einige wenige *villae rusticae* um

das Legionslager herum konnten vorübergehend bewirtschaftet werden, bis dann auch hier die Alamannen kamen. Was dann mit den Bewohnern geschah, die nicht mehr rechtzeitig flüchten konnten, zeigen in aller Deutlichkeit die grauenerregenden Brunnenfunde von Harting (Taf. 15).

Die Alamannen

So deutlich und klar sich die Alamannen, oder ihr östlicher Teilstamm, die Juthungen, indirekt in den römischen Gebieten durch die Zerstörungen und ihre Folgen nachweisen lassen, so schwierig ist es, sie in archäologischen Funden Ostbayerns direkt zu fassen. Freilich wird man unmittelbar an der Grenze des römischen Reiches auch keine größere Dauersiedlung dieses feindlichen Stammes erwarten dürfen, das römische Militär hätte dies kaum zugelassen.

Nach der Mitte des dritten Jahrhunderts und später ändert sich dies, vereinzelte Funde weisen nun auch in Ostbayern, vor allem in der Oberpfalz nördlich der Donau, auf längerfristige Ansiedlung von Germanen hin. Auf dem seit vorgeschichtlicher Zeit und auch im Mittelalter immer wieder besiedelten Hochplateau der Sulzbürg bei Neumarkt scheint sich ein befestigter germanischer Adelssitz befunden zu haben (Abb. 9). Auch andere Höhen in der Oberpfalz, die meist später mittelalterliche Burgen trugen, kommen durch einschlägige Funde als Siedlungsplätze von Germanen in Frage. Besonders bedeutsam aber war die teilweise Freilegung des alamannischen oder juthungischen Gräberfeldes von Berching–Pollanten (Taf. 17 und 18; Abb. 10, 11) in Sichtweite der Sulzbürg.

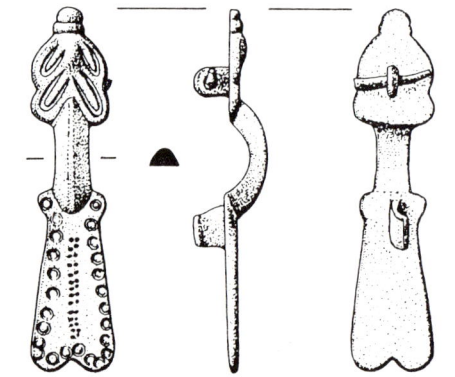

Abb. 9 Germanische Silberfibel des 5. Jh.s von der Sulzbürg (nach Werner). M. 1:1.

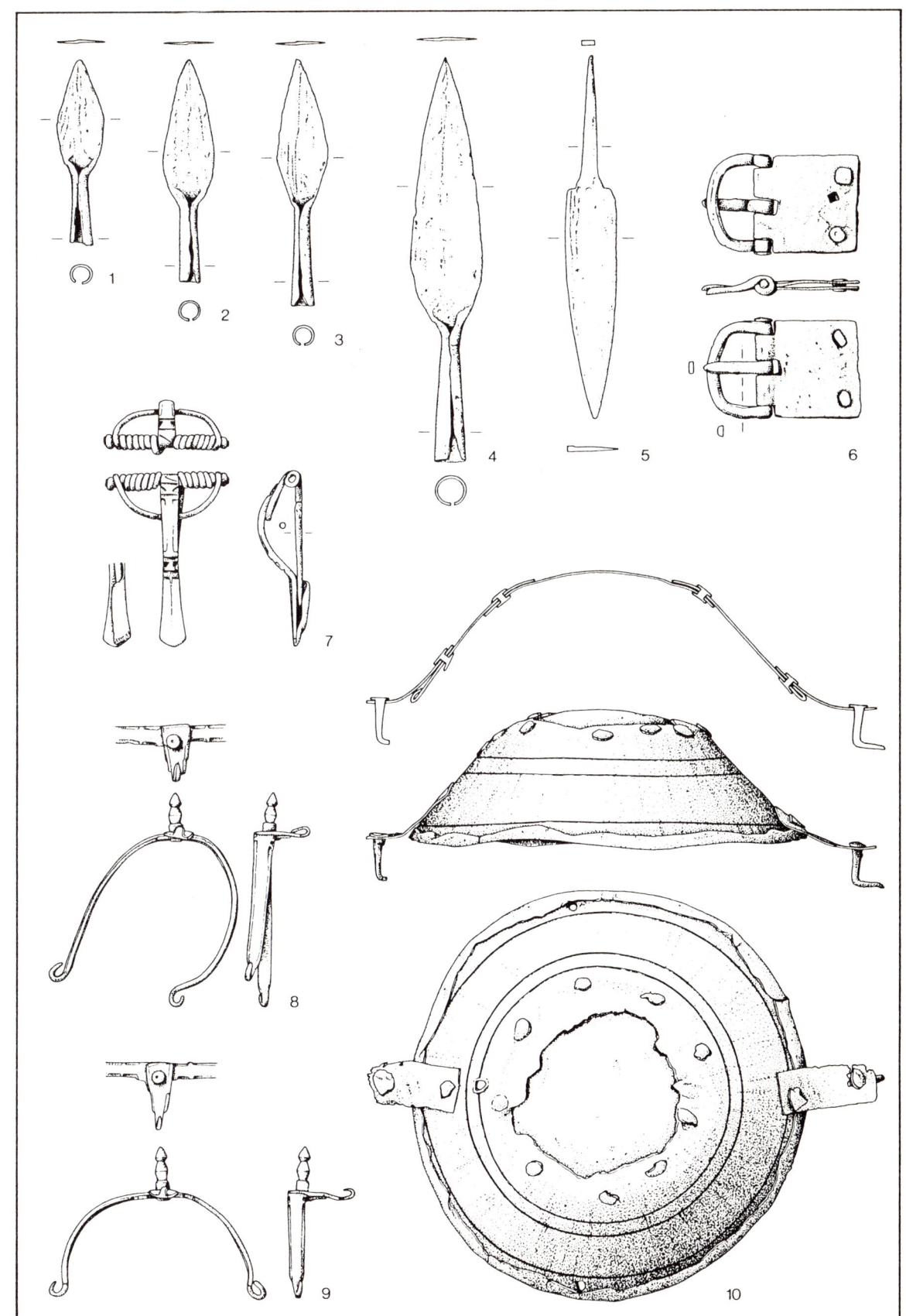

Abb. 10 Berching-Pollanten, Grabbeigaben eines germanischen Häuptlings (2. H. 3. Jh.). 1–3 Pfeilspitzen; 4 Lanzenspitze; 5 Messer; 6 Gürtelschnalle; 7 Fibel; 8–9 Sporen; 10 Schildbuckel. 1–10: Bronze. Bei 1–5 und 10 handelt es sich nicht um wirklich benutzte Gegenstände, sondern um Sonderanfertigungen für den Grabkult (nach Fischer). M. 1:2.

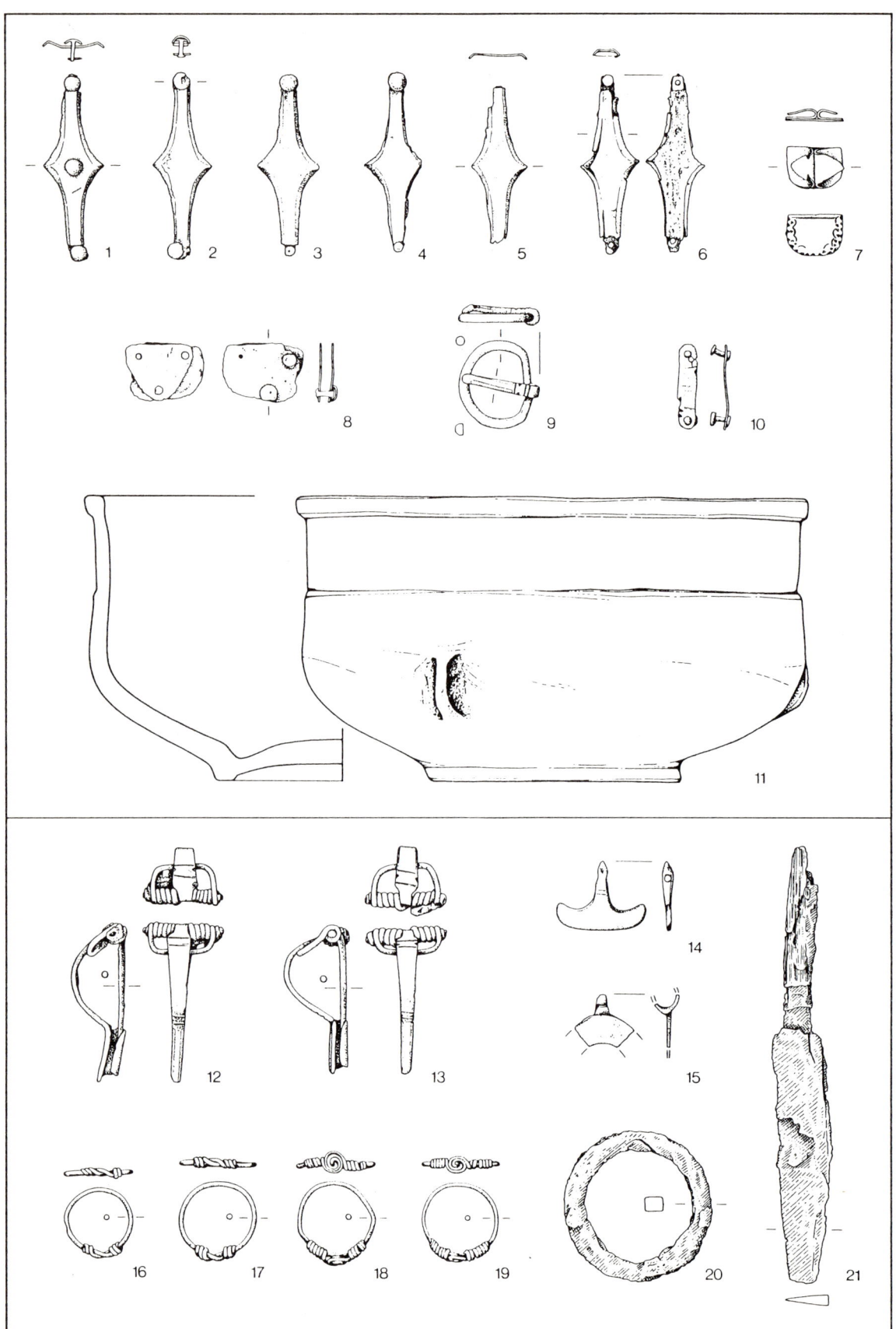

Abb. 11 Berching-Pollanten. 1–11 Grabbeigaben eines germanischen Häuptlings (2. H. 3. Jh., siehe Abb. 10). 1–10 Gürtelbeschläge; 11 Tongefäß. 1–6: Silber; 7–10: Bronze.
12–21 Beigaben einer reichen germanischen Frau. 12–13 Bronzefibeln; 14–15 Silberanhänger; 16–19 Bronzeringe; 20 Eisenring; 21 Eisenmesser (nach Fischer). M. 1:2.

Die Spätantike

Nur mit Mühen gelang es den Römern, an den nördlichen Grenzen wieder geordnete Verhältnisse herzustellen. In Raetien scheint unter Kaiser Probus (276–282) den Alamannen ein vernichtender Schlag versetzt worden zu sein, so daß sie für einige Zeit von der schwer geplagten römischen Provinz abließen. Nun galt es, das völlig verwüstete Land wieder aufzubauen und eine geordnete Grenzverteidigung wiederherzustellen.

Reformen Diocletians und Constantins

Mit den Kaisern Diocletian (284–305) und Constantin dem Großen (306–337) gelangten Herrscher auf den römischen Thron, die, aufbauend auf Ansätze ihrer Vorgänger, das Imperium Romanum einer gründlichen Reform unterzogen. Die Verwaltung wurde gestrafft, die Verwaltungsbe-

zirke wurden verkleinert. Raetien zum Beispiel teilte man in zwei Gebiete auf, in: Raetia I mit der Hauptstadt Chur und Raetia II mit der Hauptstadt Augsburg. Angegliedert waren beide Provinzen der Diözese Italien.

Bei der Reform des Militärs lernte man aus den Mißständen der Vergangenheit. Nun gab es zwei Arten von militärischen Einheiten, das Grenzheer (*limitanei*), dessen Abteilungen in den Grenzfestungen Wache hielten, und – von wesentlich höheren militärischen Qualitäten – das mobile Feldheer (*comitatenses*), das je nach Bedarf, oft in Begleitung des Kaisers selber, auf den Hauptstraßen des Reiches zu den gefährdeten Grenzabschnitten unterwegs war. So sinnvoll diese Regelung in der Theorie aussah – in der Praxis zerfleischten sich gerade die besten römischen Einheiten nur allzuoft in Bürgerkriegen und Thronfolgekämpfen rivalisierender Kaiser und Gegenkaiser.

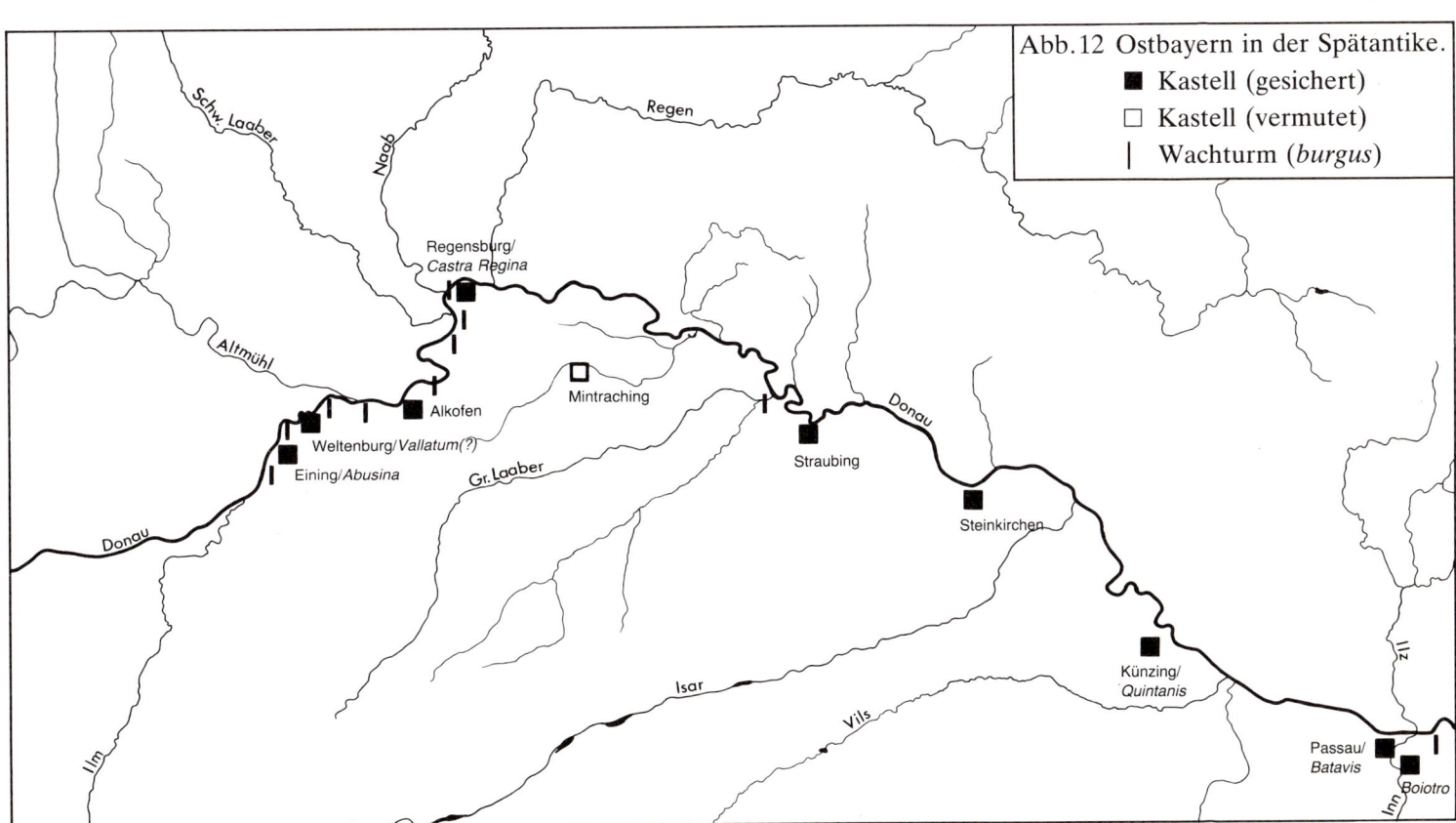

Abb. 12 Ostbayern in der Spätantike.
■ Kastell (gesichert)
□ Kastell (vermutet)
| Wachturm (*burgus*)

23

Die neue Militärorganisation, die hier nur in ganz groben Zügen dargestellt ist, war ein hochkompliziertes Gebilde, das von der Forschung noch lange nicht ganz durchschaut ist. Auch für den ostraetischen Donaulimes sind die Verhältnisse nur in Umrissen zu erfassen.

Sicher ist nur, daß die Truppeneinheiten, die den Alamannensturm des dritten Jahrhunderts überlebt hatten, nun zahlenmäßig verringert wurden, wobei meist der kleinere Teil in den alten Kastellen verblieb, der größere wahrscheinlich zum Feldherr kam oder auf neue Garnisonen im Hinterland, etwa zum Schutz der Alpenpässe, verteilt wurde (Abb. 12).

In Eining erbaute sich die 3. Britannierkohorte in der Südwestecke ihres alten Lagers eine neue, wesentlich kleinere, aber sehr starke Festung (Taf. 1; Abb. 13). In das alte Lager, dessen Umwehrung und zum Teil auch Innenbebauung wiederhergestellt worden waren, zogen nun die Zivilisten ein, das ehemalige Lagerdorf dagegen hatte man längst aufgegeben. Das Kleinkastell Alkofen existierte laut Aussage der Funde bis in das fünfte Jahrhundert (Abb. 14) weiter. Wie es aussah, läßt sich mangels entsprechender Ausgrabungen nicht sagen.

Auch Struktur und Aussehen der Legionsfestung *Castra Regina* änderten sich gründlich (Abb. 15, 16). Aus der befestigten Großkaserne für 6000 Elitesoldaten wurde eine Festungsstadt mit militärischer Besatzung. Von der Legion waren nur noch ca. 1000 Mann im Lager geblieben, die restlichen fünf Tausendschaften hatte man auf andere Garnisonen der Provinz verteilt. Auch diese letzte Teileinheit zog man um 400 ab und zwar an einen Ort namens *Vallatum,* den die ältere Forschung mit Manching bei Ingolstadt identifizierte. Inzwischen geht man davon aus, daß mit *Vallatum* die spätantike Festung auf dem Frauenberg bei Weltenburg gemeint sein könnte. Mit dem völligen Abzug der 3. italischen Legion aus *Castra Regina* war das Lager aber nicht ohne militärischen Schutz. Genügend Indizien sprechen dafür, daß hier bis zum Ende der römischen Grenzsicherung Truppen standen (s. u.).

Die einstmals so ausgedehnte Lagervorstadt von Regensburg blieb ein Ruinenfeld, die Zivilbevölkerung lebte nun im Schutz der gewaltigen Lagermauern. Es gibt Anzeichen dafür, daß sich die militärische Restbesatzung Regensburgs in der Nordostecke des Lagers, ähnlich wie in Eining, ein Binnenkastell errichtete. (Abb. 16)

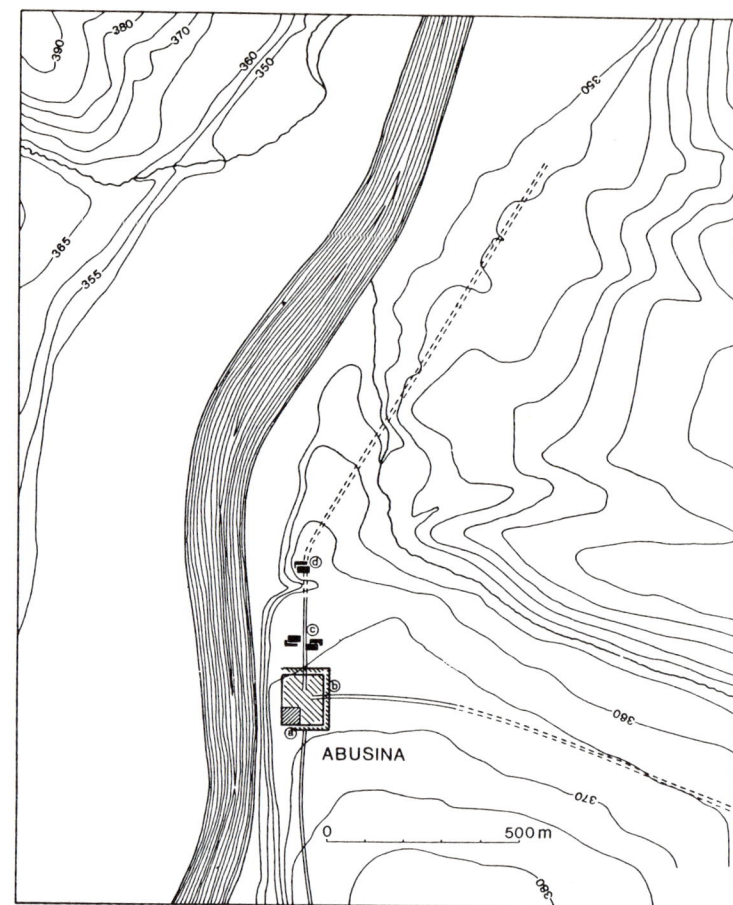

Abb. 13 Kastell Eining in der Spätantike. a spätrömisches Kastell; b mittelkaiserzeitliches Kastell (nun Zivilsiedlung); c–d Körpergräber (nach Christlein).

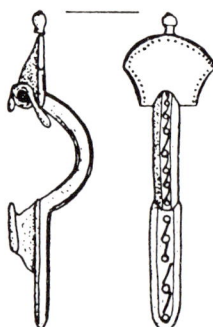

Abb. 14 Alkofen. Germanische Silberfibel des 5. Jh.s (nach Koch). M. 2:3.

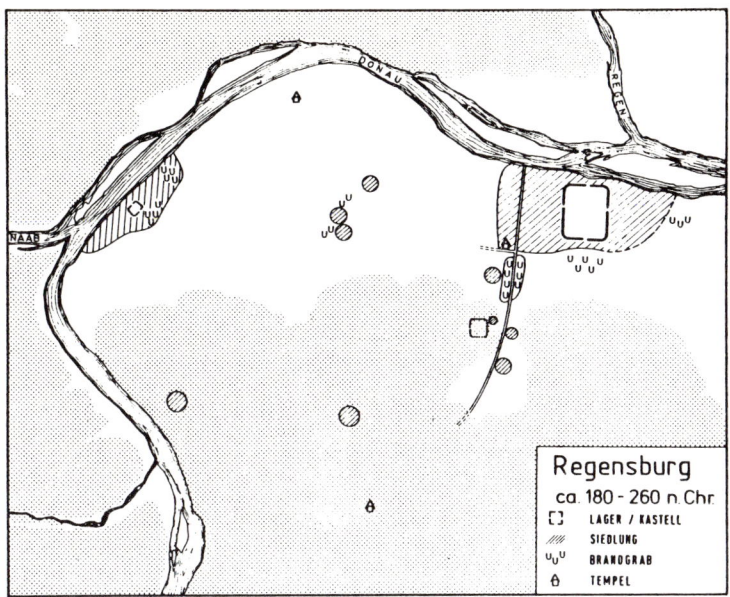

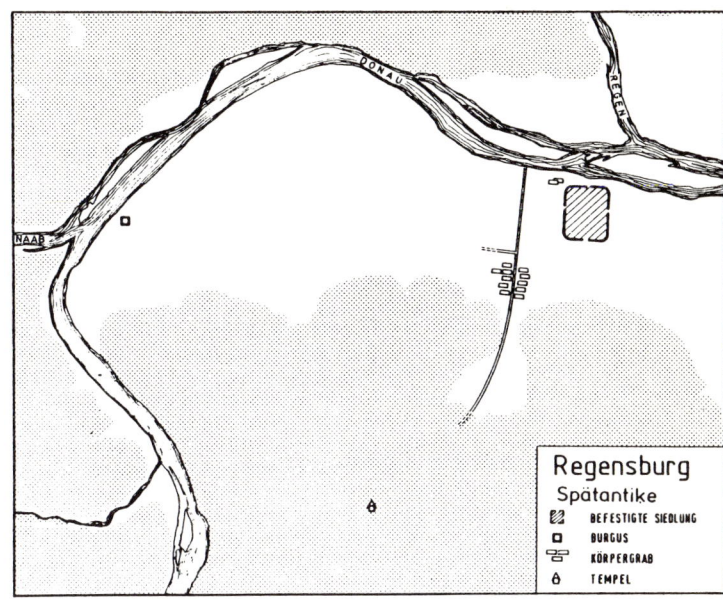

Abb. 15a Regensburg zwischen ca. 180 und 260. Legionslager mit Zivilstadt, Gräberfeldern, Kastell Regensburg-Großprüfening mit Lagerdorf und Gräberfeldern, *villae rusticae*, Straßen und im Süden Tempelbezirk von Ziegetsdorf (nach Fischer).

Abb. 15b Regensburg in der Spätantike. Lager, Straßen, Großes Gräberfeld. Gegenüber der Naabmündung ein Burgus, im Süden Tempelbezirk von Ziegetsdorf (nach Fischer).

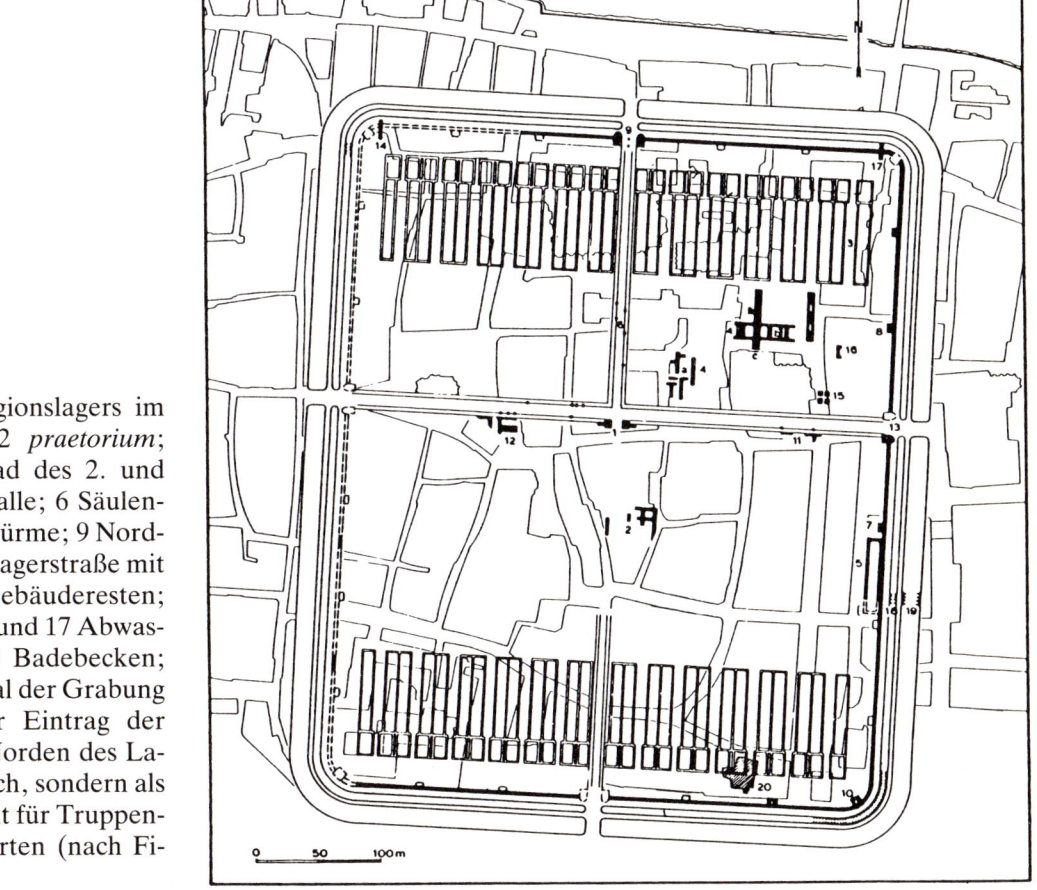

Abb. 16 Plan des Regensburger Legionslagers im 2.–5. Jh. 1 Eingang zur *principia*; 2 *praetorium*; 3 Mannschaftsbaracken; 4a und b Bad des 2. und 3. Jh.; 4c spätantike Mauer; 5 Werkhalle; 6 Säulenhalle an den Lagerstraßen; 7–8 Mauertürme; 9 Nordtor (*porta praetoria*); 10 Eckturm; 11 Lagerstraße mit Gebäuderesten; 12 Straße mit Gebäuderesten; 13 Osttor (*porta principalis dextra*); 14 und 17 Abwasserkanäle; 15 beheiztes Gebäude; 16 Badebecken; 18 Spitzgraben; 19 Sohlgraben; 20 Areal der Grabung Grasgasse mit Offiziershäusern. Der Eintrag der Mannschaftsbaracken im Süden und Norden des Lagers ist nicht als Rekonstruktionsversuch, sondern als Darstellung der maximalen Möglichkeit für Truppenunterkünfte in diesem Bereich zu werten (nach Fischer).

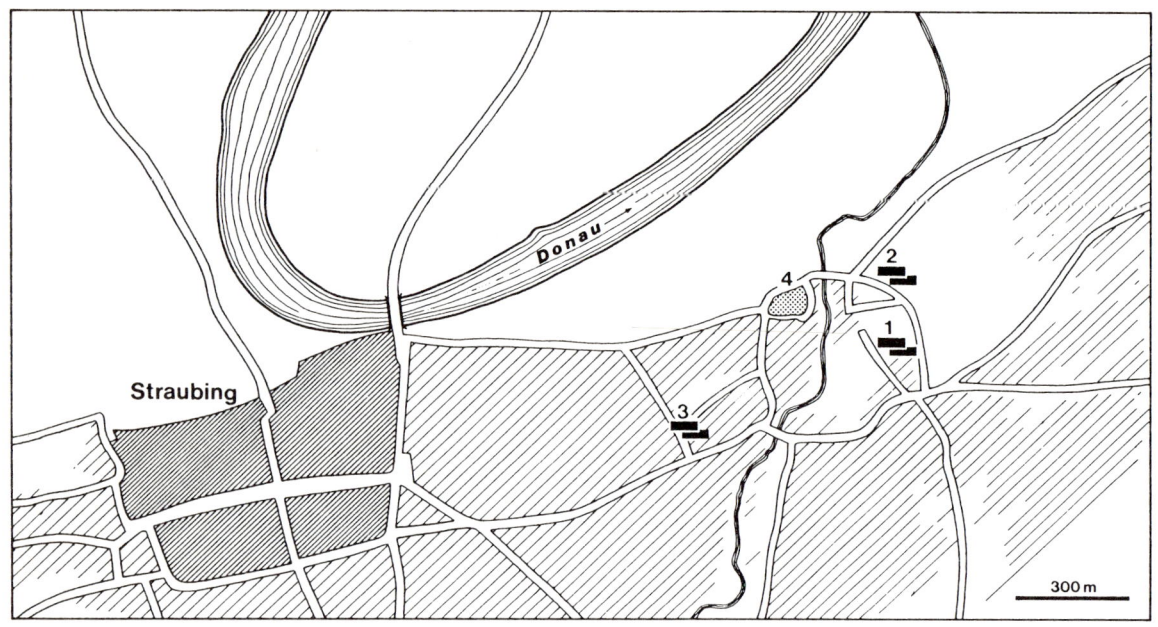

Abb. 17 Straubing. Spätrömische Fundstellen im Stadtgebiet. 1 Gräberfeld Azlburg I; 2 Gräberfeld Azlburg II; 3 Altstadtgräberfeld; 4 vermutete Lage des Kastells (nach Prammer).

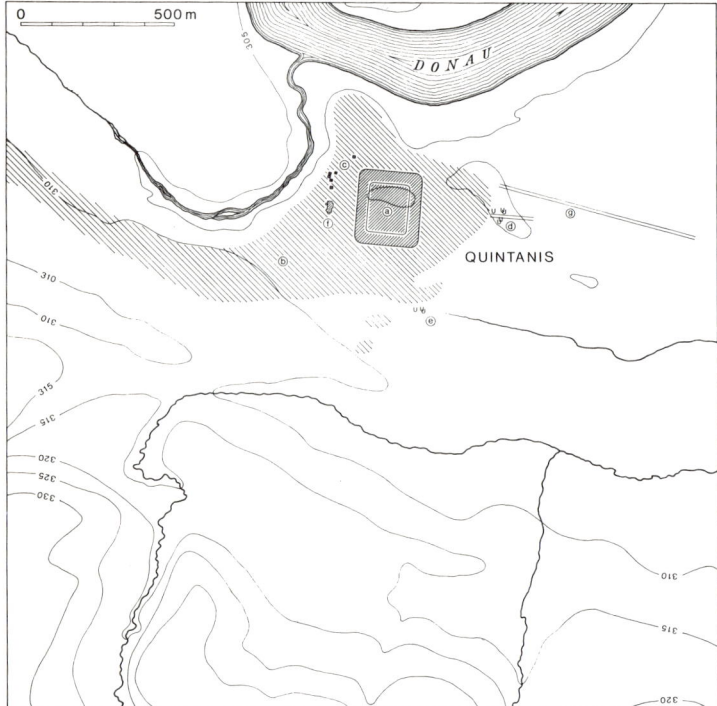

Abb. 18 Künzing. Kastell und Vicus in der mittleren Kaiserzeit. a Kastell; b Lagerdorf; c Steinbauten; d Straßenstück mit Brandgräbern; e Brandgräber; f Kastellbad; g Straßenstück (nach Fischer).

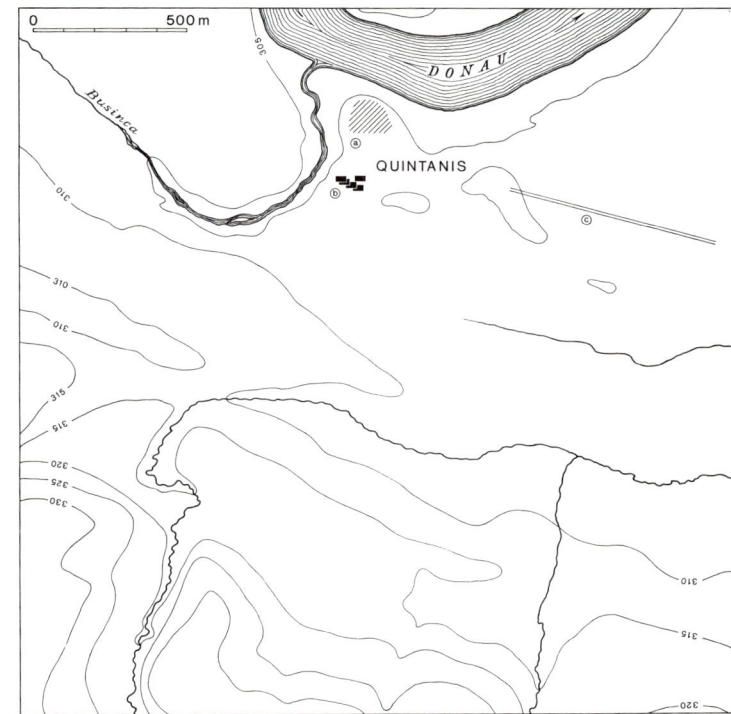

Abb. 19 Künzing. a Kastell und b Körpergräberfeld im 4.–5. Jh.; c Straßenstück.

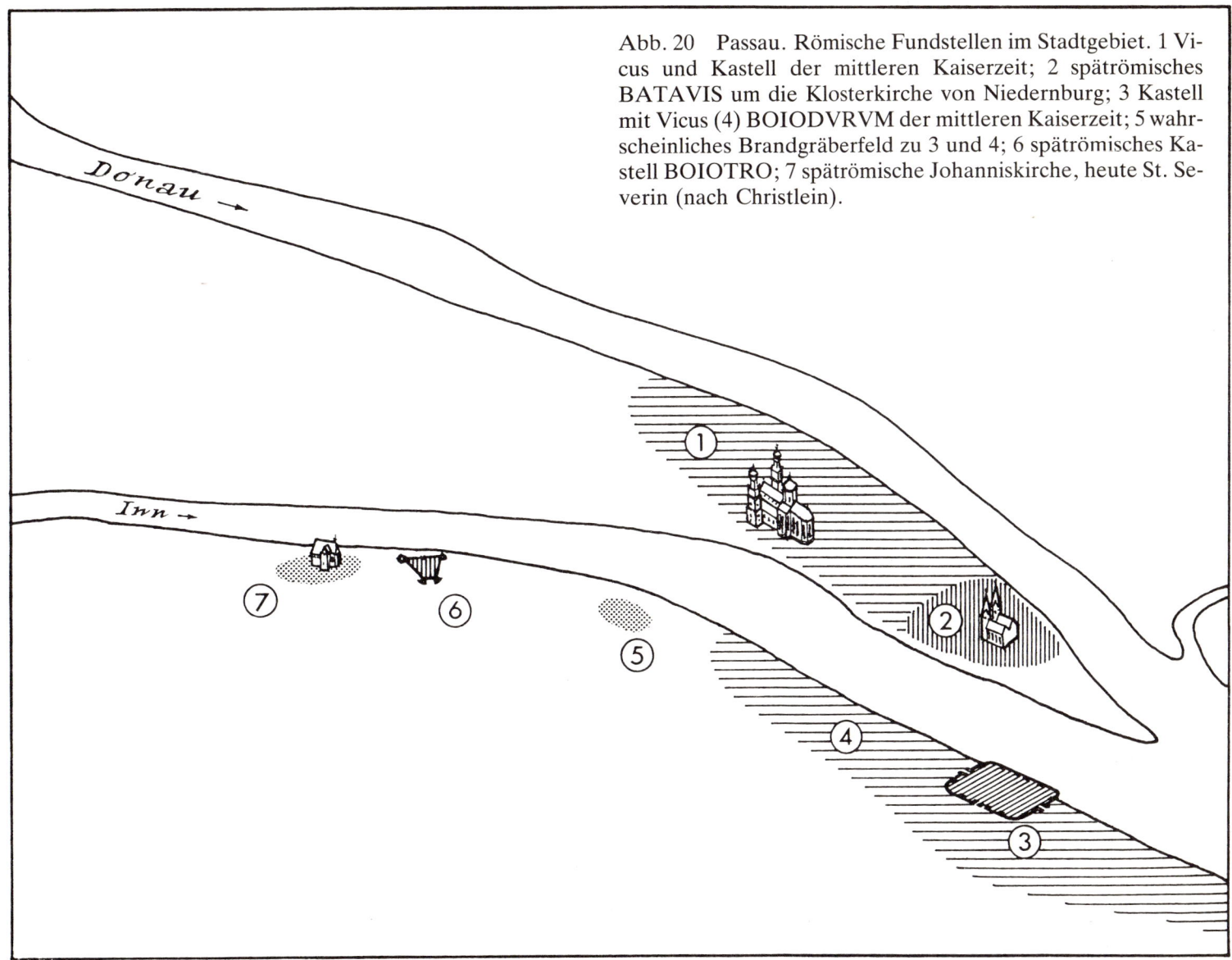

Abb. 20 Passau. Römische Fundstellen im Stadtgebiet. 1 Vicus und Kastell der mittleren Kaiserzeit; 2 spätrömisches BATAVIS um die Klosterkirche von Niedernburg; 3 Kastell mit Vicus (4) BOIODVRVM der mittleren Kaiserzeit; 5 wahrscheinliches Brandgräberfeld zu 3 und 4; 6 spätrömisches Kastell BOIOTRO; 7 spätrömische Johanniskirche, heute St. Severin (nach Christlein).

In Straubing und Künzing gab man die Ruinen der alten mittelkaiserzeitlichen Kastelle ganz auf und nutze sie nur noch als Steinbruch. Die neue spätantike Festung in Straubing entstand in der Nähe des erst 1986 archäologisch nachgewiesenen Hafens, im Zwickel der Einmündung des Allachbaches in die Donau (Abb. 17).

Die gleiche topographische Situation findet man nun in Künzig vor: Das neue Kastell erhob sich im Zwickel, wo die Ohe, deren antiker Name *Businca* überliefert ist, in die Donau einmündete, ebenfalls ganz in der Nähe des dort mit gutem Grund vermuteten Donauhafens (Abb. 18, 19).

Vom Kleinkastell Steinkirchen zwischen Straubing und Künzig weiß man, wie bei Alkofen, ebenfalls nur, daß es wieder genutzt wurde – in welcher Form, ist unbekannt.

Auch in Passau entstanden neue Festungen für die Grenztruppen. Unter der heutigen Altstadt auf der Halbinsel zwischen Donau und Inn, errichtete man das Kastell *Batavis* neu (Abb. 20). Es beherbergte Zivilisten und Militär, möglicherweise war auch hier der militärische Bereich vom zivilen durch eine Binnenbefestigung abgegrenzt. Auf der östlichen, zur Provinz Norikum gelegenen Seite des Inn erbaute man das Kastell *Boiotro* etwas oberhalb der Ruinen des mittelkaiserzeitlichen *Boiodurum*.

27

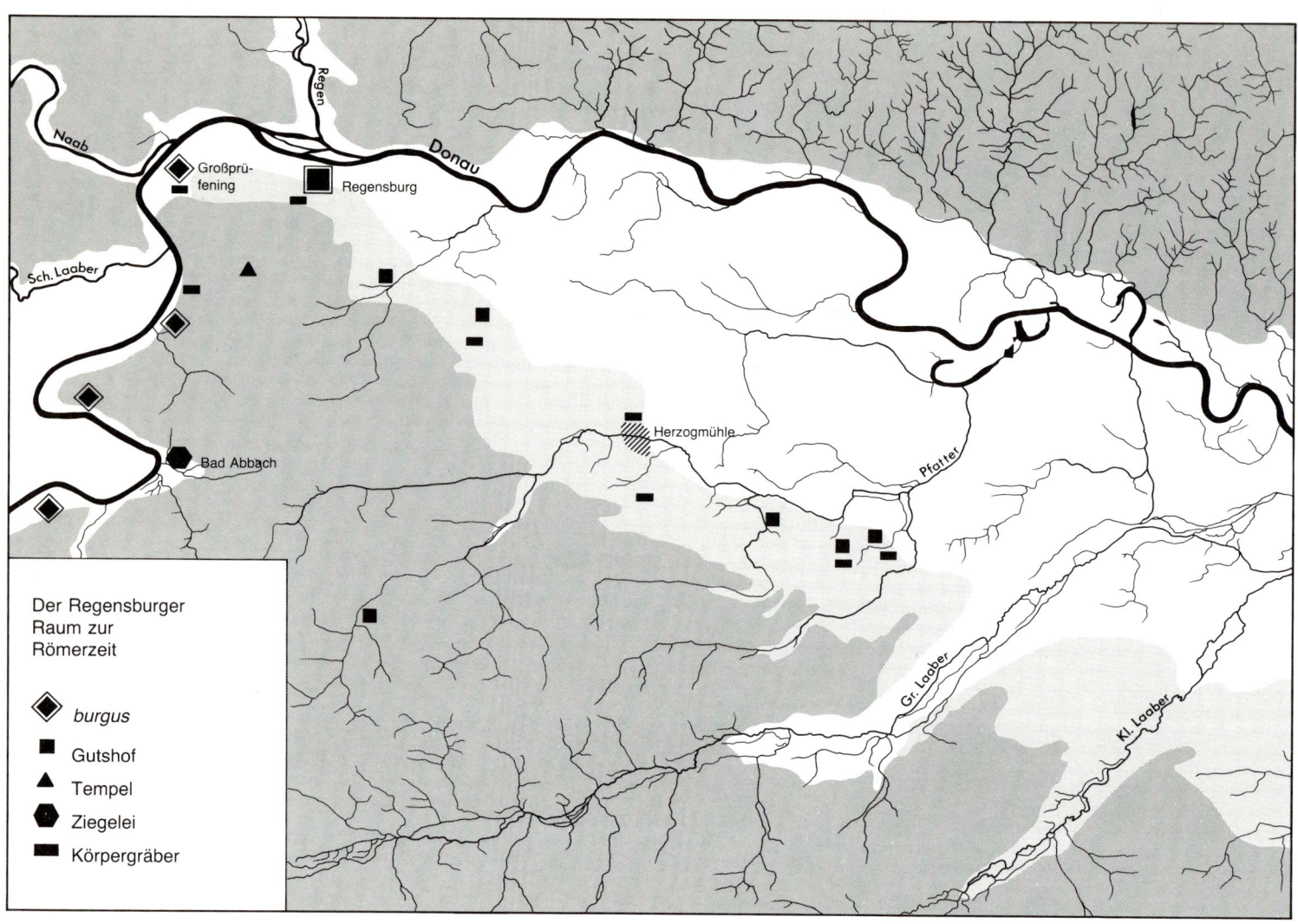

Abb. 21 Ländliche Besiedlung der Römerzeit um Regensburg in der Zeit zwischen 300 und 357 (nach Fischer).

Der Regensburger
Raum zur
Römerzeit

◆ *burgus*

■ Gutshof

▲ Tempel

⬣ Ziegelei

▬ Körpergräber

Notitia dignitatum

Über die Einheiten, die in diesen Kastellen lagen, unterrichtet zum Teil eine späte schriftliche Quelle, die *Notitia dignitatum,* verfaßt in der Zeit um 400. Dieses Handbuch der Zivil- und Militärverwaltung nennt in Ostbayern für Eining nach wie vor die 3. Britannierkohorte, für Regensburg berichtet die Quelle nur, daß der letzte Teil der 3. italischen Legion nun in *Vallatum* lag (s. o.). Straubing ist überhaupt nicht erwähnt, für Künzing nennt die *Notitia dignitatum* die 1. flavische Reiterala. In Passau (*Batavis*) lag die 9. Bataverkohorte, in Passau–Innstadt, also bereits in der Provinz Norikum, eine nicht näher bezeichnete Kohorte.

Ländliche Besiedlung

Die Bevölkerung in der Grenzzone erreichte bei weitem nicht mehr die Anzahl wie vor den Alamanneneinfällen. Neue Villen legte man nicht mehr an, man begnügte sich damit, die Ruinen einiger weniger Gutshöfe recht und schlecht wieder zusammenzuflicken. Forschungen um Regensburg haben erwiesen, daß man solchen Anwesen den Vorzug gab, die direkt in der Nähe der wichtigen Fernstraßen lagen (Abb. 21). Wer nun die Villen bewirtschaftete, ist unbekannt. Es gibt Anzeichen dafür, daß nicht mehr private Besitzer oder Pächter den Boden bebauten, sondern Soldaten in staatlichem Auftrag.

Germanische Söldner im spätrömischen Heer

Die Soldaten und Zivilpersonen, die ab dem späten dritten Jahrhundert in der Grenzzone des östlichen Raetien begannen, wieder geordnete Verhältnisse herzustellen, waren in den allerwenigsten Fällen die Nachkommen der vorher hier lebenden provinzialrömischen Bevölkerung. Diese hatten die Alamannen zum größten Teil regelrecht ausgerottet. Schriftliche Quellen schweigen zu der Frage, wer nun in Raetien auf römischem Boden siedelte. Hierauf gibt nur die Archäologie Antwort:

Bei den Soldaten des spätrömischen Grenzheeres und ihren Familien handelte es sich mehrheitlich um Germanen. In zunehmendem Maße sah sich die römische Militärverwaltung gezwungen, bei den ehemaligen Gegnern an der Nordgrenze um Rekruten zu werben, diese kamen auch gerne, allerdings nur gegen Barzahlung. Aber auch die Angehörigen besiegter Barbarenstämme wurden oft auf das Reichsgebiet umgesiedelt, die wehrfähige Jugend zum Kriegsdienst zwangsverpflichtet.

Natürlich gab es auch weiterhin Römer in Raetien, aber diese scheinen nur noch in Führungs- und Spezialposten bei Militär, Kirche und Verwaltung sowie in der Bevölkerung größerer Städte vertreten gewesen zu sein. Im dritten und vierten Jahrhundert fand also im raetischen Voralpenland geradezu ein Bevölkerungswechsel statt. Dabei wurde die seit dem ersten Jahrhundert ansässige keltisch-italische Provinzbevölkerung mehrheitlich durch Germanen verschiedener Herkunft ersetzt.

Die germanischen Söldner des raetischen Grenzheeres rekrutierten sich im vierten Jahrhundert zumeist aus Alamannen und Juthungen, deren östlichem Teilstamm, aus dem Gebiet nördlich der Donau. Diesen machte es anscheinend wenig aus, notfalls auch gegen ihre eigenen Verwandten zu kämpfen. Es gibt aber auch Hinweise dafür, daß ostgermanisch-gotische Stammesteile zum römischen Militärdienst in Raetien herangezogen wurden. Allerdings wandten sich die meisten dieser germanischen »Fremdenlegionäre« während ihres Dienstes der höheren römischen Kultur und Lebensart zu und zogen dann selbst nach Ablauf ihrer Dienstzeit nicht in das Barbarengebiet nördlich der Grenze zurück. Sie blieben als »Römer« in der Provinz wohnen, ihre Nachkommen waren dann oft vollständig romanisiert. So ist es auch kein Wunder, wenn auf einem spätantiken Grabstein aus Regensburg eine Dame, die sicherlich der gehobenen Ge-

sellschaftsschicht entstammte und deren Name Sarmaninna höchstwahrscheinlich germanischer Herkunft ist (Taf. 12), als fromme Christin bezeichnet wird.

Juthungeneinfälle

Die Erholungspause, die dem östlichen Teil der Provinz Raetien zur Wiedererlangung wenn auch bescheidener geordneter Verhältnisse gegönnt worden war, endete im Jahre 357. Wieder einmal herrschte Bürgerkrieg, der nach dem Tode Constantins des Großen um die Thronfolge ausgebrochen war. Sein Sohn Constans (337–350), der in der westlichen Reichshälfte regierte, wurde von dem gallischen Usurpator Magnentius (350–351) ermordet. Erneut nutzten die Alamannen ihre Chance und fielen mordend und plündernd nach Gallien ein. Kaiser Constantius II (337–361), ebenfalls ein Sohn Constantins, beauftragte seinen Vetter Julian, den er zum Mitregenten ernannt hatte, Gallien von den Barbaren zu befreien. Im Jahre 357 schlug Julian in einer Schlacht bei Straßburg die Alamannen vernichtend und nahm sogar ihren König Chnodomar gefangen. Der östliche Teilstamm der Alamannen, die Juthungen, die in Nordbayern siedelten, nutzten ihrerseits die Konzentration der römischen Truppen am Rhein und verheerten Raetien.

Darüber existiert eine kurze Schilderung durch den zeitgenössischen Geschichtsschreiber und Offizier Ammianus Marcellinus:

»... die Juthungen, ein dem italischen Gebiet benachbarter Stamm der Alamannen, verwüsteten unter Nichtachtung des Friedens und Vertrags, den sie auf ihre Bitten hin erhalten hatten, Raetien und richteten solche Verwirrung an, daß sie sogar gegen ihre Gewohnheit Städte zu belagern versuchten. Sie zu vertreiben wurde mit einer starken Streitmacht Barbatio ausgesandt, der an Stelle von Silvanus zum Befehlshaber des Fußvolks befördert worden war. Er war ein Feigling, verfügte aber über großen Redefluß. Da sich der Eifer der Truppen außerordentlich gesteigert hatte, machte er viele von jenen in heftigen Kämpfen nieder. Nur ein kleiner Teil, der sich aus Furcht vor der Gefahr zur Flucht gewandt hatte, entkam mit Mühe und sah nur unter Tränen und Trauer die Heimat wieder.«

Tränen und Trauer waren auch das Resultat dieses Überfalls in der römischen Provinz. Wie Brandschichten und

Münzschätze zeigen, war Regensburg von den Barbaren erobert und niedergebrannt worden, auch Eining teilte dieses Schicksal. In Regensburg scheint man sogar darauf verzichtet zu haben, im Innenraum der Festung alle von den Juthungen niedergebrannten Gebäude wiederherzustellen.

Die Bevölkerung war so dezimiert und verängstigt, daß sie das flache Land aufgab und die Villen verließ. So unglaublich dies klingen mag – im Donautal zwischen Eining und Passau, also auch im Bereich des fruchtbaren Gäubodens, zogen sich die Menschen vollständig in die Festungsstädte zurück. Die zur Existenz dringend notwendige Landwirtschaft betrieb man nur noch von den sicheren Mauern der Kastelle aus. Es gibt keinerlei Hinweise, daß nach dem Einfall der Juthungen 357 noch eine einzige *villa rustica* bewirtschaftet wurde.

Daß man das flache Land mied und sich in den befestigten Städten ansiedelte, blieb nun für lange Zeit üblich und wird noch für die zweite Hälfte des fünften Jahrhunderts im Gebiet östlich von Künzing in der Lebensbeschreibung des Heiligen Severin durch Eugippius (s. u.) geschildert.

Letzter Ausbau des Donaulimes

Unter Kaiser Valentinian (364–375) versuchten die Römer das letzte Mal, mit Hilfe einer großangelegten Baumaßnahme die Grenzverteidigung in den Griff zu bekommen. Man errichtete von der Nordsee bis an die Donau eine Kette von Wachtürmen, sogenannte *burgi*. Wie die Wachtürme am obergermanisch-raetischen Limes lagen auch diese Kleinfestungen so nahe beieinander, daß sich ihre Besatzungen durch optische und akustische Signale verständigen konnten. Der militärische Nutzen – rasche Nachrichtenübermittlung, Abwehr von Überfällen kleinerer Germanenbanden – der äußerst massiv gebauten Anlagen war allerdings eher bescheiden.

In Ostraetien sind bisher die wenigsten dieser *burgi* entdeckt, geschweige denn untersucht. Anscheinend hat die Donau östlich von Regensburg viele dieser Kleinfestungen, die einst direkt am Ufer des Stromes lagen, beseitigt. Soweit erforscht, weisen sie das geläufige Maß von ca. 11–13 m Seitenlänge im Grundriß auf und sind von einem Spitzgraben von beträchtlichem Ausmaß umgeben. Sie boten etwa 15–20 Soldaten Raum, die im Ernstfall auf ziemlich verlorenen Posten gewesen sein dürften.

Nachgewiesene und vermutete *burgi* befinden sich in Bad Gögging, Eining und Thaldorf. In Untersaal wurde ein ungewöhnlich großer Burgus (ca. 17x17 m) mit vier Ecktürmen untersucht, der wohl als Verpflegungs- und Ausrüstungsdepot für die benachbarten Kleinfestungen gedient hat. Die nach Osten zu folgenden Türme von Bad Abbach, Oberndorf, Unterirading und Regensburg–Großprüfening sind sicher nachgewiesen, vermutet wird ein Burgus im Stadtwald von Straubing. Der nächste, erst jüngst erforschte Turm befindet sich bereits in Norikum, und zwar in Passau–Haibach.

Soweit die *burgi* bisher überhaupt Funde lieferten, kann man anhand typischer Keramik oft Germanen als Besatzung ausmachen. Möglicherweise entstand auch die spätrömische Befestigung auf dem Frauenberg bei Weltenburg im Rahmen der Grenzsicherungsmaßnahmen unter Valentinian (Abb. 22–25).

Abb. 22 Frauenberg bei Weltenburg. Spätrömische Befestigung mit dem vermutlich römischen Abschnittswall mit Toranlage, dem Kleinkastell (oder Speicherbau?) sowie weiteren (in Schraffur) vermutlich römischen Bauresten (nach Spindler).

Abb. 23 Frauenberg bei Weltenburg. Spätrömisches Kleinkastell oder Speichergebäude (nach Spindler).

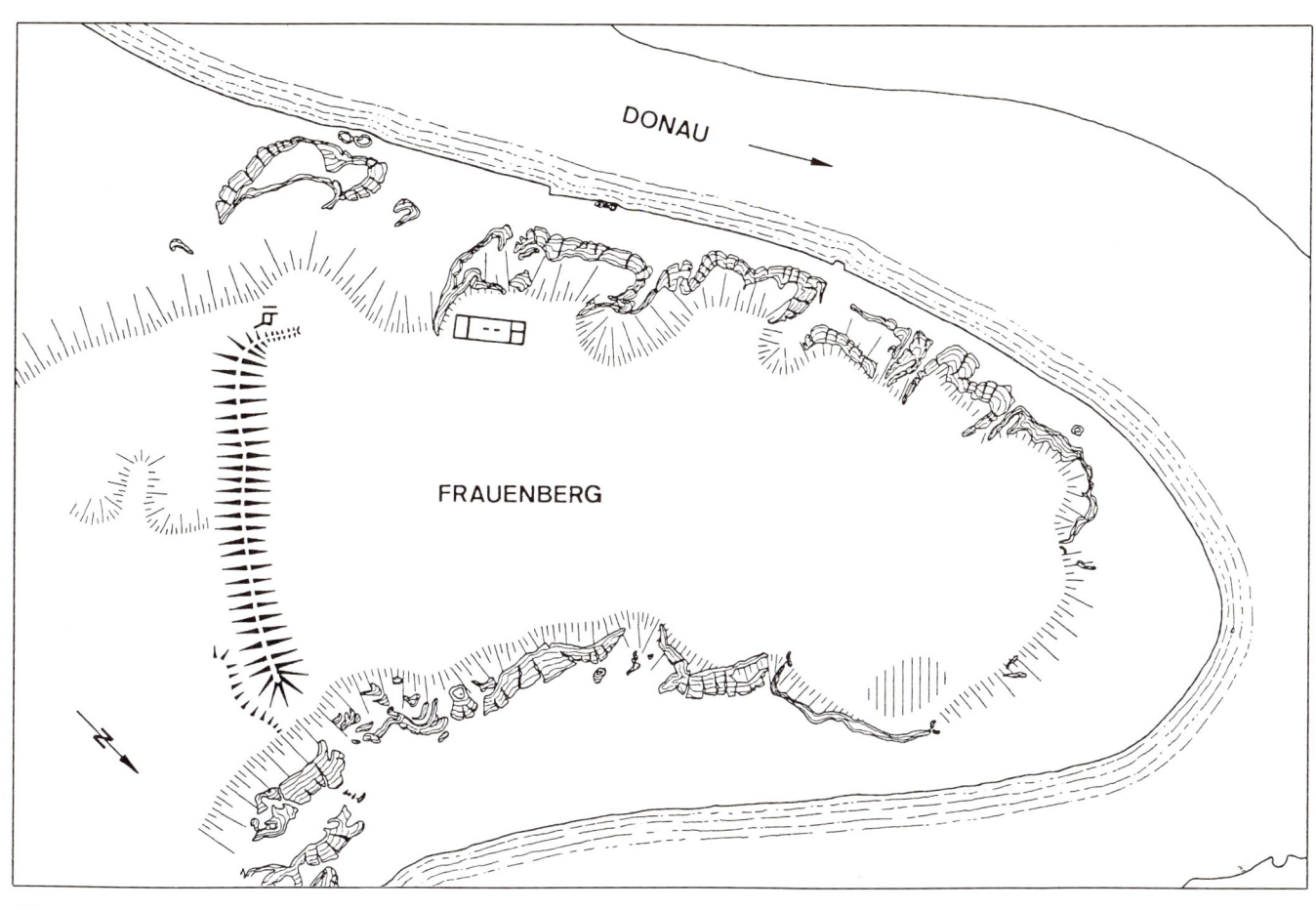

DONAU

FRAUENBERG

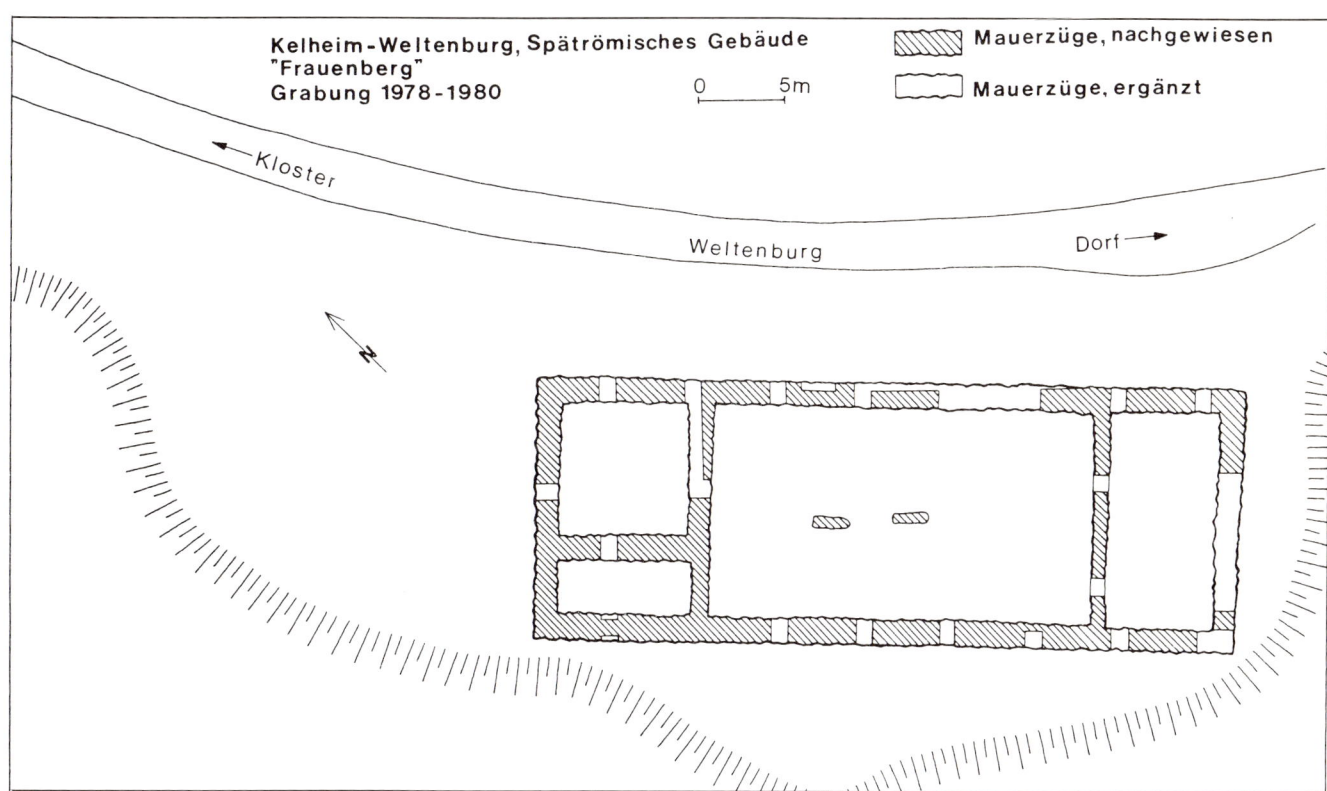

Kelheim-Weltenburg, Spätrömisches Gebäude
"Frauenberg"
Grabung 1978-1980

0   5m

Mauerzüge, nachgewiesen

Mauerzüge, ergänzt

Kloster

Weltenburg

Dorf

31

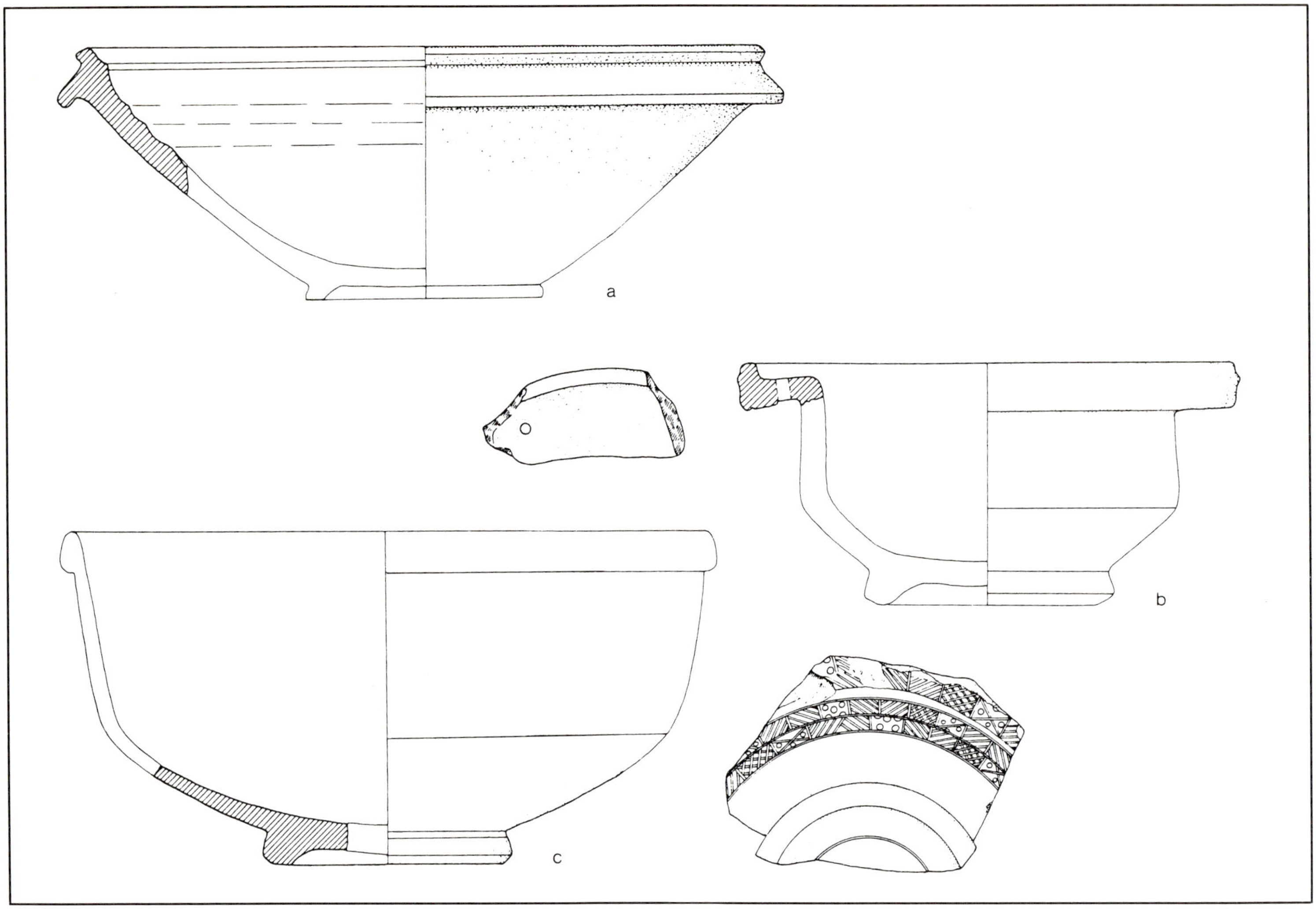

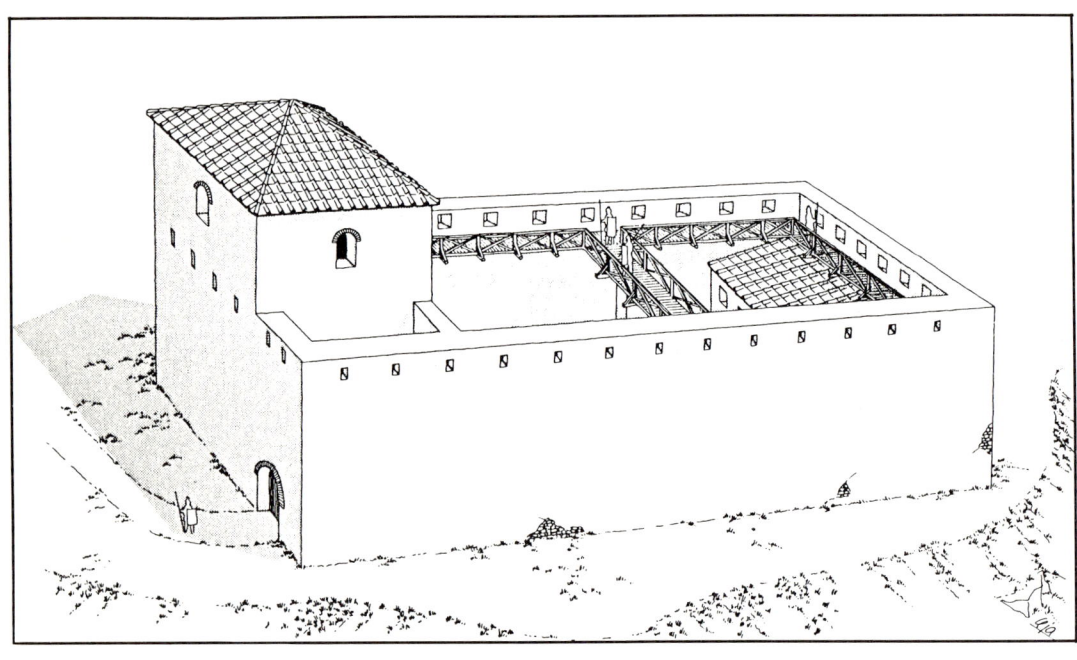

Abb. 24 Frauenberg bei Weltenburg. Spätrömische Keramik:
a glasierte Reibschüssel; b–c Ar-
gonnensigillata (nach Spindler).
M. 1:2

Abb. 25 Frauenberg bei
Weltenburg. Römisches
Gebäude, rekonstruiert
als Kleinkastell (nach
Spindler).

Irgendwann um 400 n. Chr. setzt am ostraetischen Limes eine Entwicklung ein, die sich als äußerst folgenschwer erweisen sollte. Bisher hatte das römische Militär seine germanischen Söldner aus dem Raum nördlich der Donau rekrutiert, aus den Stämmen der Alamannen im Westen und der Juthungen in Nordbayern. Auch Goten von der unteren und mittleren Donau scheinen bei der Grenzverteidigung in Raetien mitgewirkt zu haben. Nun aber treten beiderseits des Limes Germanen auf, die ganz offensichtlich aus Südwestböhmen nach Nordbayern gezogen sind. Wann genau diese Leute kamen, ist schwer zu sagen, kein römischer Schriftsteller fand es Wert, über sie ein Wort zu verlieren. Die archäologischen Funde, die allein über sie berichten, entziehen sich vorerst einer feineren Datierung.

Diese böhmischen Germanen geben sich bisher nur indirekt zu erkennen und zwar anhand einer ganz typischen Keramik, die sie herstellten. Anders als die auf der Töpferscheibe gedrehte römische Keramik ist diese, nach prähistorischer Manier, frei von Hand geformt. Die Masse besteht freilich aus groben, einfachen Töpfen und Schalen. Nur eine bestimmte Art von Geschirr, das bei Tisch benutzt wurde, ist von höchster Qualität. Dabei handelt es sich zumeist um flache Schalen, die das eigentliche Charakteristikum dieser Keramikgruppe ausmachen und damit auch ihre ehemaligen Benutzer als eigenständige Gruppe von Menschen identifizieren helfen. Typisch an dieser Feinkeramik ist die Verzierung durch Schrägriefen und Dellen auf dem Umbruch (Taf. 10, 26, 27, 32, 48; Abb. 26, 27) sowie die oft dünne Wandung und die vorzügliche, glänzende Glättung ihrer Oberfläche.

Nun kommen solche Gefäße beiderseits des Bayerischen Waldes und des Böhmerwaldes vor. Benannt wird diese Fundgruppe in der archäologischen Fachsprache nach zwei großen Brandgräberfeldern nördlich von Straubing und in Südwestböhmen als Typ Friedenhain–Přešťovice. Die Gefäße auf beiden Seiten des Waldgebirges sind sich oft so ähnlich, daß man sie austauschen könnte, ohne daß es auffiele. Allerdings sind ältere Vorformen solcher Keramik nur aus Böhmen bekannt, in Nord- und Ostbayern treten sie ohne Vorläufer ganz unvermutet auf.

In Böhmen selber gibt es Anzeichen dafür, daß Personengruppen wie die von Přešťovice aus einer Vermischung alteingesessener markomannischer Bevölkerung mit neu

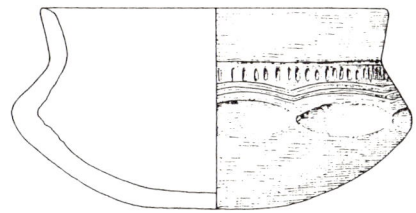

Abb. 26 Straubing. Spätrömisches Gräberfeld Azlburg I. Schale vom Typ Friedenhain-Přešťovice aus Grab 60 (nach Prammer). M. 1:2.

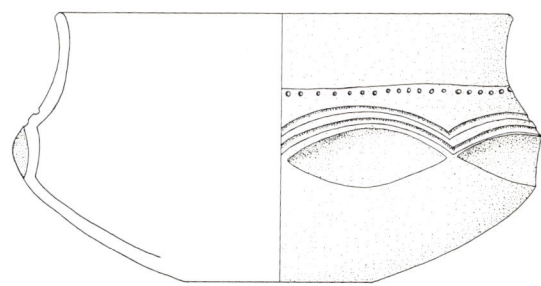

Abb. 27 Gefäß des Typs Friedenhain-Přešťovice aus Eining (nach Fischer, Spindler). M. 1:2.

hinzugewanderten Germanen aus Mitteldeutschland entstanden sind. Jedenfalls besitzt die Keramikgruppe Friedenhain–Přešťovice große Ähnlichkeit mit Funden aus Thüringen. Während die Friedhöfe mit dieser Keramik in Böhmen im fünften Jahrhundert abbrechen, stellen die Leute, die diese Keramik fertigen und benutzen, noch die Gründergeneration des bis in das siebte Jahrhundert belegten Gräberfeldes Straubing-Bajuwarenstraße.

Aus all diesen Indizien ist zu schließen, daß die Angehörigen der rein archäologisch definierten germanischen Gruppe Friedenhain–Přešťovice im Laufe der Zeit von Ost nach West, also von Böhmen nach Nord- und Ostbayern gewandert sind. Welchen Weg sie dabei genommen haben, lehrt ein Blick auf die Verbreitungskarte, in der die bisher bekannten Funde ihrer charakteristischen Keramik eingetragen sind (Abb. 28).

Ganz offensichtlich kamen sie über jene Paßverbindungen, die schon seit der Jungsteinzeit über Bronze- und Eisenzeit immer wieder von Leuten aus Böhmen, die nach Westen zogen, genutzt wurden: Es handelt sich um die Cham-Further-Senke, wo ganz in der Nähe von

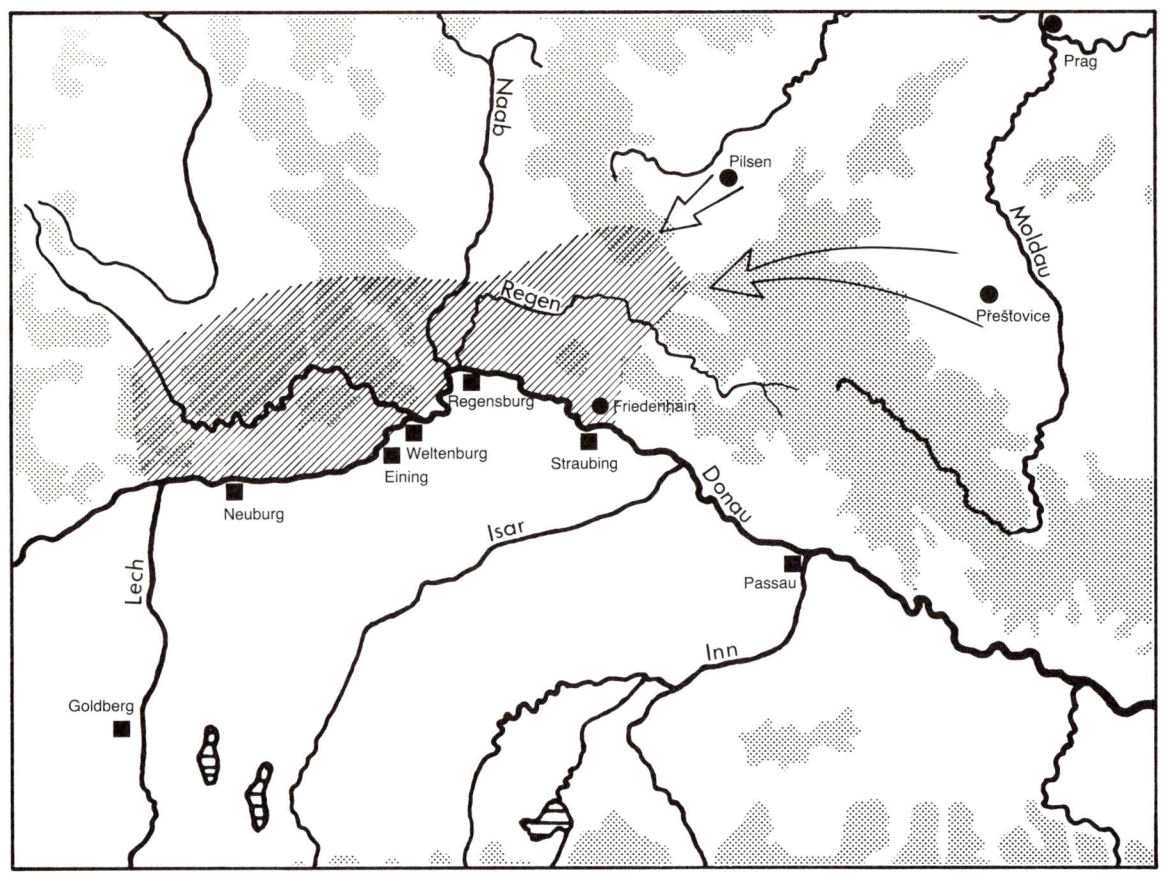

Abb. 28
Verbreitung der Keramik
des Typs Friedenhain-
Přešťovice in Bayern
(nach Fischer).

Cham, bei Altenmarkt, eine Siedlung von Germanen der Gruppe Friedenhain–Přešťovice entdeckt worden ist. Von da aus geht ein Weg über das Regental in Richtung Regensburg, ebendahin führt auch eine Verbindung über das Schwarzach- und Naabtal. Von der Cham-Further-Senke aus erreicht man auch über die Stallwanger Senke das nördliche Vorland von Straubing, also genau jene Gegend, wo das namengebende Gräberfeld von Friedenhain und eine ganze Reihe von Siedlungsspuren der böhmischen Germanen liegen.

Weiter im Westen gibt es Funde aus dem Altmühl- und Sulztal, aus dem Vorland von Ingolstadt, aus der Gegend von Weißenburg, ja sogar von der völkerwanderungszeitlichen Befestigung der Gelben Bürg bei Dittenheim. Im gleichen geographischen Raum, wo Siedlungen der Gruppe Friedenhain–Přešťovice nördlich der Donau liegen, kommen charakteristische Funde, vor allem Keramik, die Indizien dieser böhmischen Germanen sind, auch in den Kastellen südlich der Donau vor, in Neuburg,

Eining, Frauenberg bei Weltenburg, Alkofen, Regensburg, Straubing und Passau–Batavis.

Das heißt nun nicht, daß die römischen Festungen von den aus Böhmen zugewanderten Germanen erobert worden sind, im Gegenteil – den Römern war es offensichtlich gelungen, mit ihnen in gutem Einvernehmen zu leben und sie in ihr Grenzheer zu übernehmen. Für ein friedliches Nebeneinander spricht die Tatsache, daß vielfach offene Siedlungen auf dem Nordufer der Donau direkt im Umgriff römischer Festungen südlich des Stromes angelegt waren, was bei einer Gegnerschaft beider Völker unmöglich gewesen wäre.

Zwischen Eining und Straubing sind in den Festungen des spätrömischen Grenzheeres die Funde der Gruppe Friedenhain–Přešťovice inzwischen so häufig nachgewiesen, daß man davon ausgehen muß, daß die Germanen aus Böhmen in diesem Grenzabschnitt den größten Teil der römischen Truppen bis weit in das fünfte Jahrhundert hinein stellten.

Ende der römischen Herrschaft

Mit der Macht und Herrlichkeit des römischen Reiches ging es gegen Ende des vierten Jahrhunderts immer schneller bergab. Als vernichtender Schlag, von dem sich das römische Heer nie wieder erholen sollte, ist zum Beispiel die Niederlage gegen die Westgoten bei Adrianopel (dem heutigen Edirne in der europäischen Türkei) im Jahre 378 zu nennen. Zwar konnte Kaiser Theodosius (379–395) noch einmal notdürftig die Einheit und den Bestand des Reiches wahren, doch der Zerfall in ein lebensfähiges oströmisches Reich und ein dem Untergang geweihtes weströmisches Reich war bereits vorprogrammiert. Theodosius selber war gezwungen, eine Entwicklung einzuleiten, die letztlich zur Auflösung des weströmischen Reiches führte: Er nahm die bei Adrianopel siegreichen Westgoten als Föderaten (Verbündete) sozusagen an Stelle des von ihnen vernichteten römischen Heeres in das römische Reichsgebiet auf, wo sie sich ansiedeln durften.

Das bedeutete, der Barbarenstamm der Goten lebte nun unter Wahrung der Unabhängigkeit und Eigenstaatlichkeit auf römischem Boden und war, selbstverständlich gegen Barzahlung, verpflichtet, Waffenhilfe zu leisten. Nur unvollkommen war hier mit einem politisch-juristischen Flickwerk die Ohnmacht des Reiches verschleiert worden, denn selbstverständlich dachten diese »Verbündeten« gar nicht daran, sich auf längere Zeit vom römischen Reich in die Pflicht nehmen zu lassen.

Mit der Aufteilung des Reiches nach dem Tode des Theodosius unter seine beiden Söhne wurde dieser Prozeß besiegelt: Arkadius (395–408) beherrschte von Konstantinopel aus den Osten, der als Minderjähriger an die Macht gekommene Honorius (395–423) von Rom aus den Westen, zunächst unterstützt von dem Vormund und Reichsverweser Stilicho, einem geborenen Vandalen. Stilichos Beispiel zeigt, daß zu dieser Zeit Germanen nicht mehr nur Karriere in den mittleren Offiziersrängen des Heeres machen konnten, sondern bis in die höchsten Ämter des Reiches gelangten.

Reichsverweser Stilicho

Stilicho mußte um 400 in Raetien gerade einen Angriff der Vandalen abwehren, da fielen im Jahre 401 die (ja angeblich verbündeten!) Westgoten unter ihrem König Alarich in Italien ein und bedrohten Rom. Zusammen mit raetischen und wohl auch neuen Truppen, die er unter den vandalischen Eindringlingen geworben hatte, eilte Stilicho nach Italien zurück und konnte die Gotengefahr zunächst bannen.

Dieser Vorgang führte nun lange Zeit zu der festen Lehrmeinung, Stilicho habe aus Raetien alle Truppen abgezogen und damit das Voralpenland den Barbaren preisgegeben. Eine solche Theorie schien um so logischer zu sein, als es ja aus dem fünften Jahrhundert fast überhaupt keine archäologischen Funde gab, geschweige denn solche, die für die Präsenz römischer Truppen in Raetien im fünften Jahrhundert gesprochen hätten.

Inzwischen kommt die Forschung zu ganz anderen Ergebnissen. Von seiten der Historiker wurden kritische Stimmen laut, die zu Recht betonten, daß die einschlägige Textstelle keineswegs davon berichtet, Stilicho habe alle Truppen aus Raetien abgezogen. Ferner gibt es überhaupt keinen Grund, der die Annahme verböte, die raetischen Truppen seien nach erfolgreicher Aktion wieder in ihre alten Garnisonen zurückgekehrt, denn ein Einsatz von Truppen aus Raetien in Italien, die ja beide der gleichen Diözese (Verwaltungseinheit) angehörten, war ja so außergewöhnlich nicht. Auch berichten spätere Quellen des fünften Jahrhunderts durchaus von der Existenz einer römischen Grenzverteidigung in Raetien.

Da nun inzwischen auch genügend archäologische Funde zur Verfügung stehen, um die Geschichte des spätrömischen Grenzheeres in Raetien bis weit in das fünfte Jahrhundert hinein wenigstens skizzenhaft darstellen zu können, kann man die These vom Abzug der Römer aus Bayern um 400 getrost ad acta legen.

Die raetische Grenzwehr im 5. Jahrhundert

Freilich erfolgte offensichtlich die Grenzverteidigung nun nicht mehr durch das traditionelle römische Berufsheer, sondern durch Foederaten, also weitgehend intakte und selbständige germanische Stämme und Stammesteile, die mit Kind und Kegel in die römischen Festungen einzogen. Entsprechende Funde in einiger Menge (s. o.) haben inzwischen klar belegt, daß in Ostraetien vornehmlich Germanen aus Böhmen diesen militärischen Wachdienst ausübten, selbstverständlich gegen klingende Münze. Wie späte Offiziersfibeln aus vergoldeter Bronze aus einem Grab von Eining und aus einer Siedlungsschicht von Regensburg, Grasgasse (Taf. 4), nachweisen, trugen wenigstens die Befehlshaber der barbarischen Foederatentruppen noch römische Uniformen und Rangabzeichen (Abb. 29).

Die eigentliche römische Bevölkerung aber lebte als weitgehend eigenständige Gruppe in wohl halbwegs friedlicher Koexistenz daneben, auch wenn sie kaum mehr das Sagen hatte. Insgesamt dürfte der Zuzug dieser Germanen kaum zu einer merklichen Vergrößerung der Einwohnerschaft der Grenzfestungen im Vergleich zu früheren Zeiten geführt haben. Die böhmischen Foederaten und ihre Familien waren bestenfalls ein Ausgleich für die Opfer der ständigen Überfälle der Barbaren, vor allem der Juthungen.

Am Beispiel des spätantiken Regensburg kann man das römisch-germanische Zusammenleben mit Hilfe archäologischer Quellen wenigstens in Bruchstücken nachvollziehen.

Irgendwann um die Wende vom vierten zum fünften Jahrhundert fand im Legionslager *Castra Regina* ein Garnisonswechsel statt. Wie die *Notitia dignitatum* berichtet, zog die letzte Tausendschaft der 3. italischen Legion nach *Vallatum* (Weltenburg?) ab. Ihre leeren Kasernen übernahmen die barbarischen Foederaten aus Böhmen.

Gerade an der Behandlung der Steingebäude im Lager erkennt man am ehesten das gewaltige Kulturgefälle zwischen beiden Gruppen. Auch in der Spätantike waren die Offiziershäuser, die durch Grabungen unter der Niedermünsterkirche erforscht wurden, sorgfältig instandgehalten worden, man hatte sogar eine neue Fußbodenheizung eingebaut und pflegte diese sorgfältig. Mit der Ankunft der Barbaren verfiel die Heizung bald, die unter

Abb. 29 Rekonstruktionszeichnung eines spätrömischen Soldaten mit Helm, Schild, metallbeschlagenem Gürtel (aus Straubing-Azlburg I, siehe Abb. 34), Schwert und Mantel, der mit einer Zwiebelknopffibel verschlossen wird.

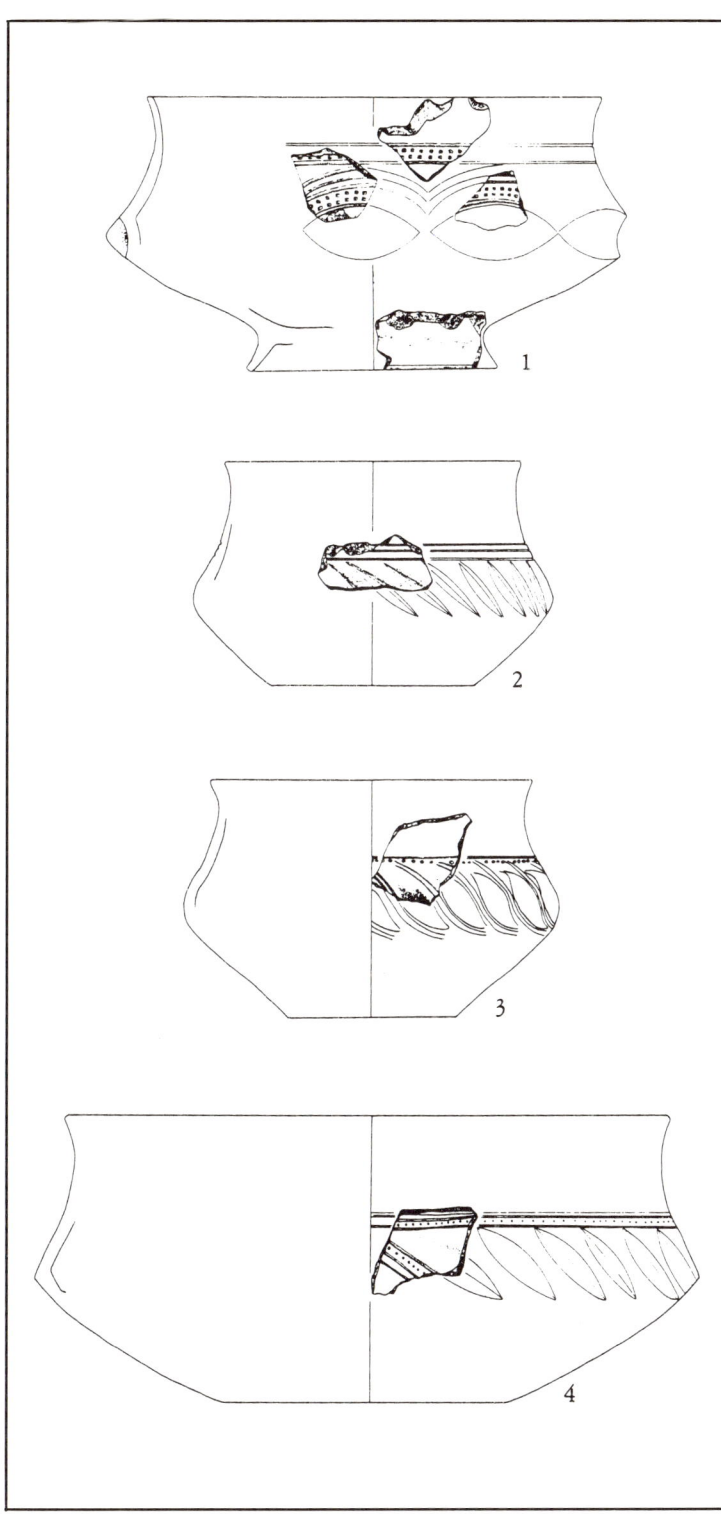

Abb. 30 Regensburg, Grasgasse. Schalen des Typus Friedenhain-Přešťovice (nach Fischer, Rieckhoff-Pauli). M. 1:2.

dem Fußboden liegenden Heizkanäle verfüllten sich mit Schutt. Die Estriche wurden mit Lehm notdürftig ausgebessert, man legte primitive offene Feuerstellen an. Als dann auch die Dächer und das aufgehende Mauerwerk baufällig wurden, war man nicht imstande, dem Verfall zu steuern, sondern begnügte sich mit primitivem Flickwerk, zum Beispiel dem Einziehen von Holzstützen. Ein ähnliches Vorgehen war auch im Bereich der Offiziershäuser, die im Bereich der Grabung Grasgasse (s. S. 82) lagen, festzustellen. Die römischen Steinbauten im Inneren des Lagers waren damit dem Verfall preisgegeben. Nur die äußerst massiv gebaute Umwehrung hielt auch ohne ständige Pflege der Witterung stand (s. S. 80).

Die Förderaten scheinen nicht nur in bestimmten Teilen der alten Festung gesiedelt zu haben, denn überall, wo im Inneren des Legionslagers Ausgrabungen oder größere Fundbergungen stattfanden, taucht die charakteristische germanische Keramik auf (Abb. 30).

Dennoch bedeutet das nicht, daß die eingesessene römische Bevölkerung schon abgezogen war. Im Gegenteil – ihre Spuren sind im archäologischen Quellenmaterial gut greifbar. Besonders die Keramik in Regensburg und Umgebung zeigt, daß römische Töpfertraditionen bis in das siebte Jahrhundert hinein überlebten (Taf. 10, 21). Beispielhaft ist diese friedliche Koexistenz in einem Gefäß aus der Grasgasse (Taf. 10; Abb. 31) ausgedrückt, wo ein römischer Töpfer in römischer Technik mehr oder weniger erfolgreich versuchte, Form und Aussehen böhmischer Foederatenkeramik nachzuahmen, um auch die Wünsche seiner neuen Kundschaft befriedigen zu können.

Das zweite gewichtige Indiz für das Fortleben der Romanen in Regensburg stellt die ununterbrochene Weiterbelegung des großen römischen Gräberfeldes seit dem zweiten Jahrhundert bis in das frühe Mittelalter dar. Ab dem späten 5. Jahrhundert werden allerdings dort die Funde spärlicher, aber nur, weil mit wachsendem christlichen Einfluß (Taf. 12) die Beigabensitte erlischt. Die große Zahl der beigabenlosen Gräber entzieht sich jedoch einer genaueren Datierung. Im frühen Mittelalter dagegen nehmen einige Romanen offensichtlich die Beigabensitte der Germanen, also die Bestattung in Tracht und mit Waffen, wieder auf. Erst als im achten Jahrhundert mit der Erstarkung der Kirchenorganisation die Toten nur noch bei den Kirchen in geweihter Erde beigesetzt werden, läßt man auch das alte römische Gräberfeld ebenso

Abb. 31 Regensburg, Grasgasse. Topf in spätrömischer Technik (gelbgrüne Bleiglasur) mit elbgermanischen Form- und Zierelementen der Gruppe Friedenhain-Přešťovice (Standfuß, Kanneluren, Keilstich- und Geißfußzier), 5. Jh. (nach Fischer, Rieckhoff-Pauli). M. 1:2.

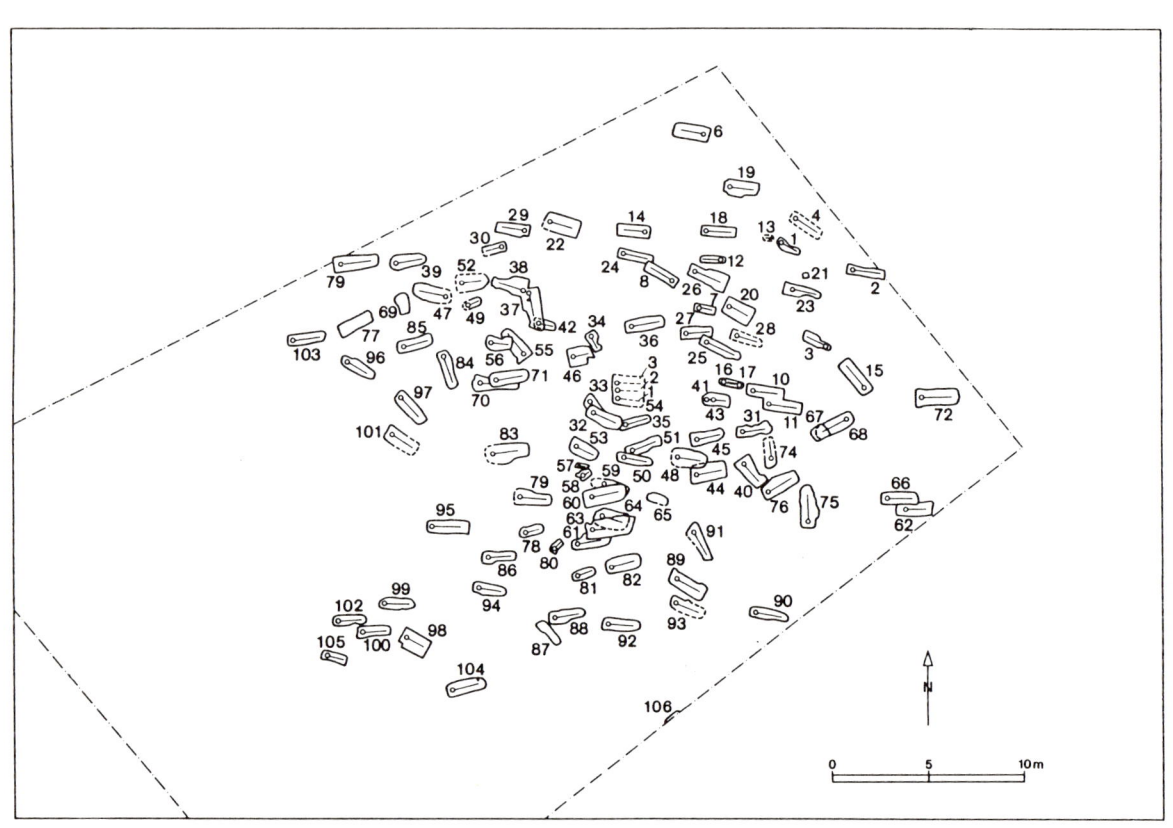

Abb. 32 Straubing. Plan des spätrömischen Gräberfeldes Azlburg I (nach Prammer).

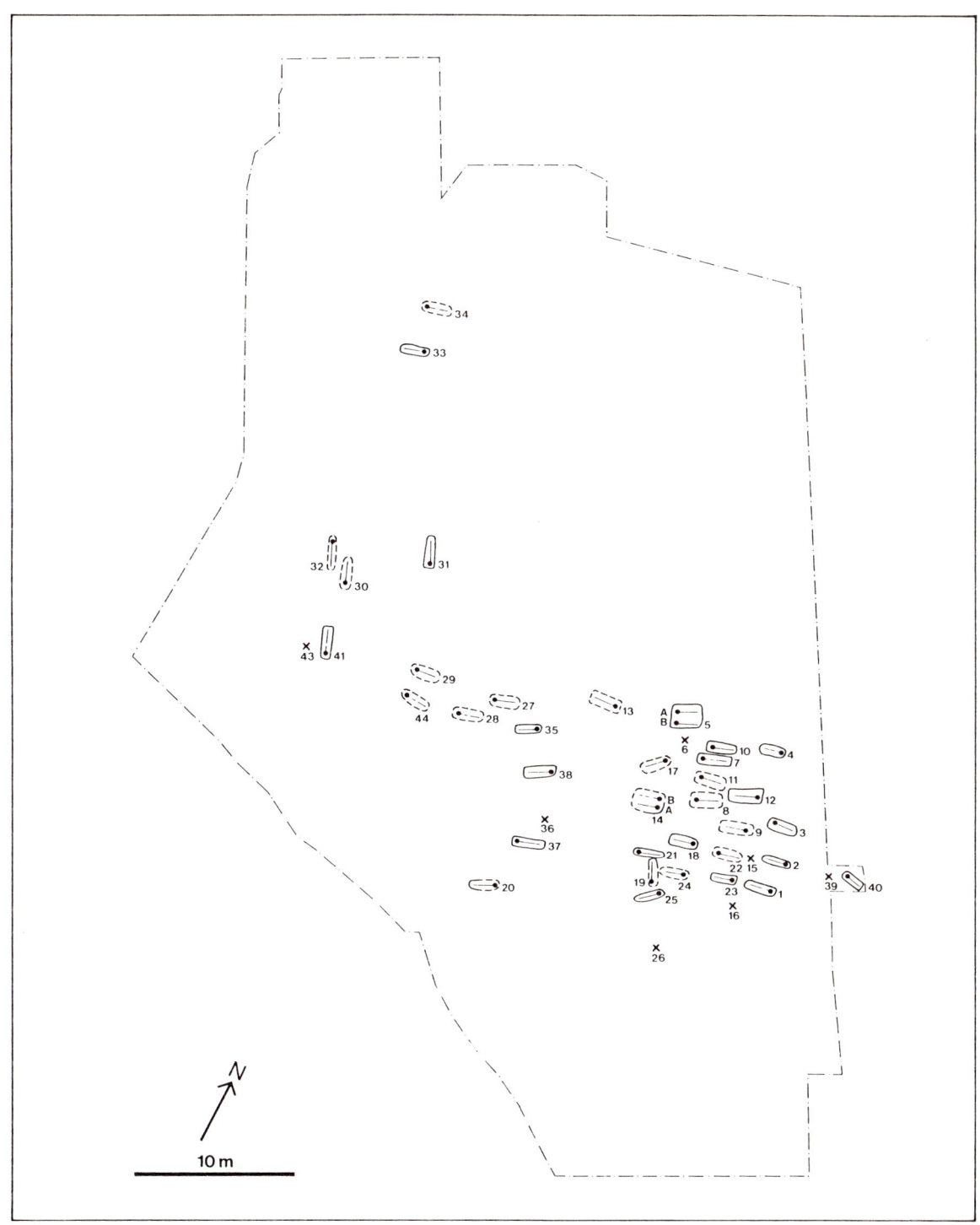

Abb. 33   Straubing. Plan des spätrömischen Gräberfeldes Azlburg II (nach Prammer).

wie die germanischen Reihengräberfelder zugunsten der Kirchhöfe auf.

In Straubing ist die Frage nach dem Weiterleben der romanischen Bevölkerung nicht so eindeutig zu beantworten. Aus dem spätrömischen Kastell sind zu wenige Funde bekannt, um daraus Schlüsse ziehen zu können. Bei den Gräberfeldern der Spätantike (Abb. 17, 32–34) wird erst die genaue Bearbeitung ergeben, inwieweit neben den sicher nachgewiesenen böhmischen Foederaten auch im fünften Jahrhundert noch Romanen nachweisbar sind. Es ist allerdings zu betonen, daß in dem frühmittelalterlichen Gräberfeld von Straubing – Bajuwarenstraße Hinweise auf romanische Bevölkerung vorliegen.

Im großen und ganzen scheint das Leben in den Festungen des ostraetischen Donaulimes im fünften Jahrhundert ohne größere Brüche verlaufen zu sein. So dürfte der Zug des Hunnenheeres unter Attila nach Gallien im Jahre 451 Ostbayern nicht berührt haben. Wahrscheinlicher ist, daß die Hunnen weiter südlich, auf der alten Römerstraße von Salzburg über Gauting, Kempten, Bregenz, das Voralpenland durchquert und den Rhein erreicht haben.

Zusammenbruch des raetischen Grenzverteidigungssystems

Das Ende der römischen Grenzverteidigung an der Donau erfolgte also nicht durch spektakuläre militärische Aktionen, sondern durch den allmählichen Zusammenbruch der politisch-ökonomischen Strukturen des weströmischen Reiches.

Äußere Anzeichen dafür waren die Einnahmen und Plünderungen der Hauptstadt Rom durch die Barbaren, was auf die Zeitgenossen wie ein Weltuntergang gewirkt haben muß. 410 drangen die Westgoten unter Alarich in die Ewige Stadt ein, 455 die Vandalen unter Geiserich. Die Vandalen in Nordafrika waren nur einer der germanischen Stämme, die sich inzwischen mit oder ohne den Vorwand des Foederatenstatus auf dem Boden des weströmischen Reiches festgesetzt hatten. In Gallien herrschten Westgoten und Franken, in Spanien Westgoten und Sueben, in Pannonien und auf dem Balkan hatten sich die

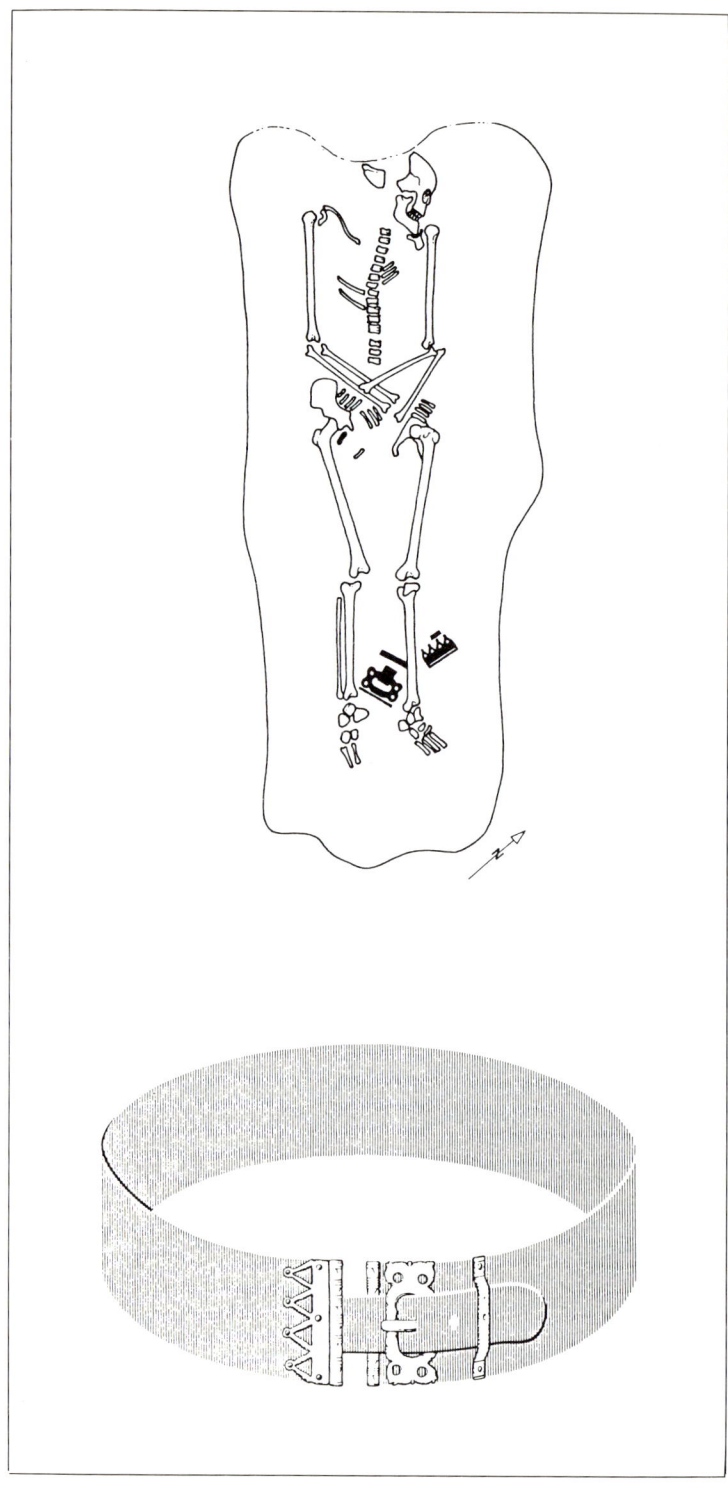

Abb. 34 Straubing. Spätrömisches Gräberfeld Azlburg I, Bestattung eines Mannes mit an den Beinen deponiertem römischen Militärgürtel, dieser darunter in Rekonstruktion (nach Prammer).

Hunnen und ihre germanischen Verbündeten breitgemacht. So war es nur noch Formsache, als im Jahre 476 der Generalissimus Odoaker, ein gebürtiger Ostgermane (Skire), den letzten weströmischen Schattenkaiser Romulus Augustulus absetzte und das weströmische Kaisertum damit beendete. Er erkannte dafür den oströmischen Kaiser als rechtmäßigen Herrscher an und behielt als eine Art selbsternannter Reichsverweser die Macht in Italien.

Spätestens 476 aber endeten die Soldzahlungen Roms an die Grenztruppen, und diese lösten sich alsbald auf. Einige Einheiten dürften wohl weggezogen sein, die meisten Foederaten aber blieben im Inneren oder in der Umgebung ihrer ehemaligen Garnisonsorte und übernahmen sie in eigener Regie, bis sich neue politische Strukturen herausbildeten.

In der Lebensbeschreibung des Heiligen Severin (†482) ist die Art und Weise, wie es zum Ende der römischen Truppen an der Donaugrenze kam, klar und deutlich beschrieben:

»Zu der Zeit, zu der das römische Reich noch bestand, wurden in vielen Städten Soldaten zur Bewachung der Grenze mit öffentlichen Geldern unterhalten. Als diese Regelung ein Ende fand, lösten sich diese Militärtruppen zugleich mit dem Grenzverteidigungssystem auf, nur die Abteilung von *Batavis* (Passau-Altstadt) hielt noch so gut es ging aus. Von dieser hatten sich einige Mann nach Italien aufgemacht, um für ihre Kameraden den letzten Sold zu holen; doch auf ihrem Weg wurden sie von den Barbaren umgebracht.«

Der Heilige Severin

Historiker und Archäologen, die die Geschicke des Landes nördlich der Alpen in Römer- und Völkerwanderungszeit klären wollen, sind in der Regel auf mühselige Kleinarbeit und Kombination verstreuter und zufällig überlieferter Fakten angewiesen. Nur für das letzte Kapitel der Römerherrschaft am östlichen Ende des bayerischen Donauraumes gibt es den ausführlichen Bericht eines Zeitgenossen. Die Rede ist von Eugippius, der im Jahre 511 als Abt des Klosters in *Castrum Lucullanum* bei Neapel die Lebensbeschreibung des Heiligen Severin (Vita Sancti Severini) verfaßte. Eugippius war als junger Mann in die von Severin gegründete Mönchsgemein-

schaft von *Favianis* / Mautern (Niederösterreich) eingetreten, wohl erst nach dessen Tod.

Nach dem Ende des weströmischen Reiches war in Raetien der größtenteils aus barbarischen Verbündeten bestehende Grenzschutz rasch zerfallen, neue politische Strukturen begannen sich herauszubilden. Ganz anders gestalteten sich aber die Verhältnisse im östlichen Teil Raetiens, in Künzing und Passau und im anschließenden Ufernorikum bis etwa kurz vor Wien (Abb. 35). Hier war die Barbarisierung von Bevölkerung und Militär bei weitem nicht so fortgeschritten, der romanische Anteil in der Bevölkerung dominierte und versuchte in gewohnter Weise weiterzuleben. Es herrschten also genau die umgekehrten Zustände, wie sie weiter westlich die Regel waren.

Die in diesem inselartig von Italien abgeschnittenem Gebiet lebenden Romanen hatten sich stetiger Angriffe feindlicher Germanen, vor allem aus dem Westen, zu erwehren. Die Gegner waren insbesondere Alamannen und Thüringer. Die Alamannen, als deren Anführer König Gibuld genannt wird, dürften nach dem Zusammenbruch der Grenzverteidigung nach Raetien vorgedrungen sein, ohne daß sie dabei von den ehemaligen Foederaten, den Germanen böhmischer Herkunft, ernstlich daran gehindert wurden. In diesen wiederum und ihren Nachfahren darf man wohl die in der Vita Severini erwähnten Thüringer sehen, jedenfalls sprechen die Bezüge in den Funden zu Material aus Thüringen nicht dagegen.

Den an der Donau und deren Hinterland verbliebenen Romanen half Severin nun in ihrer zunehmenden Bedrängnis. Er richtete sie durch geistlichen Zuspruch auf, bald wurden ihm auch Wunder nachgesagt, er warnte vor Gefahren durch Germanenüberfälle und Naturkatastrophen. Ferner trat er aber auch als eine Art mit diplomatischer Vollmacht versehener Sprecher der Romanen auf und verhandelte mit Germanen über die Freilassung von Gefangenen. Der alamannische König Gibuld, der große Teile des raetischen Flachlandes beherrschte, verehrte Severin so sehr, daß er auf dessen Intervention versprach, römische Gefangene zurückzuschicken.

Auch brachte es das Ansehen des Heiligen zustande, daß der Germanenstamm der Rugier, der nördlich der Donau (etwa im Gebiet der heutigen Wachau) saß, mit den Romanen wenigstens zu Severins Lebzeiten ein gutnachbarliches Verhältnis aufrechterhielt. Auch im Inneren

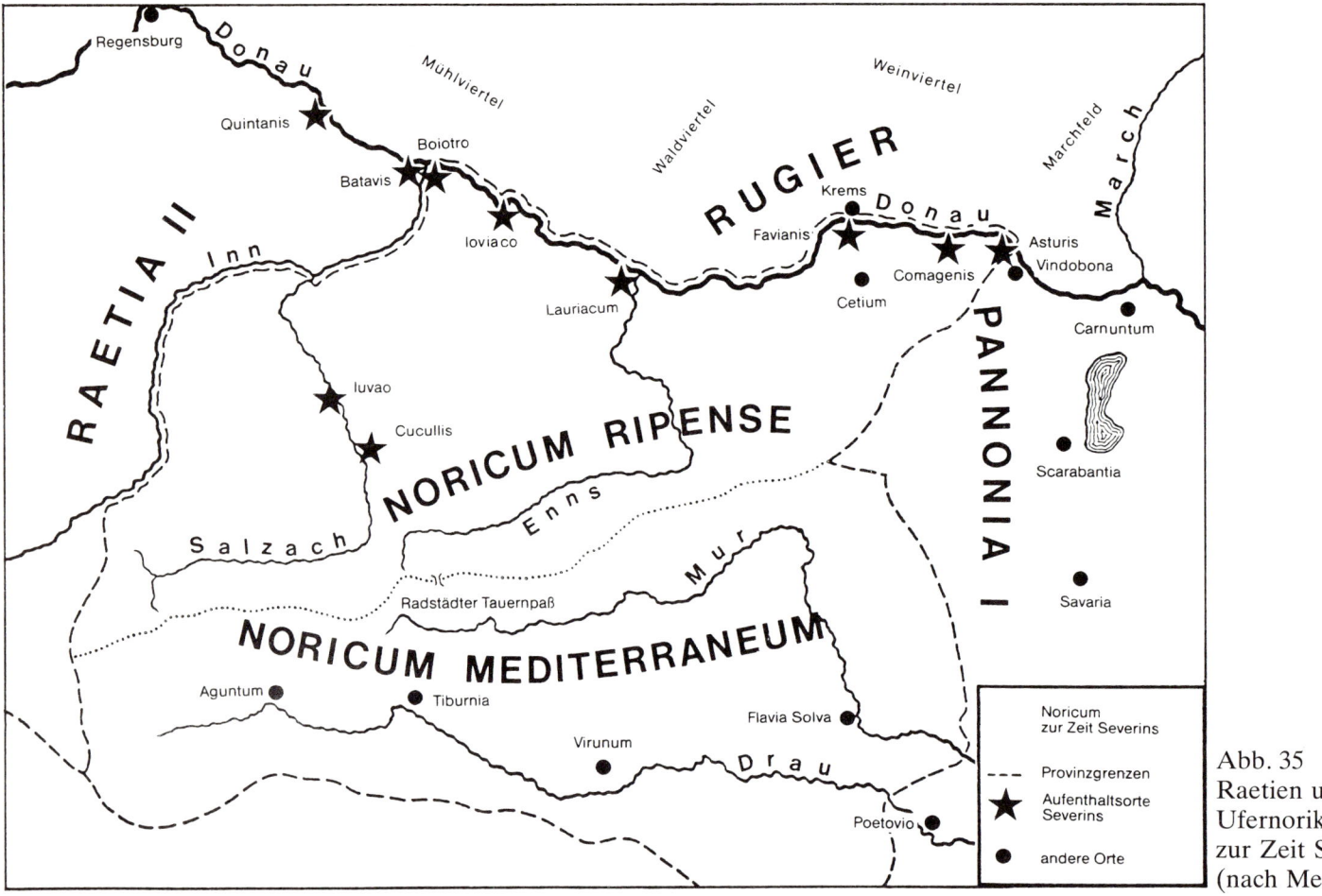

Abb. 35
Raetien und
Ufernorikum
zur Zeit Severins
(nach Menghin).

des Romanengebietes wirkte er durch praktische Hilfe, so organisierte er in Zeiten der wirtschaftlichen Not Lebensmittelimporte und verteilte gesammelte Lebensmittel und Kleidungsstücke an die Notleidenden und Bedürftigen.

Für Ostbayern ist in Künzing und Passau die persönliche Anwesenheit Severins bezeugt, manches in seiner Lebensbeschreibung überlieferte Detail deckt sich mit dem dort bekannten archäologischen Befund.

In Künzig hat sich herausgestellt, daß das im Zwickel der Mündung der Ohe in die Donau gelegene Kastell inzwischen von der Donau weggeschwemmt worden ist (s. S. 152). In der Vita Severini wird von den Problemen berichtet, die die Einwohner von *Quintanis* mit dem Hochwasser hatten. Schließlich sorgte Severin dafür, daß die Bewohner von *Quintanis* vor dem wachsenden Druck der Germanen zunächst nach Passau, dann nach *Lauriacum* (Lorch, Oberösterreich) evakuiert wurden. Daß dies nicht alle Bewohner betraf, beweisen die bruchlose Über-

lieferung des antiken Namens bis heute und der archäologische Befund in Künzing (s. S. 154).

Auch in Passau–Altstadt (*Batavis*) erreichte Severin eine Räumung des Ortes wegen der ständigen Germanengefahr. Dies kann von der Archäologie bisher voll bestätigt werden (s. S. 160). Ebenso ist das in der Vita Severini anklingende Überwiegen der Romanen in der Bevölkerung Passaus im fünften Jahrhundert mit archäologischem Fundmaterial klar zu belegen. So dominiert, in schroffem Gegensatz zu Regensburg, in Passau Keramik römischer Tradition. Germanische Keramik, etwa des Typs Friedenhain–Přešťovice kommt nur als exotisches Einsprengsel vor. Dementsprechend können Rückschlüsse auf die Zusammensetzung der Bevölkerung des spätantiken Passau gezogen werden: Germanen bildeten hier nur eine Minderheit.

Interessante Aspekte ergeben sich auch in Passau–Innstadt (*Boiotro*)) beim Vergleich der Überlieferung in der Vita Severini und dem Stand der archäologischen For-

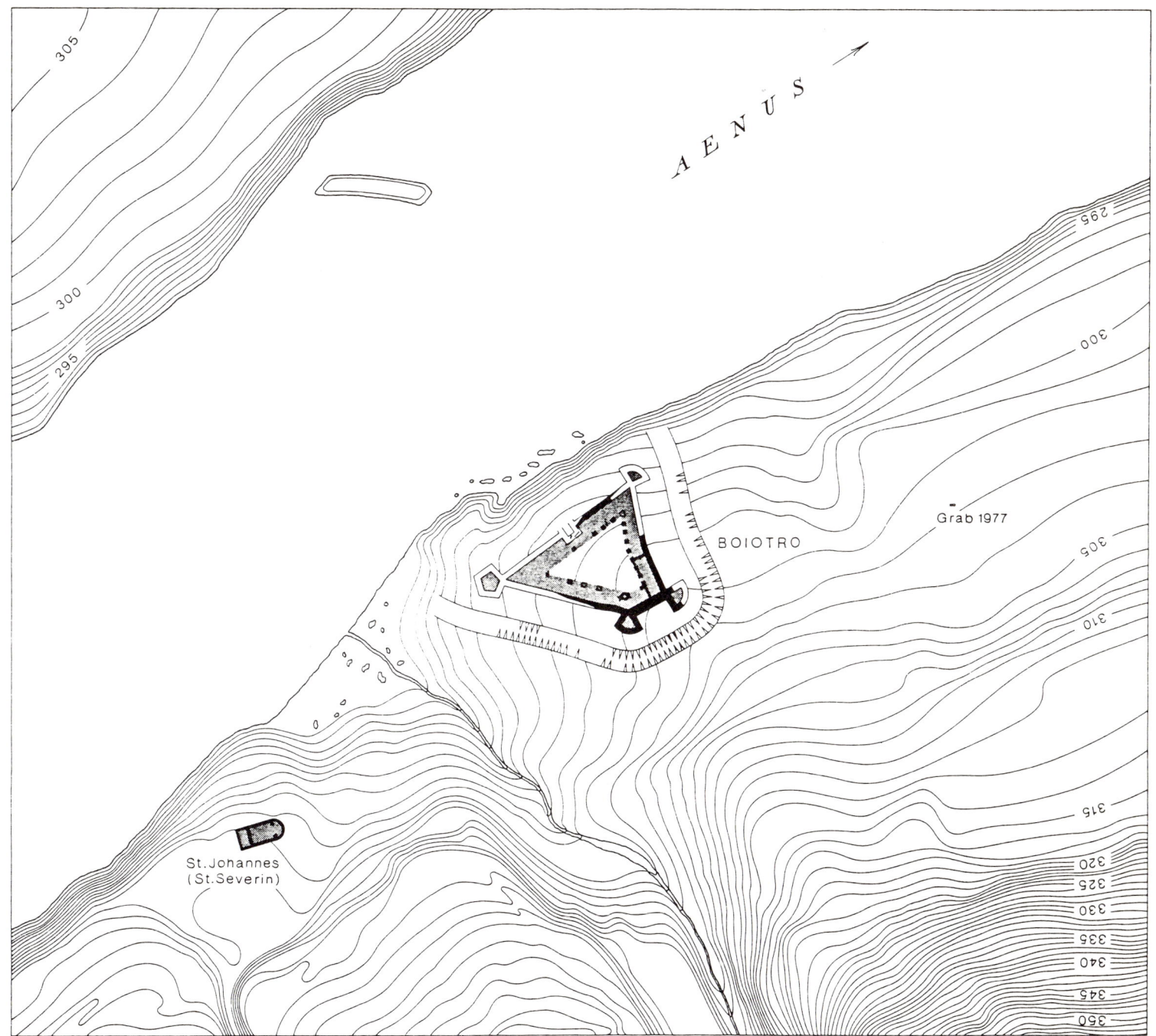

Abb. 36 Passau. Spätrömisches Kastell *Boiotro*, Grundriß (nach Christlein).

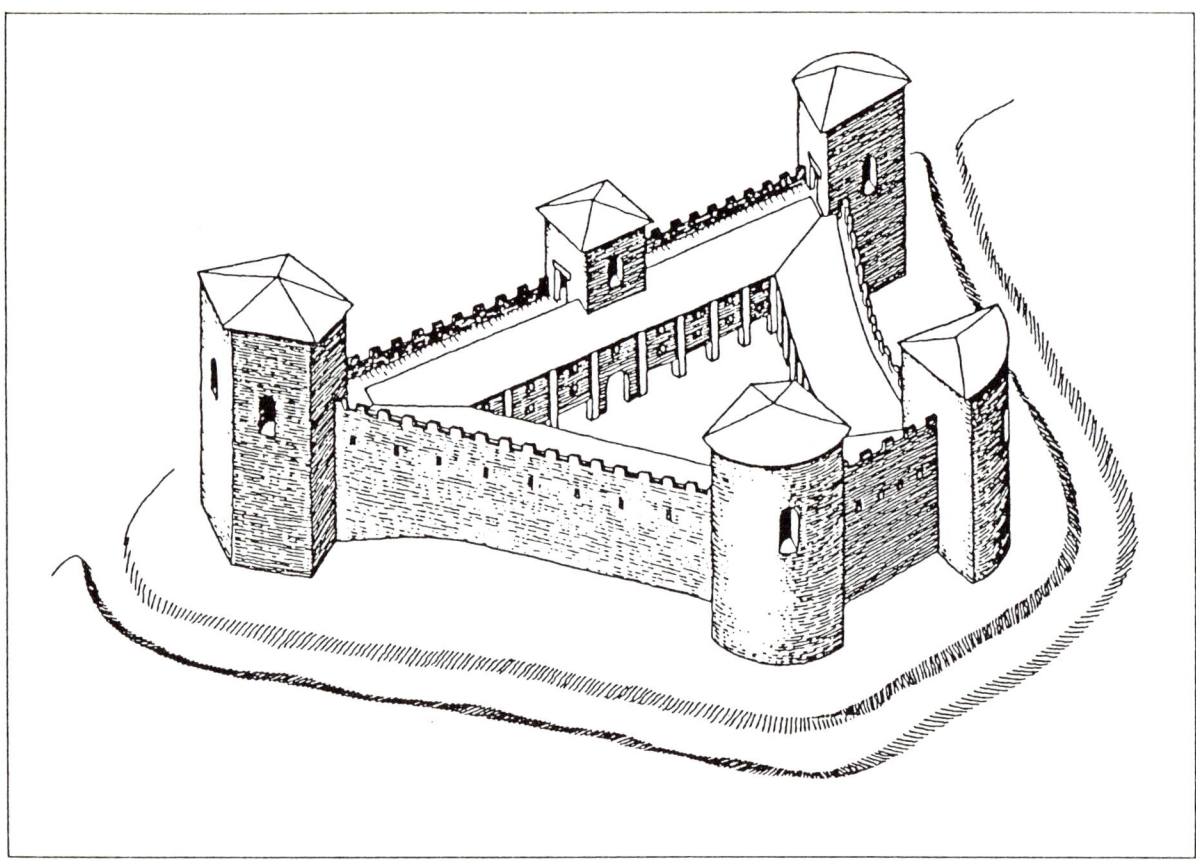

Abb. 37
Passau. Spätrömisches
Kastell *Boiotro,* Rekon-
struktionszeichnung
(nach Christlein).

schung. Für *Boiotro* wird nämlich die Existenz einer Kirche und die Tatsache gemeldet, daß sich dort eine von Severin begründete Mönchsgemeinschaft niederließ. Nun sind die Fundamentreste der ältesten Kirche unter der heutigen Severinskirche in Passau–Innstadt mit dem in der Vita Severini erwähnten Gotteshaus in Verbindung gebracht worden.

Bei dem danebengelegenen Kastell aber stellte sich heraus, daß es wohl schon im vierten Jahrhundert vom Militär geräumt worden ist. Ein in die Halbruine später eingebrachter Bau datiert in die Severinszeit (Abb. 36, 37). Dabei könnte es sich möglicherweise um das von Severin gegründete Kloster gehandelt haben. Gegen Ende des fünften Jahrhunderts brennt dieser Bau nieder, auch *Boiotro* wird zunächst verlassen.

Bei der Wiederbesiedlung im frühen Mittelalter war allerdings der Name noch bekannt. Noch heute ist die antike Bezeichnung *Boiotro* in Namen wie Beiderbach oder Beiderwies erhalten.

Nach dem Tode Severins im Jahre 482 verschärfte sich die Lage der Romanen. So war es auch gut zu verstehen, daß sie dem im Jahre 488 ausgegebenen Befehl Odoa-

kers, sich nach Italien zurückzuziehen, Folge leisteten. Dieser hatte inzwischen nämlich neue Gegner zu bekämpfen, die Italien bedrohten: die Ostgoten unter ihrem König Theoderich. Die Ostgoten waren wiederum mit den Rugiern verbündet. So kann man den Rückzugsbefehl für die Romanen in Ufernorikum im Jahre 488 aus der damaligen politischen Lage heraus erklären, denn die Ausbeutung der benachbarten Romanen war eine der wirtschaftlichen Grundlagen des Rugierreiches.

Als Ergebnis dieses Vorganges ist für den bayerischen Donauraum folgendes festzuhalten: Dort, etwa in Regensburg und Straubing, wo die romanische Bevölkerung bereits um 476 unter die Herrschaft der sich selbständig machenden germanischen Foederaten geriet und sich mit diesen »arrangiert« hatte, lebte in vielen Bereichen römisches Erbe weiter und trug mit zur Bildung des frühmittelalterlichen Baiern bei. In den Gebieten östlich von Künzing dagegen, in denen sich die Romanen am längsten gegen die germanischen Stämme behaupten konnten, spielte seit dem fast vollständigen Abzug von 488 das romanische Bevölkerungselement eine wesentlich geringere Rolle. Man kann dies zum Beispiel gut an

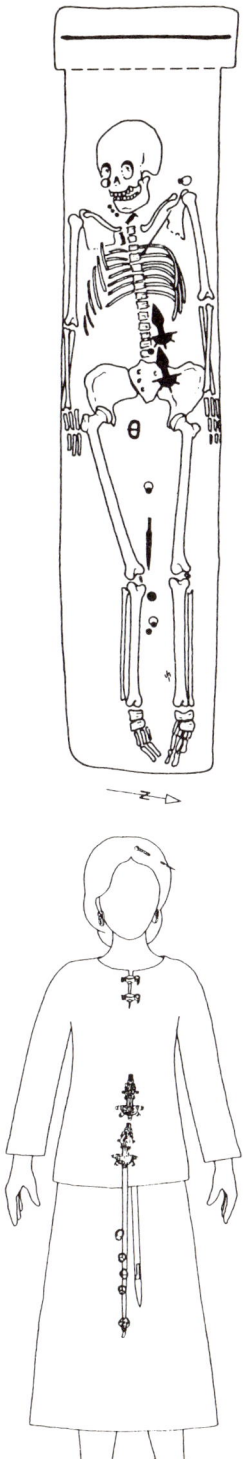

Abb. 38 Straubing, Bajuwarenstraße. Frauengrab 266 (oben) mit Ohrringen, Haarnadel, Kleinfibeln im Brustbereich, Bügelfibeln im Beckenbereich, Amulettgehänge und Messer sowie Rekonstruktion der Tracht (unten), 6. Jh. (nach Christlein).

der Tatsache erkennen, daß östlich von Lorch (*Lauriacum*) römische Ortsnamen nicht bis in das Mittelalter und später weiterlebten, während dies im Westen öfters der Fall ist.

Die abziehenden Romanen führten auch die Gebeine Severins mit sich und brachten sie nach Neapel. In einer Dorfkirche bei Neapel ruhen sie noch heute.

Ostgoten an der Donau

Trotz aller Anstrengungen unterlag Odoaker, der selbsternannte germanische Herrscher Italiens, schließlich den Ostgoten. Diesen war Italien von dem oströmischen Kaiser Zeno als Herrschaftsgebiet im Auftrag Ostroms zugewiesen worden, teils um sie, die sich als sehr gefährliche »Verbündete« erwiesen hatten, loszuwerden, teils um Odoaker, dem man mißtraute, zu beseitigen oder zumindest zu schwächen.

Die Winkelzüge der Diplomatie Konstantinopels hatten Erfolg. Odoaker wurde im Jahre 493 von den Ostgoten in eine Falle gelockt und vom Gotenkönig Theoderich dem Großen eigenhändig erschlagen. Damit war dieser nun rechtmäßiger Herrscher über Italien von Konstantinopels Gnaden geworden. Es gelang ihm bald, sein Reich mit Hilfe einer römischen Beamtenschaft vorbildlich zu verwalten und die Gegensätze zwischen Römern und Barbaren weitgehend auszugleichen. Für Italien kam eine kurze Zeit der inneren Ruhe und der wirtschaftlichen Blüte. Seinen Beinamen »der Große« erhielt Theoderich zu Recht.

Zum Verwaltungsgebiet Italien, das nun die Goten beherrschten, gehörte aber immer noch – wenigstens auf dem Papier – Raetien bis zur Donau. Es war in der Forschung lange Zeit umstritten, ob die Ostgoten nun tatsächlich die ihnen formaljuristisch zustehende Herrschaft über Flachlandraetien ausübten, oder ob sie sich mit der Aufrechterhaltung des Rechtstitels begnügten. Inzwischen gibt es aber in Bayern genügend Fundmaterial, insbesondere Fibeln von typisch ostgotischer Formgebung (Taf. 29; Abb. 38) oder aus dem ostgotischen Italien importierte Gürtelschnallen aus Männergräbern (Taf. 31), die auf enge Verbindungen des Alpenvorlands bis zur Donau mit dem ostgotischen Italien hinweisen. Die nach hunnischer Sitte künstlich deformierten Schädel, die auch im Donauraum in Gräbern mit ostgotischen

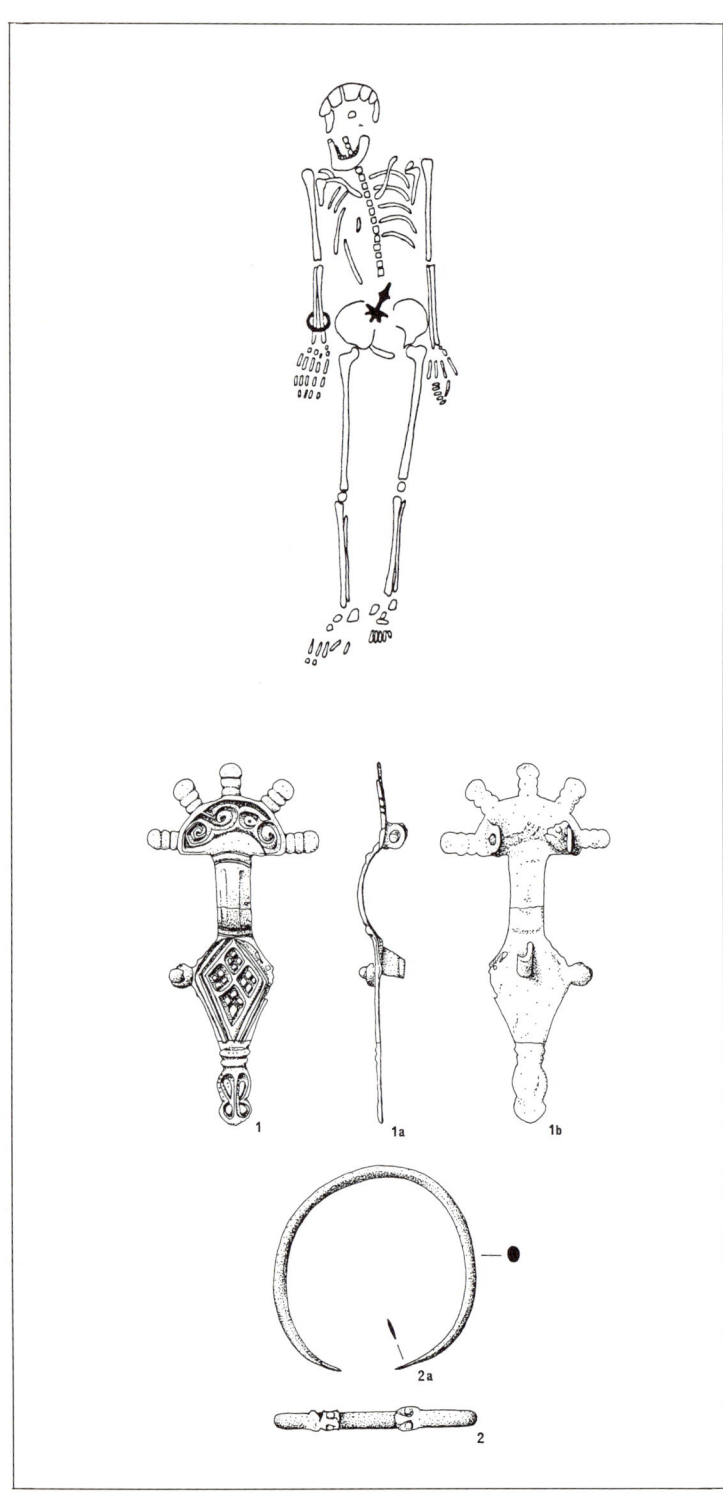

Funden auftauchen (Abb. 39), können ebenfalls darauf hindeuten, daß hier zum Teil Goten bestattet sind, die noch zu einer Zeit geboren wurden, als die Ostgoten Vasallen der Hunnen waren.

Noch ein Indiz spricht dafür, daß an der Donau nun eine starke Hand eingriff. Während die Vita Severini noch von wilden Verhältnissen berichtet und darüber, daß Alamannen und Thüringer ihre römischen Nachbarn ausplündern, tritt um 500 Ruhe ein. Dies äußert sich darin, daß nun auf einmal im Donauraum, aber auch in weiter südlich gelegenen Gebieten des Voralpenlandes, überall wieder Siedlungen, zumeist Dörfer, entstanden. Diese wurden nicht von einheitlichen germanischen Gruppen angelegt, sondern, wie die Analyse früher Friedhöfe beweist, gemeinsam von Leuten verschiedener Herkunft (Taf. 19, 21, 29, 32, 34, 37): Germanen aus Böhmen, Alamannen, Germanen aus dem mittleren Donauraum, darunter auch Langobarden. Zusätzlich macht sich der Einfluß der immer noch als eigenständige Gruppe weiterexistierenden römischen Bevölkerung bemerkbar.

Nur in einem halbwegs friedlichen politischen Klima, bedingt durch eine stets präsente Oberherrschaft, war eine solche Entwicklung möglich. So erklären sich auch die lebhaften Kontakte zwischen dem mitteldeutschen Thüringerreich und dem Ostgotenreich Theoderichs, die bei einer feindlich gesonnenen kriegerischen Bevölkerung des Voralpenlandes kaum so intensiv und ohne Störung verlaufen wären.

Die Herrschaft der Ostgoten an der Donau fand bald ihr Ende. Nach dem Tode Theoderichs im Jahre 526 begann der langwierige Krieg mit Byzanz, der erst 553 mit der Vernichtung der Goten und der Herrschaft Ostroms über Italien endete. Aber schon lange vorher, 537, hatten die bedrängten Goten, um einen Zweifrontenkrieg zu vermeiden, das Voralpenland den Franken überlassen. Die Franken waren damals bereits die stärkste politische Kraft in Mitteleuropa, ihr Einfluß sollte noch zunehmen.

Unter ihrem König Theudebert (536–540) kamen sie nun an die Donau, um dort die Oberherrschaft zu übernehmen. Sie fanden ein Volk vor, das »Bajuwaren« genannt wurde.

Abb. 39 Alteglofsheim, Lkr. Regensburg. Einzelgrab einer alten Frau mit deformiertem Schädel, um 500. Als Beigaben dienten eine stark abgenutzte silbervergoldete Bügelfibel ostgermanisch-gotischen Typs sowie ein Bronzearmreif (nach Bierbrauer, Osterhaus). M. 1:2.

Die Bajuwaren

Im Gegensatz zu allen germanischen Stämmen, die noch heute in modernen politischen Gebilden und Namen fortleben, tauchen die Bajuwaren erst sehr spät in der Geschichtsschreibung auf. Erstmals sind sie in schriftlichen Quellen wohl für das Jahr 551 genannt, als der Schriftsteller Jordanes in einer Geschichte der Goten »Baibaros« als östliche Nachbarn der Alamannen nennt. Falls diese Stelle – was vieles für sich hat – von Jordanes der bereits 526 abgeschlossenen Gotengeschichte Cassiodors entnommen worden ist, so wäre die erste Erwähnung der Bajuwaren entsprechend früher zu datieren. Zwischen 560 und 570 erfolgt die nächste Nennung dieses geheimnisvollen Volkes: Der italische Dichter und spätere Bischof von Poitiers in Frankreich, Venantius Fortunatus, pilgerte auf der Rückreise von einem Besuch beim Grab des Heiligen Martin in Tours zum Grab der Heiligen Afra in Augsburg, die dort von der christlich-romanischen Bevölkerung nach wie vor als Märtyrerin verehrt wurde. Beim Rückweg nach Italien bemerkt er, daß man bei Augsburg den Lech überschreiten könne, »wenn einen nicht der Baier (Baiovarius) daran hindere«.

Wer waren diese Baiovarii und woher kamen sie?

Bevor wir uns nun in den Pulverdampf des immer noch heftig ausgefochtenen Gelehrtenstreites um diese Frage wagen, sei vorausgeschickt, daß in den folgenden Zeilen dieses Buches keine neue »Bajuwarenthese« aufgestellt und in Zukunft hartnäckig verteidigt werden soll, sondern nur die Meinung des Verfassers zum gegenwärtigen historisch-archäologischen Forschungsstand dargestellt ist. Neue archäologische Funde (neue historische Quellen wird es in Zukunft kaum mehr geben) können hier manche Differenzierung und neue Sicht der Dinge ermöglichen.

Trotz aller immer wieder vorgebrachten neuen, und teilweise absurden, Deutungen scheint der Name Baio-varii nichts anderes zu bedeuten, als »Männer aus dem Lande Baia«. Dieses Land Baia setzt die historische Forschung in ihrer Mehrheit nach wie vor mit Böhmen gleich.

Nun bestand seitens der Archäologie die Schwierigkeit, diese »Männer aus Böhmen« im archäologischen Fundmaterial des frühen sechsten Jahrhunderts zu identifizie-ren, denn wenn es überhaupt möglich war, bei Funden dieser Zeit eine Herkunft aus einem Gebiet außerhalb Baierns nachzuweisen, so ergab sich hierbei kein eindeutig böhmischer Bezug, sondern vielmehr eine Vielfalt aus westlichen, östlichen und südlichen Komponenten, also zum Beispiel Bezüge zu Alamannen, Franken, Langobarden und Ostgoten.

Die Theorie einer Einwanderung der Bajuwaren als geschlossener, fertig ausgebildeter Stamm aus Böhmen während des frühen sechsten Jahrhundert erwies sich so als nicht stichhaltig.

Allerdings zeichnete sich, wie schon früh von dem tschechischen Gelehrten Bedřich Svoboda erkannt worden war, durchaus eine Möglichkeit ab, Germanen böhmischer Herkunft auf dem Gebiet nachzuweisen, in dem seit dem frühen sechsten Jahrhundert die Baiern lebten: er wies auf die Gruppe Friedenhain-Přešťovice mit ihren böhmisch-bairischen Beziehungen hin, allerdings zu einer Zeit im fünften Jahrhundert, da noch niemand an die Existenz von Bajuwaren dachte. Wie ist nun dieser offensichtliche Widerspruch zwischen historischer und archäologischer Überlieferung zu lösen?

Zunächst einmal muß man akzeptieren, daß die Bajuwaren kein fertiger Stamm waren, der, von wo auch immer, geschlossen nach Baiern einwanderte. Die archäologischen Funde belegen eindeutig, daß dieser Stamm erst im Lande aus verschiedenen Gruppen zusammengewachsen ist.

Die älteste größere Germanengruppe, die zumindest an der Donaugrenze und nördlich davon in Altbayern nachweisbar ist, stellt die rein durch archäologische Funde erschlossene Gruppe Friedenhain-Přešťovice dar, also echte »Männer aus Böhmen«. Gerade diese Leute waren es, welche – zunächst als Foederaten in römischem Auftrag – die aufgrund ihrer massiven Bauweise praktisch unzerstörbare Festung Regensburg hielten und sie auch nach dem Ausbleiben des Soldes weiterhin beherrschten. Regensburg aber wurde dann Hauptstadt und Herzogsresidenz des frühmittelalterlichen bairischen Staates.

In und bei Straubing sind böhmische Germanen zugleich in Friedenhain, in den spätrömischen Kastellfriedhöfen und im Reihengräberfeld Straubing–Bajuwarenstraße nachgewiesen.

Diese Gruppe stellt also die bislang fehlende Verbindung zwischen Spätantike und frühem Mittelalter her und zwar in einer Gegend, die als Kerngebiet des bairischen Stammesherzogtums im Bereich von dessen Hauptstadt Regensburg gilt.

So wäre es nicht abwegig, in der Gruppe Friedenhain-Přešťovice die »Baiovarii«, die »Männer aus Böhmen« zu sehen. Damit hätte man es aber nicht mit den Urbayern schlechthin zu tun, sondern nur mit einer von vielen Gruppen, aus denen sich dann das Volk der Bajuwaren formierte. Aufgrund ihrer Bedeutung, nicht zuletzt durch das Halten der Festung Regensburg, gelang es den ehemaligen Foederaten des römischen Grenzheeres und ihren Nachkommen, so maßgebend bei der bairischen Stammesbildung mitzuwirken, daß ihr Name schließlich auf den ganzen neugebildeten Stamm überging.

Freilich sieht es so aus, als habe man diese Stammesbildung nicht einem freiwilligen Entschluß der Beteiligten zu verdanken, sondern vor allem dem energischen Eingreifen der Ostgoten Theoderichs, die an ihrer Nordgrenze keine anarchischen Zustände dulden konnten und wollten. Ein gut organisierter Stamm ist schließlich allemal leichter zu beherrschen, als zerstrittene, in Rivalitäten untereinander zersplitterte Kriegerhorden.

Wiederbesiedlung des Donauraumes

Mit der Stammesbildung der Bajuwaren und ihrer beginnenden staatlichen Organisation kehrte Ruhe in das Land der Donau ein, das so lange – seit dem dritten Jahrhundert – praktisch ohne Unterbrechung steter Gefährdung durch feindliche Überfälle ausgesetzt war. Durch Zuzug von allen Seiten und bessere Lebensbedingungen stieg die Bevölkerungszahl rasch an. Die engen, immer mehr zerfallenen Festungen der Römerzeit, die vorher als einzig möglicher Schutz ein Überleben ermöglicht hatten, verließ man nun endgültig.

Die einzige Ausnahme bildete der massive Mauerbering von Regensburg, hinter dem sich die neue politische Führung des Landes ihre Residenz erbaute. Dabei handelte es sich um das bairische Herzogsgeschlecht der Agilolfinger. Ab wann diese Agilolfinger die Geschicke des Landes – stets unter der Oberherrschaft der Franken

– leiteten, ist unklar, sicher historisch belegt sind sie erst mit dem siebten Jahrhundert, ihre Existenz für frühere Zeiten kann man aber mit gutem Grund annehmen. Möglicherweise wurden sie von den Franken eingesetzt, verwandtschaftliche Beziehungen zu Thüringern, Langobarden und Franken scheinen nachweisbar.

Von seiten der Archäologie kann immerhin zu diesem Problem die Beobachtung von Klaus Schwarz bei seinen Grabungen unter der Niedermünsterkirche beigezogen werden, daß dort, im Bereich des später sicher nachgewiesenen bairischen Herzogshofes, also der Residenz der Agilolfinger, im frühen sechsten Jahrhundert großräumige geplante Baumaßnahmen stattfanden. Man beseitigte die über der Erde liegenden Reste der römischen Steinbauten und grenzte das Areal mit einer mächtigen Holzpalisade von der Umgebung ab. An die Errichtung der ersten Herzogsresidenz läßt sich bei solchen Beobachtungen mit Fug und Recht denken, eindeutig beweisen läßt sie sich indessen nicht.

Der seit der Römerzeit verlassene und völlig verwilderte ländliche Raum wurde nun rasch wiederbesiedelt. Dabei konnte man allerdings kaum mehr auf römische Vorleistungen bei der Kultivierung zurückgreifen, der wiederum entstandene Urwald mußte neu gerodet werden. Bezeichnenderweise läßt sich bis heute keine einzige bajuwarische Ansiedlung im Donauraum auf eine römische *villa rustica* zurückführen.

Auch bei der Auswahl der besiedelten Flächen legten die Bajuwaren offensichtlich ganz andere Maßstäbe an, als einst die Römer. Jene hatten sich im Donau- und Isartal auf die Lößböden der Hochterrasse und des Hügellandes beschränkt, die mehr kiesigen Böden der Niederterrasse aber bewußt ausgespart und nur in ganz wenigen Ausnahmefällen besiedelt. Die Bajuwaren dagegen suchten auch diese Areale genau so häufig auf wie die Lößböden und gründeten darauf ihre Dörfer und Weiler.

Man kann diese neu angelegten Siedlungen des frühen Mittelalters nicht nur anhand archäologischer Funde erkennen, viele heute noch existierenden Orte lassen sich aufgrund der charakteristischen -ing Endung ihres Namens (im Verbund mit dem Eigennamen des Gründers) als bajuwarische Siedlungen identifizieren.

Im Gegensatz zur Römerzeit, wo die Steinarchitektur, auch auf dem Lande, eine selbstverständliche Sache war, geriet diese Kunst außerhalb der zentralen Orte des frühen Mittelalters bald in Vergessenheit. Man errichtete

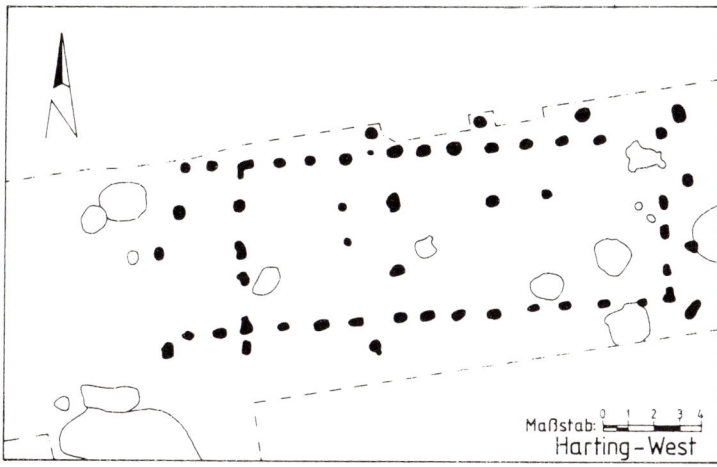

Abb. 40 Harting, Stadt Regensburg. Grundriß eines frühmittelalterlichen Hauses (nach Fischer).

die Häuser in der traditionellen germanischen Holzbauweise. Meist grub man als Grundlage für das tragende Gerüst der Gebäude Holzpfosten in die Erde. Deren Spuren sind dann bei archäologischen Ausgrabungen als Erdverfärbungen zu erkennen und lassen so Rückschlüsse auf den Grundriß der Gebäude zu (Abb. 40). Die Siedlungen des frühen Mittelalters sind – ganz im Gegensatz zu den Gräberfeldern – nur in Ansätzen erforscht, hier ist für die Archäologen noch viel zu tun.
Bei der Gründung der neuen Dörfer waren offensichtlich nicht nur Germanen beteiligt, es gibt Anzeichen dafür, daß – zumindest im Raum Regensburg – auch Romanen als geschlossene, selbständige Gruppe an der Aufsiedlung des Landes mitwirkten (Taf. 21).

Reihengräberfelder

Die wichtigsten Erkenntnisse über die Epoche vom fünften bis zum frühen achten Jahrhundert aber gewinnt die archäologische Forschung aus den Friedhöfen. Die in den sogenannten Reihengräbern mit reichen Beigaben in regelhafter Ost-West Ausrichtung beigesetzten Toten lieferten so viele Funde und Informationen, daß man in der archäologischen Fachsprache direkt von der Reihengräberzeit für das frühe Mittelalter spricht.
Diese im Kontakt von Römern und Germanen im fünften Jahrhundert entstandene Sitte beruhte darauf, daß man an ein Weiterleben nach dem Tode glaubte. Um standes-

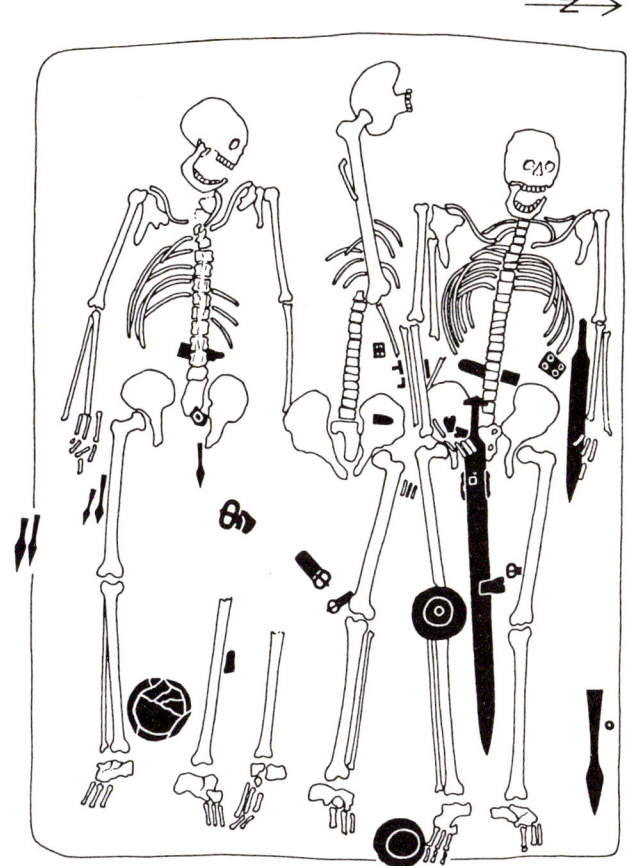

Abb. 41 Straubing, Bajuwarenstraße. Dreifachbestattung von Kriegern (z. T. alt beraubt), 6. Jh. (nach Christlein).

gemäß ins Jenseits einziehen zu können, bedurfte es einer äußeren Legitimation, und so folgten dem Toten Tracht, Schmuck, Bewaffnung und sonstige charakteristische Dinge ins Grab. Dazu zählten bei den »oberen Zehntausend« schon einmal auch Reitpferde (Taf. 13), Jagdhunde oder, wie Mehrfachbestattungen von Kriegern nahelegen, vielleicht sogar freiwillig ins Jenseits mitgehende Gefolgsleute (Abb. 41). Männer bekamen ihre Bewaffnung (»Heergewäte«; Abb. 42), Frauen ihren Schmuck und ihr Hausgerät (»Gerade«) nach rechtlich festgelegten Regeln mit ins Grab.
Inzwischen kennt man aus dem Donautal eine ganze Menge solcher Grabfunde. Komplette Friedhöfe, die allein optimale Forschungsergebnisse liefern können, sind indes noch selten ausgegraben worden. Das mit Abstand wichtigste und aussagefähigste Reihengräberfeld Ostbayerns ist das von Straubing–Bajuwarenstraße (Taf. 28–34), welches den Bestattungsplatz einer Dorfge-

49

meinschaft von der Zeit um die Mitte des fünften Jahrhunderts bis in das siebte Jahrhundert darstellt. Erst die endgültige wissenschaftliche Bearbeitung und Auswertung wird klären können, wie es zu dem merkwürdig zweigeteilten Gesamtplan des Friedhofes (Abb. 43) kommen konnte.

Bisher läßt sich nach den Angaben von H. Geisler nur sagen, daß im fünften Jahrhundert bis zur Mitte des sechsten Jahrhunderts die Bestattungen locker gestreut über das ganze Friedhofsareal verteilt waren. Erst danach setzte die eigentliche »Reihengräberphase« ein, das heißt die Anlage des Bestattungsplatzes in dichten, einheitlich ausgerichteten Reihen. Dabei entstanden zwei deutlich geteilte Friedhofsareale, deren zum Teil einheitlich gerade Begrenzung nahelegt, daß sie einst mit einer Umfriedung (Hecke?, Zaun?) umgeben waren. Ob sich in dieser Zweiteilung auch eine Aufspaltung der Siedlungsgemeinschaft, die hier zunächst gemeinsam bestattete, ausdrückt, ist noch nicht klar.

An der Bevölkerung, die im Friedhof im Gräberfeld Straubing–Bajuwarenstraße bestattet ist, läßt sich sozusagen exemplarisch das Zusammenwachsen des Baiernstammes nachvollziehen. Trotz der starken zeitgenössischen Beraubung blieben genügend Funde übrig, die eine Analyse des Friedhofes in dieser Hinsicht erlauben. Beginnend mit den aus Böhmen stammenden Germanen der Gruppe Friedenhain-Přešťovice (Abb. 44), zu der sich auch noch eine stärker romanisierte Gruppe gesellte, kamen ab dem Ende des fünften Jahrhunderts in nicht unbeträchtlicher Anzahl Alamannen, Ostgoten und östliche Germanen, unter anderem Langobarden, dazu und bildeten bald eine einheitliche Bevölkerung.

Möglicherweise hatte auch die vor und während des Zweiten Weltkrieges in der Kiesgrube angetroffene Nekropole von Barbing–Irlmauth (Taf. 19–21) mit ihren frühen Gräbern einer aus allen Himmelsrichtungen stammenden Bevölkerung eine ähnliche Ausdehnung und Struktur wie der Friedhof von Straubing–Bajuwarenstraße. Die außerordentlich ungünstigen Bedingungen, unter denen die Ausgrabungen stattfanden, lassen befürchten, daß hier die allermeisten Gräber unerkannt vernichtet wurden.

Die Bewohner der Straubinger Ansiedlung gelangten auf der wirtschaftlichen Basis von Ackerbau und Viehzucht bald zu einem ansehnlichen Wohlstand, der sich in einer überwältigenden Fülle wertvoller Grabbeigaben manife-

Abb. 42 Rekonstruktionszeichnung eines Kriegers des 6. Jh.s mit Langschwert (Spatha), Kurzschwert (Sax), metallbeschlagenem Gürtel und Schild.

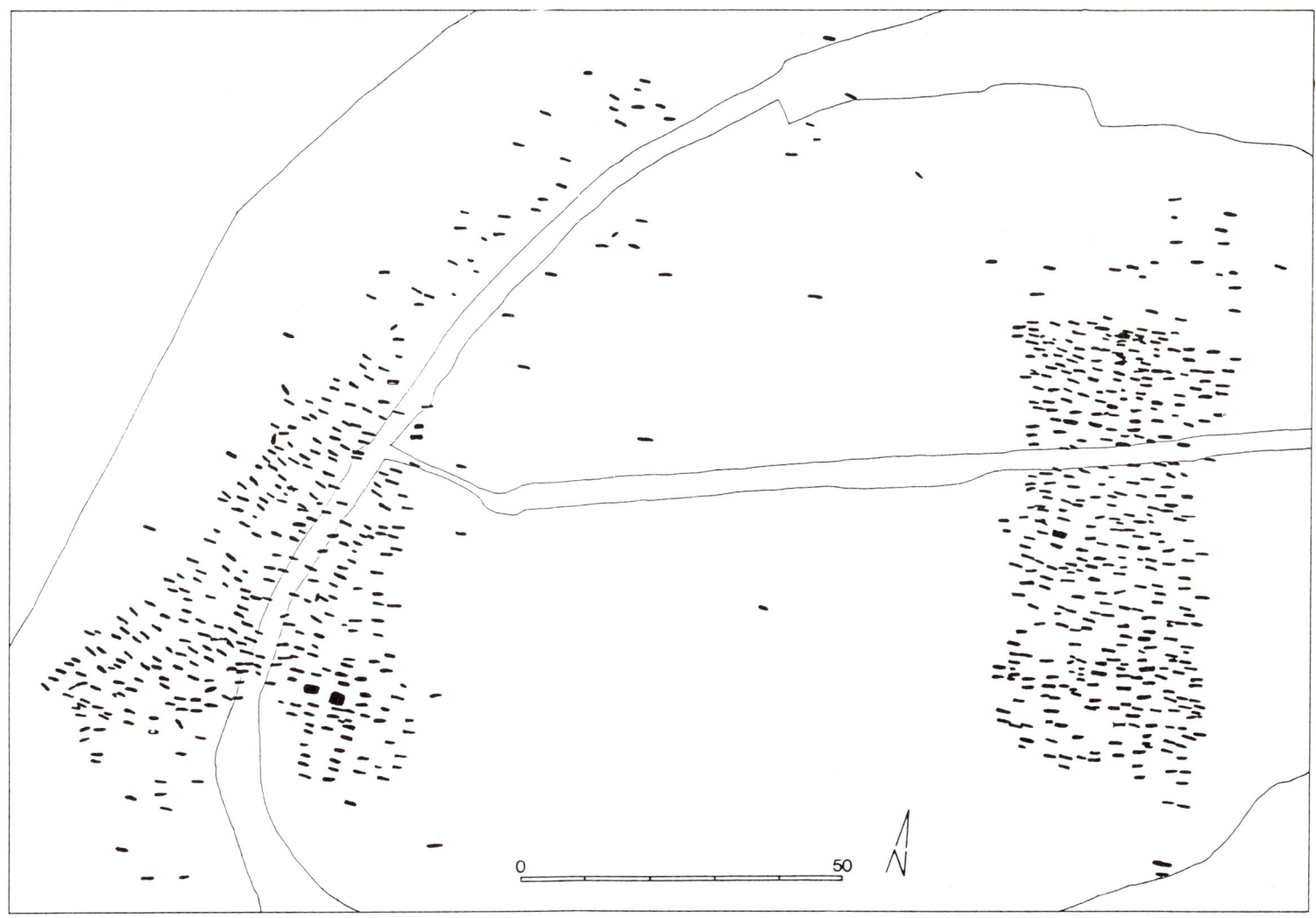

Abb. 43 Straubing, Bajuwarenstraße. Plan des frühmittelalterlichen Gräberfeldes (nach Geisler).

stiert. Die Herausbildung einer wirtschaftlich dominierenden Führungsschicht ist in Straubing-Bajuwarenstraße allerdings interessanterweise nicht zu beobachten.

Auch beim neuen Reihengräberfeld von Peigen (Taf. 37–41; Abb. 45), dessen wissenschaftliche Auswertung noch gar nicht in Angriff genommen ist, zeichnen sich bereits hochinteressante landesgeschichtliche Ergebnisse ab. Alles deutet darauf hin, daß es erst etwa zwei Generationen später als das von Straubing–Bajuwarenstraße angelegt wurde und daß bei den Gründern der zugehörigen Siedlung der östliche, langobardische Einfluß überwogen hat. Bereits im siebten Jahrhundert, zu einer Zeit noch vor

der allgemeinen Auflassung der Reihengräberfelder, scheint man die Siedlung – und damit den Bestattungsplatz – wieder aufgegeben zu haben. Als Grund wäre an die ständige Hochwassergefahr durch die unmittelbare Nähe der Isar zu denken.

Vielleicht ist deswegen der Friedhof von Peigen im Gegensatz zu fast allen anderen frühmittelalterlichen Nekropolen des Donauraumes weitgehend vom zeitgenössischen Grabraub verschont geblieben. In den Beigaben mancher Gräber zeigt sich auch hier ein gediegener bäuerlicher Wohlstand, Anzeichen für einen Ortsadel sind nicht zu erkennen.

51

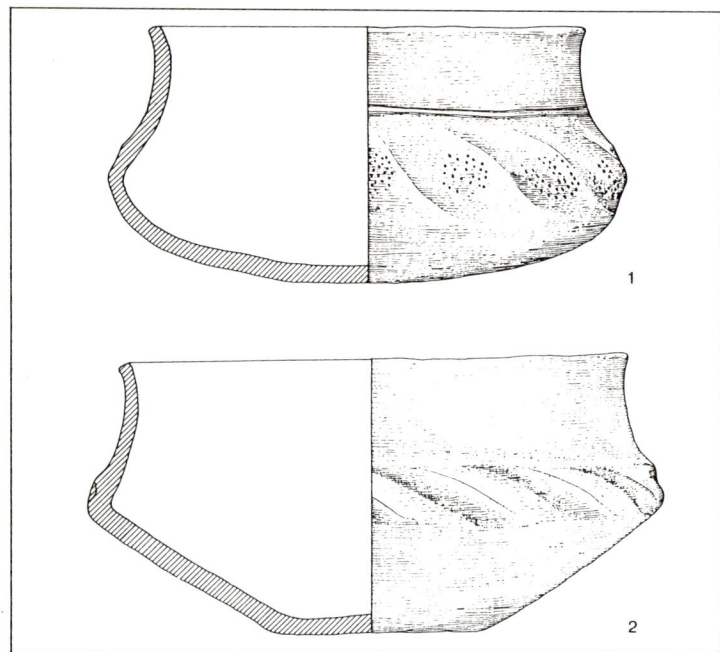

Abb. 44 Straubing, Bajuwarenstraße. Tongefäße des Typs Friedenhain-Přešťovice aus den frühesten Gräbern um die Mitte des 5. Jh.s (nach Christlein). M. 1:2.

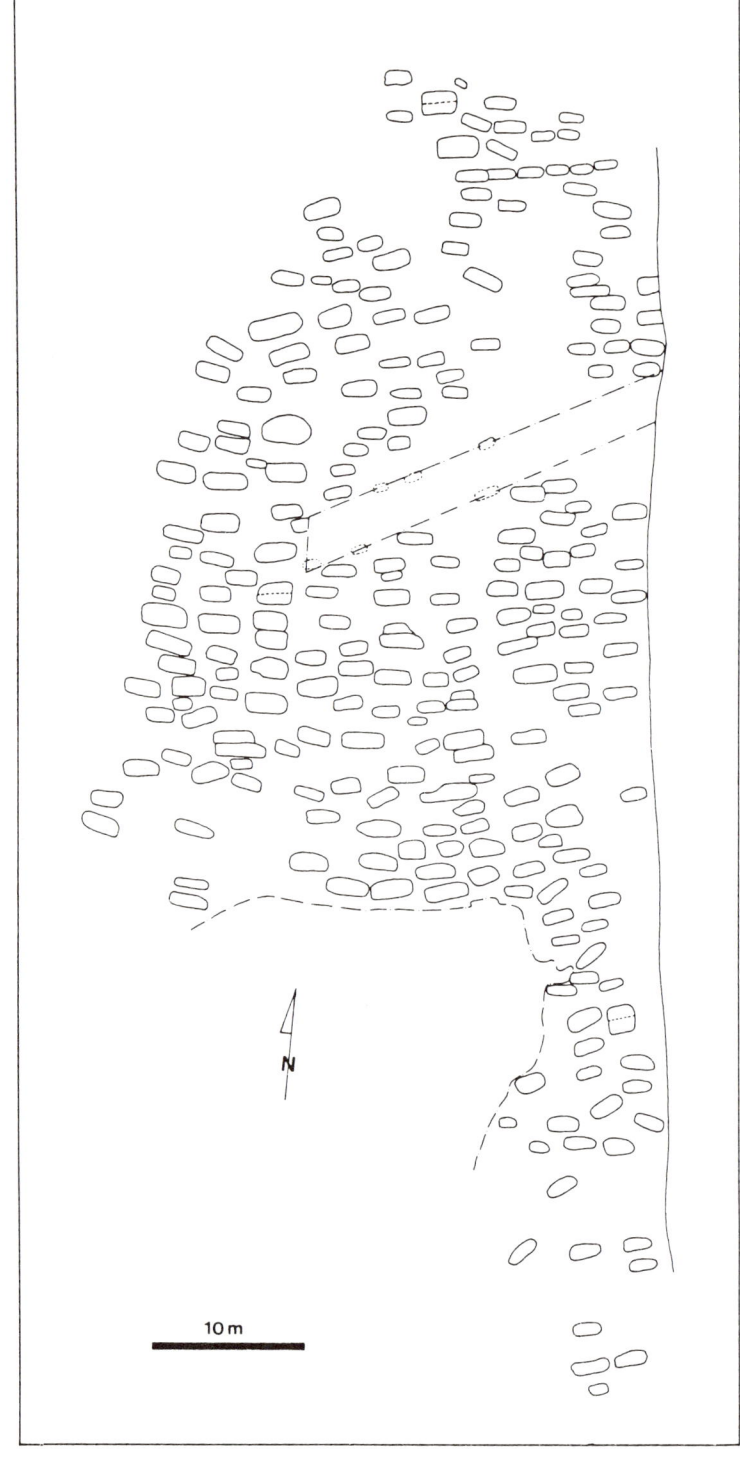

10 m

Abb. 45 Peigen, Gde. Pilsting, Lkr. Dingolfing-Landau. Plan des frühmittelalterlichen Gräberfeldes (nach Kreiner).

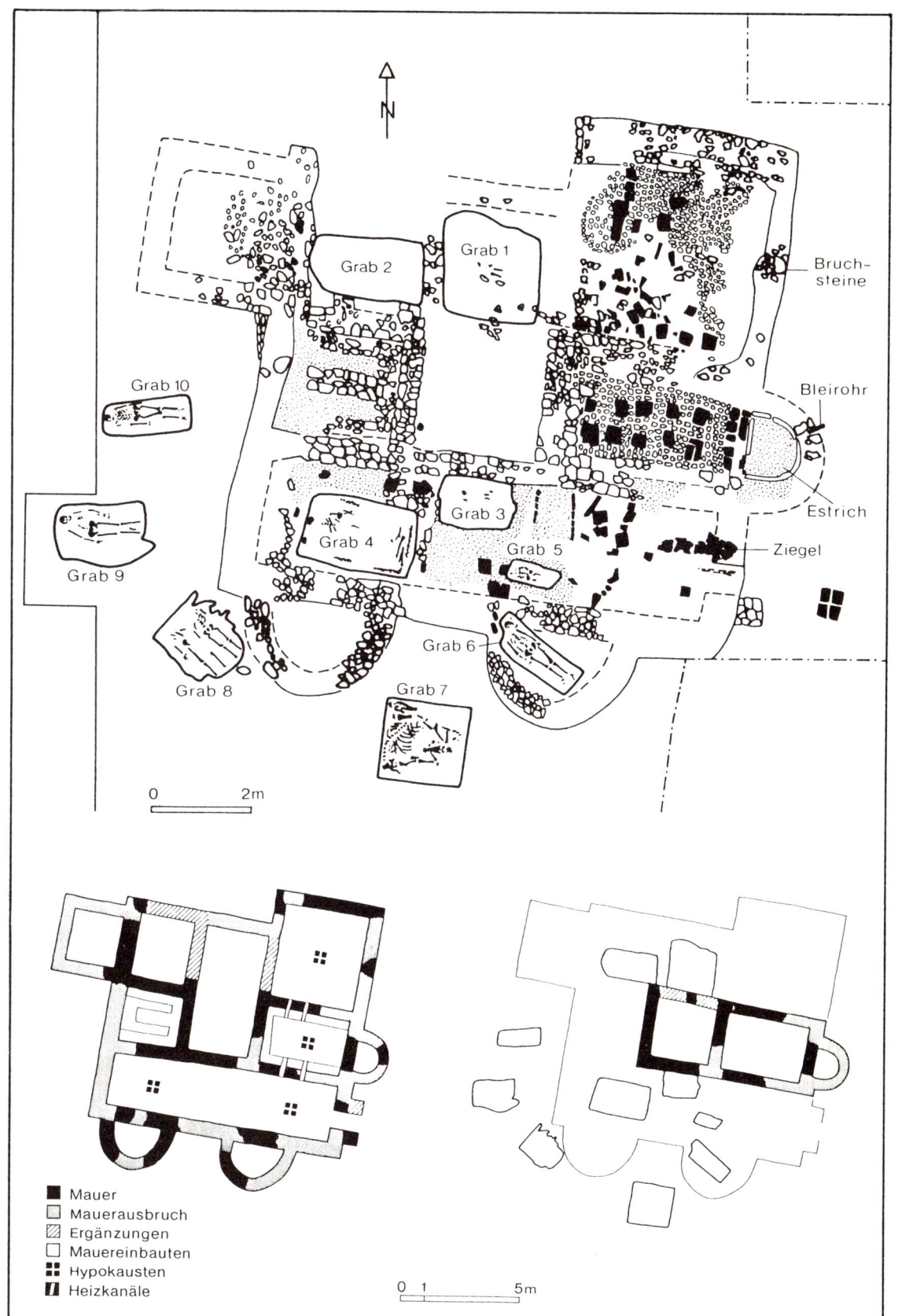

Abb. 46 Harting, Stadt Regensburg, Bad der römischen *villa rustica*. Oben: Gesamtbefund. Unten links: römerzeitlicher Befund. Unten rechts: Aus den Ruinen des römischen Bades entstandene frühmittelalterliche Friedhofskirche mit Adelsgräbern der Zeit um 700 (Grab 7 Pferdebestattung), die sich um die Kirche gruppieren (nach Osterhaus).

Grab 2

Grab 1

Bruch-
steine

Grab 10

Bleirohr

Grab 9

Estrich

Grab 3

Grab 4

Grab 5

Ziegel

Grab 6

Grab 8

Grab 7

0   2m

■ Mauer
▨ Mauerausbruch
▨ Ergänzungen
□ Mauereinbauten
▦ Hypokausten
▮ Heizkanäle

0   1   5m

Adelsnekropolen

Dagegen handelt es sich bei weiteren, in den letzten Jahren aufgedeckten frühmittelalterlichen Friedhöfen des siebten Jahrhunderts in Ostbayern um reine Adelsnekropolen. Ob das Pferdegrab von Regensburg–Bismarckplatz (Taf. 13) zu einer separierten Adelsnekropole, zu einem Einzelgrab oder zu einem größeren Reihengräberfeld gehörte, ist nicht zu klären. In Regensburg-Harting befanden sich – jeweils in Sichtweite von einander und dem Ortsfriedhof des einfachen Volkes entfernt – zwei getrennte Adelsnekropolen (Taf. 16). Die eine (Abb. 46) gruppierte sich um eine christliche Friedhofskirche, die aus den Ruinen eines römischen Badegebäudes entstand. Diese ganz offensichtlich sich zum christlichen Glauben bekennende Adelssippe hatte aber dennoch so heidnisch anmutende Beigaben wie z. B. ein Reitpferd ihren Toten mit ins Jenseits gegeben. Nicht recht viel anders war es offensichtlich um die Glaubenswelt derjenigen Adeligen samt Gefolge bestellt, die in und um

mächtige Grabhügel (Abb. 47) ihre Toten zur letzten Ruhe betteten. Einer dieser »Heiden« nahm einen aus dem langobardischen Italien stammenden Schild mit ins Grab, dessen eisernen Schildbuckel ein christliches Kreuz, auf dem wiederum mehrere Kreuze abgebildet waren, aus Bronze zierte (Abb. 48). Die Hartinger Adeligen, handelte es sich dabei um zwei unabhängige Familien oder nur um eine, in ihren Glaubensvorstellungen gespaltene Sippe, gehörten wohl direkt zum Umfeld des bairischen Herzogshofes.

Ganz anders war die Aufgabe der adeligen Reiterkrieger, deren Friedhof in Moos–Burgstall entdeckt wurde (Taf. 36). Hier waren sie mit Familien und Gefolge, teilweise in Grabhügeln (Abb. 49, 50), bestattet. Zu ihren Lebzeiten übten sie, wohl im Auftrag der bairischen Herzöge, eine wichtige militärische Funktion aus. Sie schützten den wichtigen Straßenknoten am Übergang über die damals noch hier fließende und in die Donau mündende Isar. Wo ihr Garnisonsort genau lag, ist noch nicht erforscht.

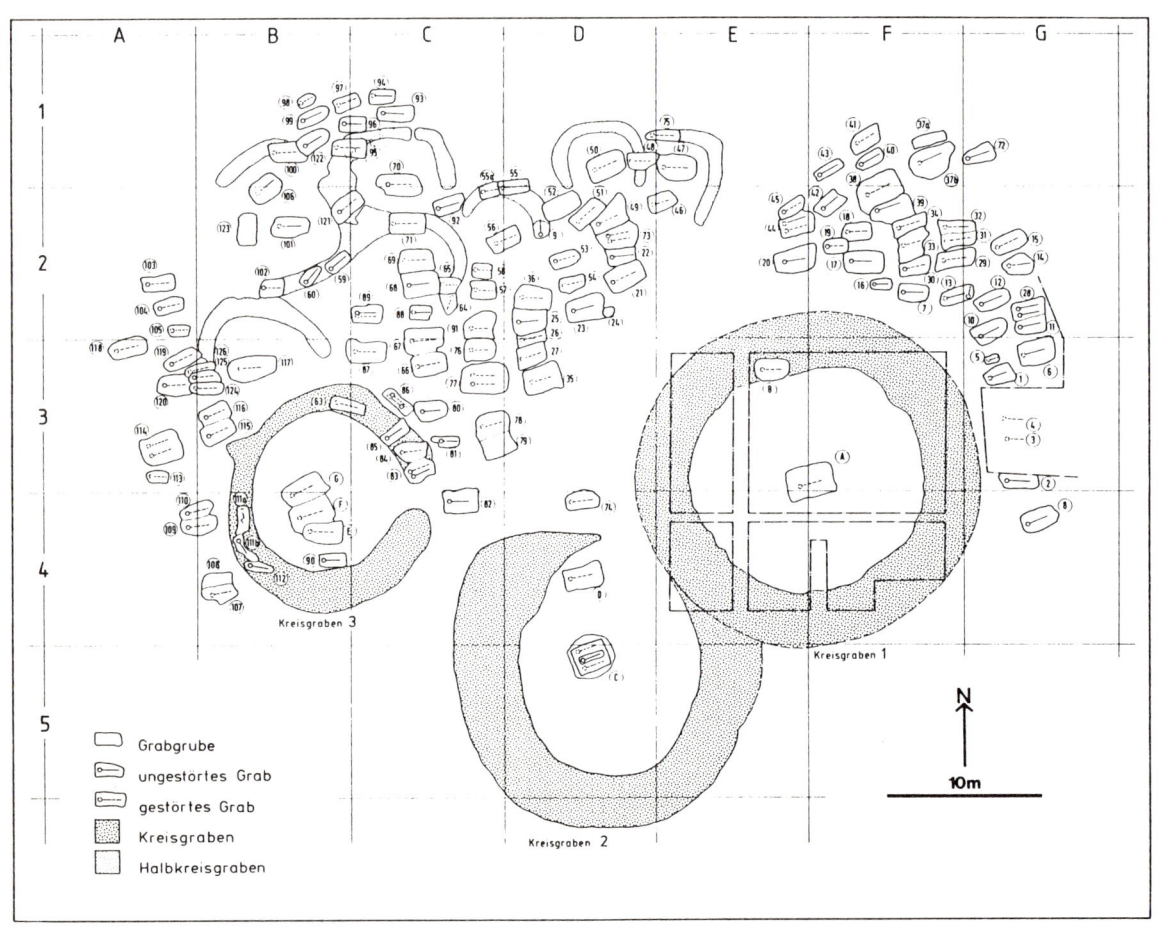

Abb. 47 Harting, Stadt Regensburg. Frühmittelalterliches Gräberfeld der Zeit um 700 einer Adelssippe samt Gefolge mit Resten von Grabhügeln (Kreisgräben) auf der Flur »Katzenbühl« (nach Osterhaus).

54

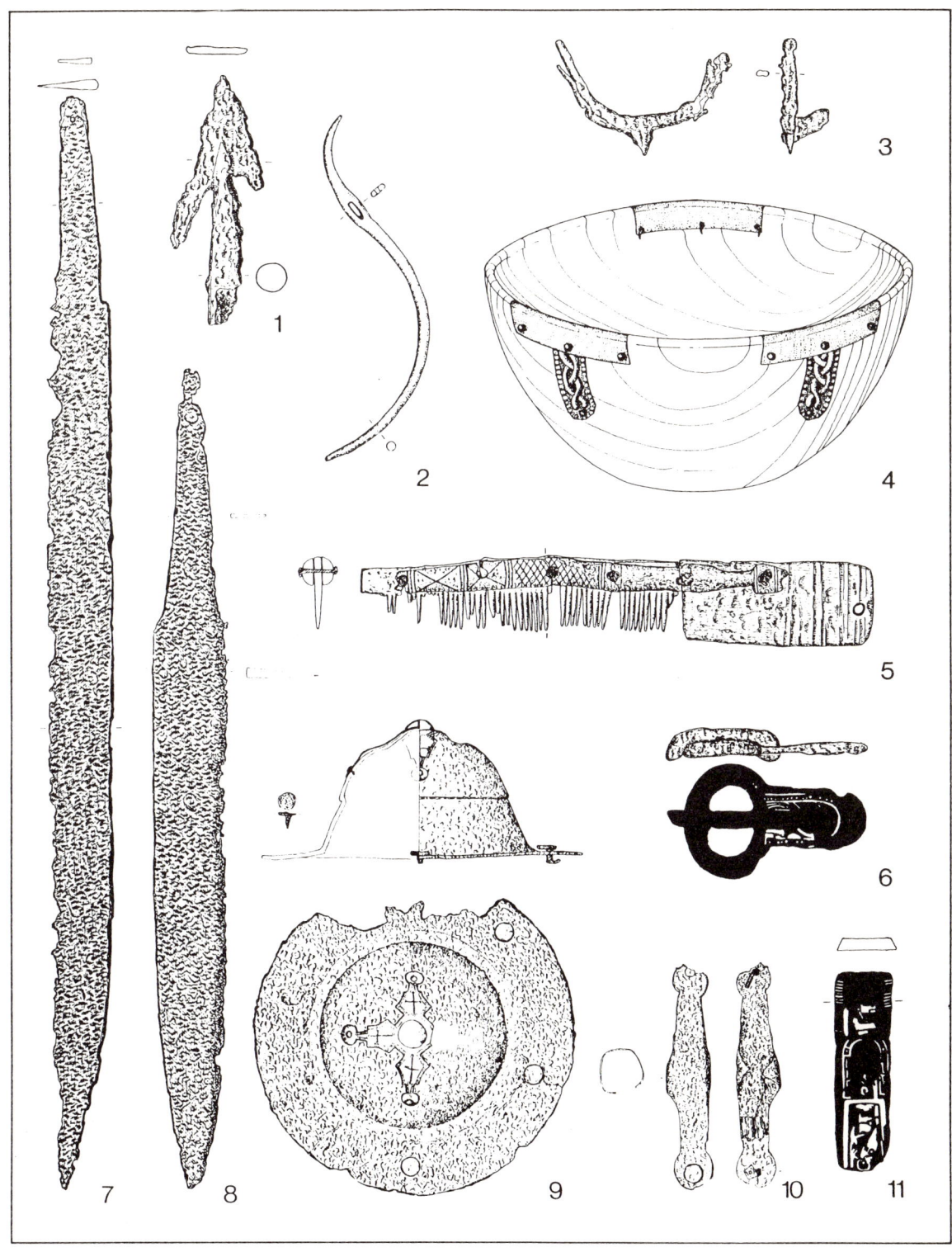

Abb. 48 Harting, Stadt Regensburg. Beigaben aus Adelsgräbern der Zeit um 700. 1 eiserne Pfeilspitze; 2 bronzene Sacknadel; 3 eiserner Sporn; 4 Holzschale mit Silberblechbeschlägen (rekonstruiert); 5 Beinkamm; 6 silbertauschierte Gürtelschnalle; 7 eiserner Langsax; 8 eiserner Breitsax; 9 eiserner Schildbuckel mit Bronzekreuz langobardischer Herkunft; 10 dazugehörige eiserne Schildfessel; 11 eiserner silbertauschierter Gürtelbeschlag. M. 1:4 (7–10), sonst 1:2 (nach Osterhaus).

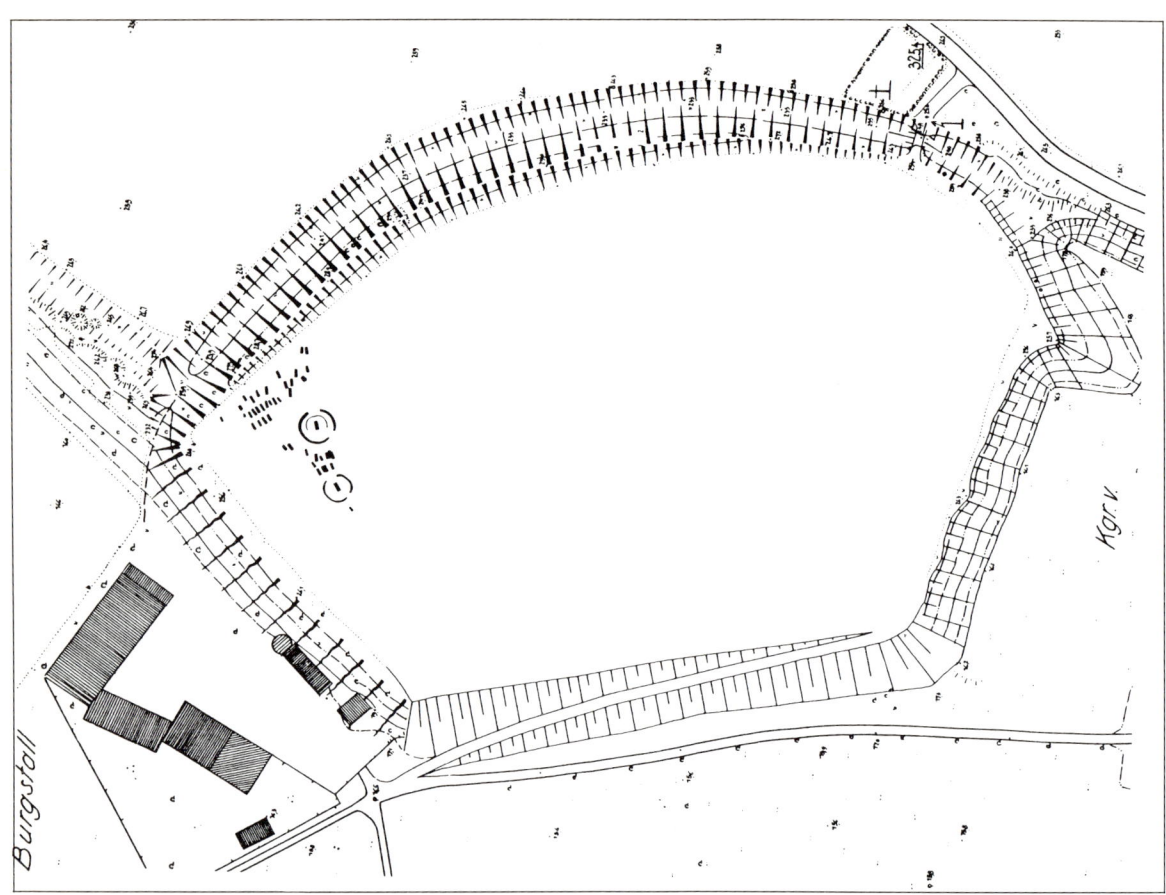

Abb. 49 Moos-Burg-
stall, Lkr. Deggendorf.
Heutige topographische
Situation mit frühmittelal-
terlichem Adelsgräberfeld
(nach von Freeden).

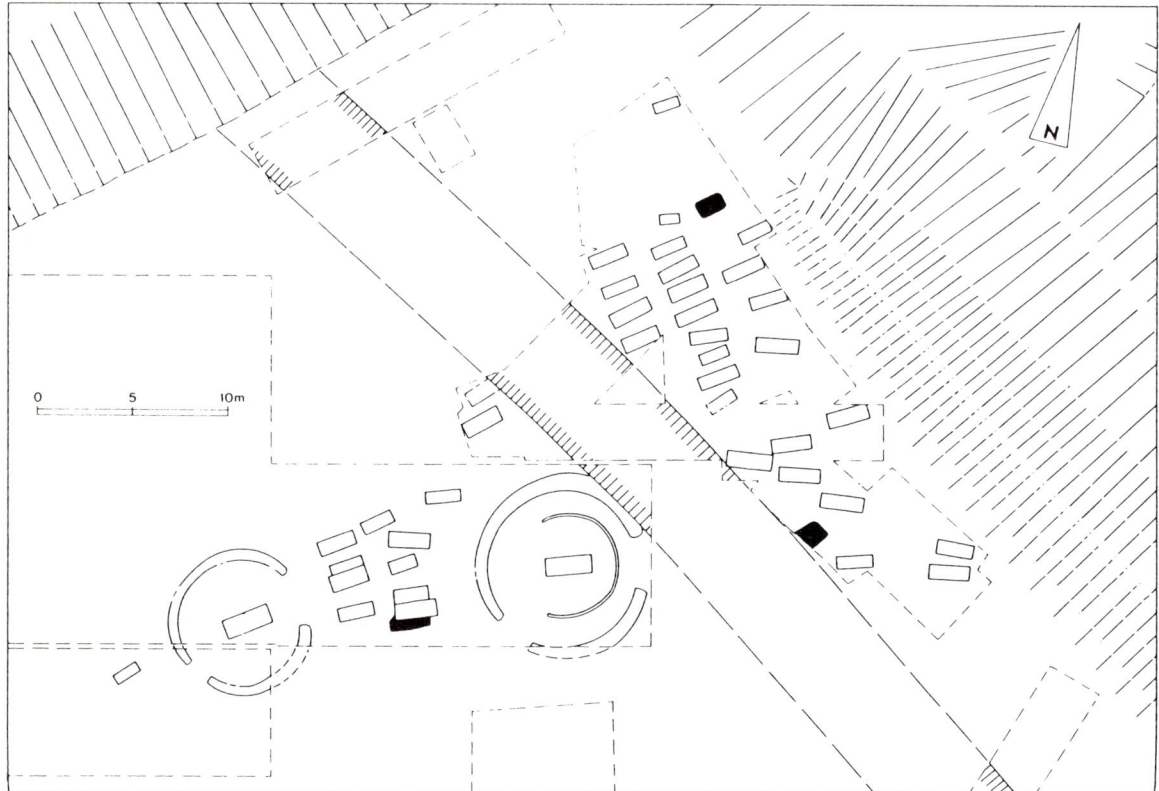

Abb. 50 Moos-Burg-
stall, Lkr. Deggendorf.
Plan des frühmittelalterlichen Adelsgräberfeldes
(mit späterem Graben).
Schwarz markiert: Pferde-
gräber (nach von
Freeden).

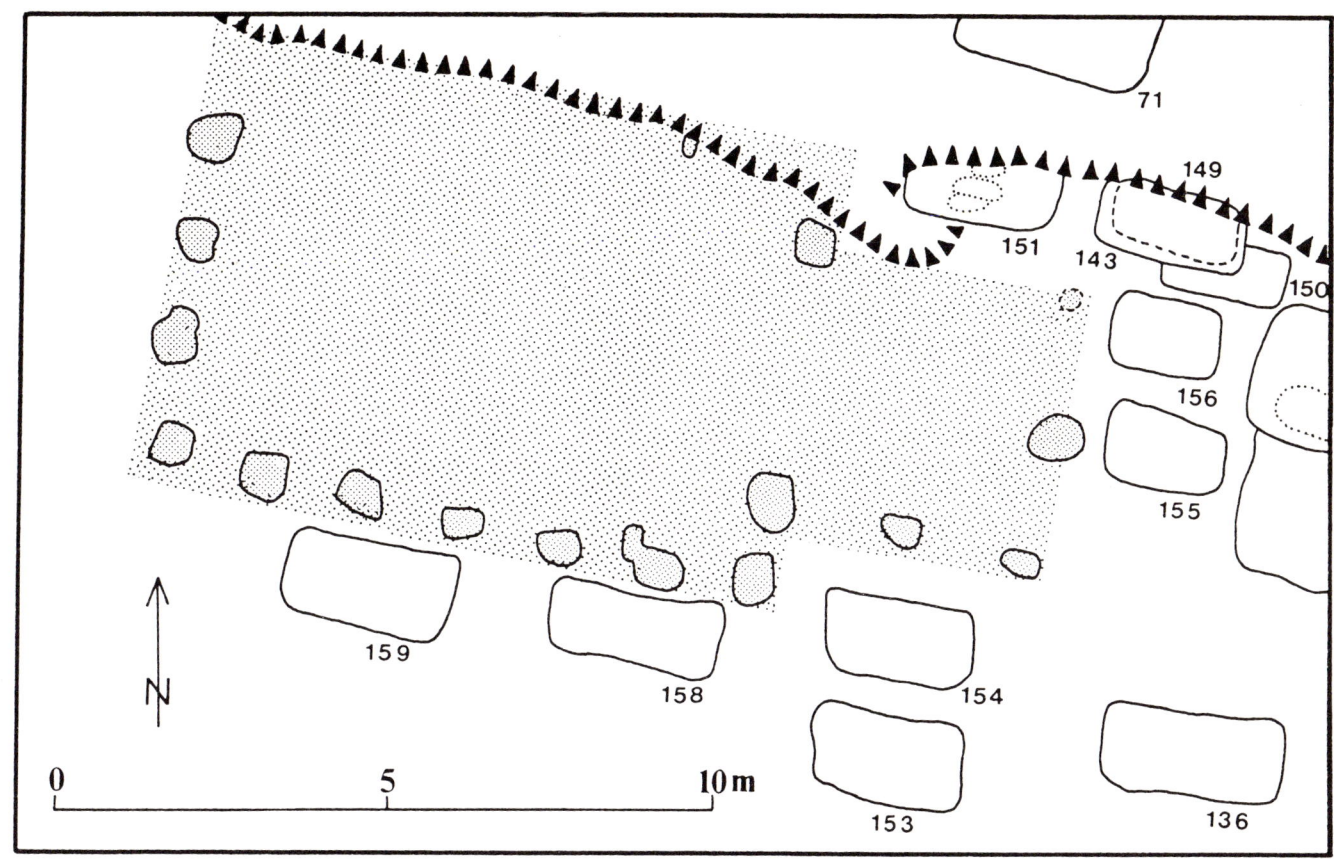

Abb. 51 Staubing, Lkr. Kelheim. Plan der Holzkirche im frühmittelalterlichen Graberfeld (nach Christlein).

Einfluß des Christentums

Alle bisher im bayerischen Donauraum festgestellten Adelsfriedhöfe gehören dem siebten Jahrhundert an. Offensichtlich war es erst in dieser Zeit gelungen, nach fränkischem Vorbild das Land politisch durchzuorganisieren. Mit dem Einfluß der fränkischen Oberherrschaft breitete sich auch das Christentum in Baiern aus und bekam eine effektivere Organisationsform. Archäologisch macht sich dies zunächst durch Grabbeigaben christlichen Charakters (Taf. 5) und die hölzernen Friedhofskirchen bemerkbar (Abb. 51, 52).

Eigenartige christliche Kultstätten des frühen Mittelalters fanden sich in Eining und Bad Gögging. Hier in den verfallenen Ruinen eines römischen Tempelbezirks auf dem Weinberg, dort in den Ruinen eines Badebeckens der römischen Heilbäder (Abb. 53) hatte man Kultgebäude errichtet, die wohl einer Art Wallfahrtsbetrieb dienten. Anscheinend von den Pilgern mitgebracht und als eine Art Votivgabe gestiftet, fanden sich in großer Menge eiserne, in Einzelfällen auch bronzene Kreuzchen

Abb. 52 Staubing, Lkr. Kelheim. Rekonstruktion der frühmittelalterlichen Holzkirche (nach Christlein).

(Abb. 54, 55), die in den Kulträumen aufbewahrt wurden. Charakteristische Keramik in eindeutigen Fundzusammenhängen datiert diesen Brauch eindeutig in das siebte Jahrhundert.

Erst der immer stärker werdende Einfluß des Christentums setzt im achten Jahrhundert dem als heidnisch geltenden Brauch der Grabbeigaben ein Ende. Man ließ die alten Reihengräberfriedhöfe auf und bestattete die Toten in geweihter Erde bei den Kirchen. Die Gräber der heidnischen Vorfahren auf den verlassenen Friedhöfen wurden nun oft systematisch ausgeplündert, da mit dem Glaubenswechsel anscheinend auch die Scheu vor einer solchen Untat gewichen war. Die Häufigkeit und Regelhaftigkeit, mit der dies geschah, macht es jedenfalls schwer, hier nur an illegale Nacht – und Nebelaktionen gegen den Willen der Bevölkerung zu denken.

Mit dem Ende der Beigabensitte in den Gräbern des frühen Mittelalters verschwindet die wichtigste Quellengattung der frühgeschichtlichen Archäologie dieser Epoche. Die im achten Jahrhundert verstärkt einsetzende schriftliche Tradierung historischer Ereignisse löst die Bodenzeugnisse als wichtigste Träger der Überlieferung historischer Geschehnisse ab.

Das bedeutet keinesfalls, daß die Archäologie damit überflüssig geworden wäre – ganz im Gegenteil, die Bedeutung einer Archäologie auch des Mittelalters, ja der Neuzeit, kommt immer klarer zum Bewußtsein der Historiker. Auf diesem Gebiet hat allerdings in Bayern die Forschung gerade erst eingesetzt und eine Menge aufzuholen. Die ersten Ergebnisse, vor allem gewonnen an Kirchen und Klöstern, ermutigen dazu.

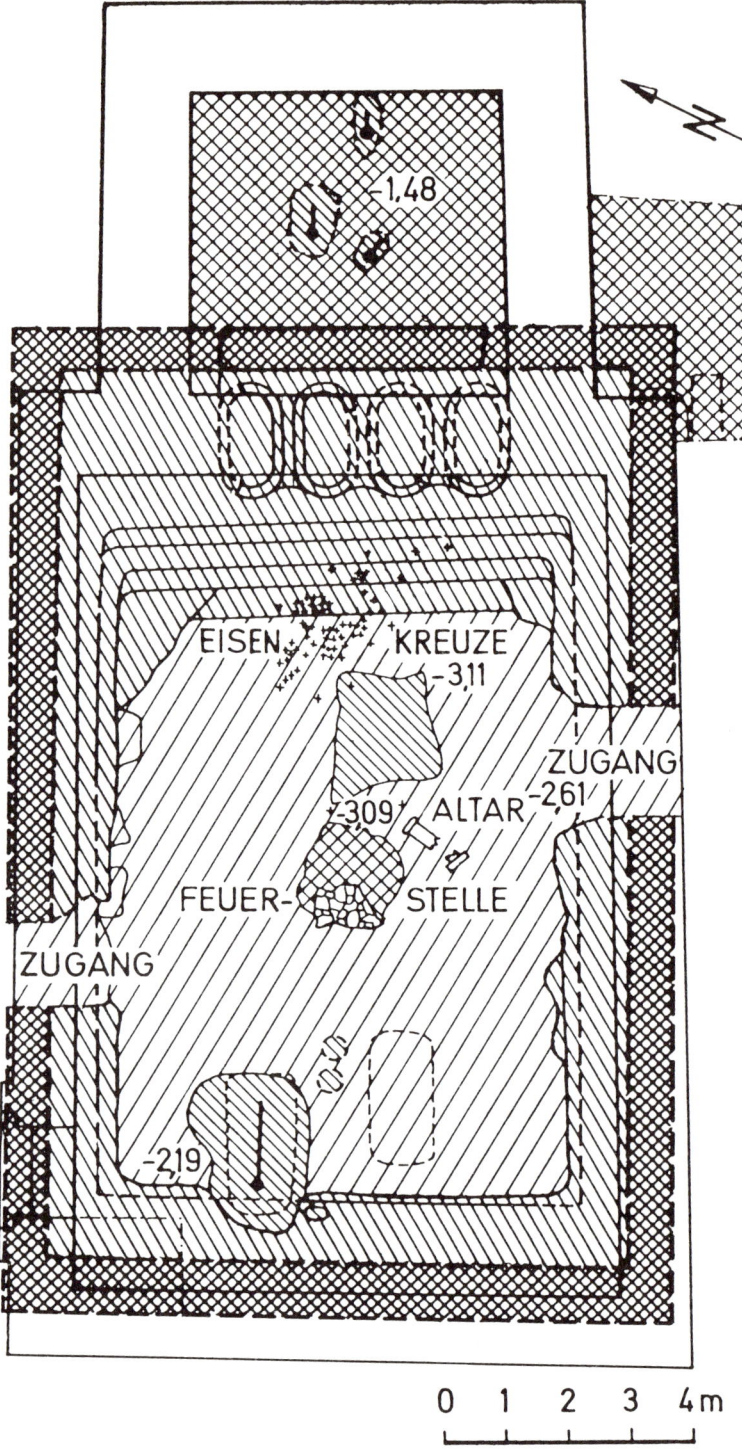

Abb. 53 Bad Gögging, Gde. Neustadt, Lkr. Kelheim. Frühmittelalterliche christliche Kultstätte, eingebaut in ein römisches Badebecken unter der heutigen Andreaskirche (nach Nuber).

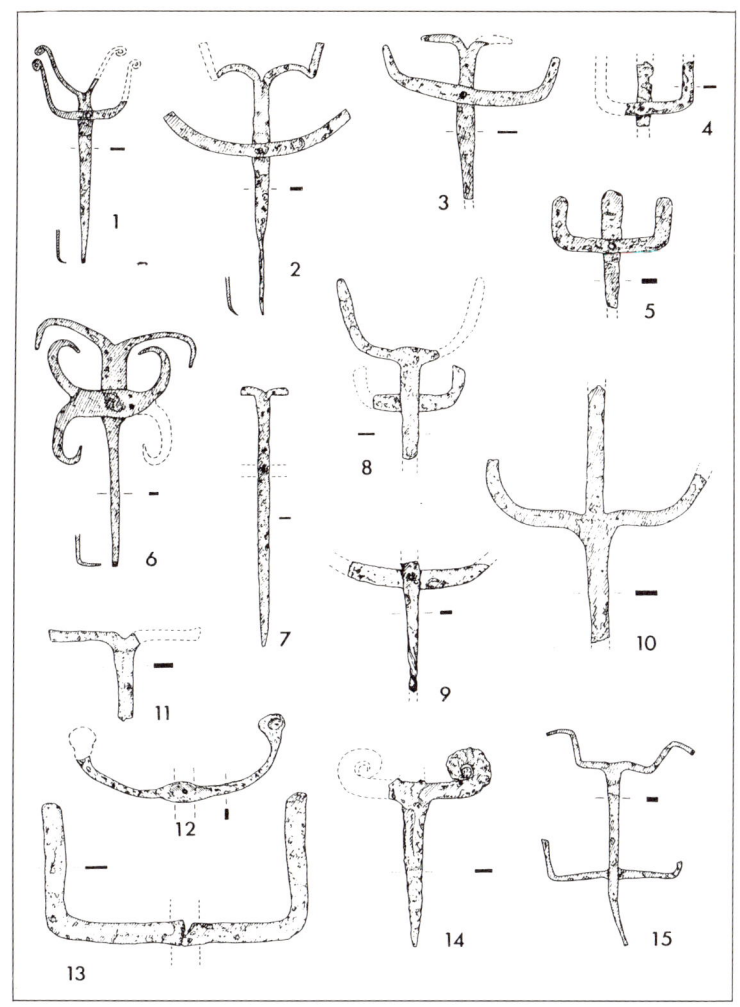

Abb. 54 Bad Gögging, Lkr. Kelheim. Frühmittelalterliche Eisenkreuze (nach Nuber). M. 1:4.

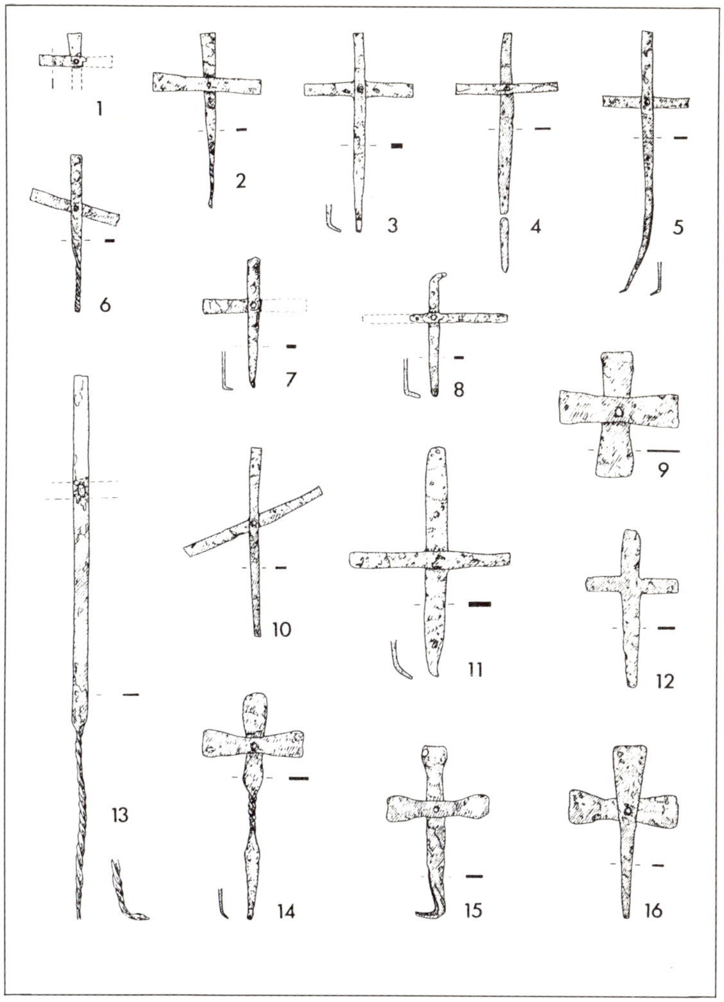

Abb. 55 Bad Gögging, Lkr. Kelheim. Frühmittelalterliche Kreuze (2–16 Eisen; 1 Kupferlegierung versilbert) (nach Nuber). M. 1:4.

Ausgewählte Literatur

Allgemein

Dietwulf BAATZ, Der römische Limes. Archäologische Ausflüge zwischen Rhein und Donau (1975²). Helmut BENDER, Ein spätrömischer Wachturm bei Passau-Haibach. Ostbairische Grenzmarken 24 (1982), 55 ff. Hans BLEIBRUNNER, Niederbayern. Kulturgeschichte des bayerischen Unterlandes Band I (1979). Karl Heinz DIETZ / Udo OSTERHAUS / Sabine RIECKHOFF-PAULI / Konrad SPINDLER, Regensburg zur Römerzeit (1979). Rainer CHRISTLEIN (Hrsg.), Beiträge zur Topographie und Geschichte niederbayerischer Römerorte. Beilage zum Amtlichen Schulanzeiger für den Regierungsbezirk Niederbayern (1976) Nr. 5/6. Rainer CHRISTLEIN, Die Alamannen. Archäologie eines lebendigen Volkes (1979²). DERS., Romanische und germanische Funde des fünften Jahrhunderts aus den Passauer Kastellen Batavis und Boiotro. Ostbairische Grenzmarken 22 (1980), 106 ff. DERS., Die raetischen Städte Severins, in: Severin, Ausstellungskatalog Enns (1982), 217 ff. DERS./ Otto BRAASCH, Das unterirdische Bayern. 7000 Jahre Archäologie und Geschichte im Luftbild (1982). EUGIPPIUS, Das Leben des Heiligen Severin. Lat. u. dt. v. Rudolf Noll (1963). Thomas FISCHER, Zur Chronologie der römischen Fundstellen um Regensburg. Bayerische Vorgeschichtsblätter 46 (1981), 63 ff. DERS., Archäologische Funde der römischen Kaiserzeit und der Völkerwanderungszeit aus der Oberpfalz (nördlich der Donau). Verhandlungen des Historischen Vereins für Oberpfalz und Regensburg 121 (1981), 349 ff. DERS./ Sabine RIECKHOFF-PAULI, Von den Römern zu den Bajuwaren. Stadtarchäologie in Regensburg. Bavaria Antiqua (1982). Jochen GARBSCH, Die Burgi von Meckatz und Untersaal und die valentinianische Grenzbefestigung zwischen Basel und Passau. Bayerische Vorgeschichtsblätter 32 (1967) 51 ff. DERS., Der spätrömische Donau-Iller-Rhein-Limes. Kleine Schriften zur Kenntnis der römischen Besetzungsgeschichte Südwestdeutschlands 6 (1970). DERS., Römische Paraderüstungen. Münchner Beiträge zur Vor- und Frühgeschichte 30 (1978). DERS., Mann und Ross und Wagen. Transport und Verkehr im Antiken Bayern. Ausstellungskatalog der Prähistorischen Staatssammlung 13 (1986). Erwin KELLER, Die spätrömischen Grabfunde in Südbayern. Münchner Beiträge zur Vor- und Frühgeschichte 14 (1971). DERS., Germanische Truppenstationen an der Nordgrenze des spätrömischen Raetien. Archäologisches Korrespondenzblatt 7 (1977), 63 ff. DERS., Das spätrömische Gräberfeld von Neuburg an der Donau. Materialhefte zur bayerischen Vorgeschichte A 40 (1979). Hans-Jörg KELLNER, Die Römer in Bayern (1978⁴). DERS., Die Zeit der römischen Herrschaft. In: Max Spindler (Herausg.) Handbuch der Bayerischen Geschichte Bd. 1 (1981²), 45 ff. Wilfried MENGHIN, Die Langobarden. Archäologie und Geschichte (1985). Hans Ulrich NUBER, Ausgrabungen in Bad Gögging, Stadt Neustadt an der Donau, Landkreis Kelheim – Römisches Staatsheilbad und frühmittelalterliche Kirchen (1980). Ursula KOCH, Die Grabfunde der Merowingerzeit aus dem Donautal um Regensburg. Germanische Denkmäler der Völkerwanderungszeit 10 (1968). Johannes PÄTZOLD, Die vor- und frühgeschichtlichen Geländedenkmäler Niederbayerns. Materialhefte zur bayerischen Vorgeschichte B 2 (1983). Kurt REINDEL, Staat und Herrschaft in Raetien und Norikum im 5. und 6. Jahrhundert. Verhandlungen des Historischen Vereins für Oberpfalz und Regensburg 106 (1966), 23 ff. DERS., Die Herkunft der Bayern. In: Max Spindler (Herausg.), Handbuch der Bayerischen Geschichte Bd. 1 (1981²), 101 ff. DERS., Die Bajuwaren. Quellen, Hypothesen, Tatsachen. Deutsches Archiv für Erforschung des Mittelalters 37 H. 2 (1981), 451 ff. Walter SAGE, Aspekte der Mittelalter-Archäologie. In: Bernd Herrmann (Hrsg.), Mensch und Umwelt im Mittelalter (1986). Johann SCHÄFFER, Angela von den DRIESCH, Tierknochenfunde aus fünf frühmittelalterlichen Siedlungen Altbayerns. Documenta naturae 15 (1983). Sigmar von SCHNURBEIN, Das römische Gräberfeld von Regensburg. Materialhefte zur Bayerischen Vorgeschichte A 31 (1977). Hans SCHÖNBERGER, Die römischen Truppenlager der frühen und mittleren Kaiserzeit zwischen Nordsee und Inn. Bericht der römisch-germanischen Kommission 66 (1985), 321 ff. Klaus SCHWARZ, Die Ausgrabungen im Niedermünster zu Regensburg. Jahresbericht der bayerischen Bodendenkmalpflege 13/14 (1972/73), 1 ff. Armin STROH, Die vor- und frühgeschichtlichen Geländedenkmäler der Oberpfalz. Materialhefte zur bayerischen Vorgeschichte B 3 (1975). Bedřich SVOBODA, Zum Verhältnis frühgeschichtlicher Funde des 4. und 5. Jahrhunderts aus Bayern und Böhmen. Bayerische Vorgeschichtsblätter 28 (1963), 97 ff. DERS., Čechy v době Stěhování národů (Böhmen in der Völkerwanderungszeit). Monumenta Archaeologica 13 (1965). Walter TORBRÜGGE, Die Landschaften um Regensburg in vor- und frühgeschichtlicher Zeit. Regensburg–Kelheim – Straubing, Führer zu archäologischen Denkmälern in Deutschland 5 (1984). Günter ULBERT / Thomas FISCHER, Der Limes in Bayern: Von Dinkelsbühl bis Eining (1983). Norbert WALKE, Das römische Donaukastell Straubing-Sorviodurum. Limesforschungen 3 (1965). Joachim WERNER, Die Herkunft der Bajuwaren und der »östlich-merowingische« Reihengräberkreis. Aus Bayerns Frühzeit (Festschrift für Friedrich Wagner) (1962), 229 ff. Hans ZEISS, Das Kontinuationsproblem im rätischen Flachland. Bayerische Vorgeschichtsblätter 11 (1933), 41 ff.

Spezielle Literatur zu den Texten des Bildteiles (Taf. 1–50)

Taf. 1: Thomas FISCHER / Konrad SPINDLER, Das römische Grenzkastell Abusina–Eining, Führer zu archäologischen Denkmälern in Bayern. Niederbayern 1 (1984). **Taf. 2, 3:** Hans-Jörg KELLNER, Der römische Verwahrfund von Eining. Münchner Beiträge zur Vor- und Frühgeschichte 29 (1978). **Taf. 4:** Rainer CHRISTLEIN, Ausgrabungen und Funde in Niederbayern. Verhandlungen des Historischen Vereins für Niederbayern 102 (1976), 77 ff. **Taf. 5:** DERS., Das Reihengräberfeld und die Kirche von Staubing bei Weltenburg. Archäologisches Korrespondenzblatt 1 (1971), 51 ff. **Taf. 6:** Konrad SPINDLER, Die Archäologie des Frauenberges von den Anfängen bis zur Gründung des Klosters Weltenburg (1981). DERS., Archäologische Aspekte zur Siedlungskontinuität und Kulturtradition von der Spätantike zum frühen Mittelalter im Umkreis des Klosters Weltenburg an der Donau. Archäologische Denkmalpflege in Niederbayern. Arbeitshefte 26 des Bayerischen Landesamtes für Denkmalpflege (1985). **Taf. 13:** Udo OSTERHAUS, Eine Reiterbestattung aus dem frühen Mittelalter aus Regensburg-Bismarckplatz. Jahresberichte der Bayerischen Bodendenkmalpflege 21 (1980), 182ff. **Taf. 15:** Thomas FISCHER, Ein neuer römischer Tempel in Regensburg, Oberpfalz. Das Archäologische Jahr in Bayern 1982, 115ff. Peter SCHRÖTER, Zu einigen menschlichen Schädelteilen aus dem römischen Tempelbereich an der Augustenstraße in Regensburg, Oberpfalz. Ebd., 117f. Udo OSTERHAUS, Zwei römische Brunnen aus einer Villa rustica in Regensburg-Harting. Das Archäologische Jahr in Bayern 1984, 115ff. Peter SCHRÖTER, Skelettreste aus zwei römischen Brunnen von Regensburg-Harting als archäologische Belege für Menschenopfer bei den Germanen der Kaiserzeit. Ebd., 118ff. **Taf. 16:** Udo OSTERHAUS, Eine Adelsbestattung aus der Zeit um 700 n. Chr. aus Regensburg-Harting, Oberpfalz. Das Archäologische Jahr in Bayern 1982, 131ff. DERS., Wurde aus römischer Badruine eine frühmittelalterliche Kirche? Zu den Ausgrabungen in Regensburg-Harting. Das Archäologische Jahr in Bayern 1983, 148ff. DERS., Ein frühmittelalterliches Gräberfeld mit Adelsgrablege östlich von Harting. Das archäologische Jahr in Bayern 1985, 131ff. **Taf. 17, 18:** Thomas FISCHER, Ein germanisches Gräberfeld der jüngeren Kaiserzeit aus Berching-Pollanten. Das Archäologische Jahr in Bayern 1983, 123ff. **Taf. 19:** Hermann DANNHEIMER, Eine völkerwanderungszeitliche Grubenhütte bei Irl, Ldkr. Regensburg (Oberpfalz). Bayerische Vorgeschichtsblätter 32 (1967), 97ff. **Taf. 20:** Wilfried MENGHIN, Das Schwert im frühen Mittelalter (1983). **Taf. 21:** Hans GEISLER, Barbing Kreuzhof. Eine ländliche Siedlung des frühen Mittelalters östlich von Regensburg. Regensburg – Kelheim – Straubing I. Führer zu archäologischen Denkmälern in Deutschland 5 (1984) 164ff. **Taf. 22, 23:** Josef KEIM / Hans KLUMBACH, Der römische Schatzfund von Straubing. Münchner Beiträge zur Vor- und Frühgeschichte 3 (1976²). **Taf. 24–26:** Johannes PRAMMER, Das spätrömische Gräberfeld Straubing-Azlburg, Niederbayern. Das Archäologische Jahr in Bayern 1981, 154f. DERS., Das spätrömische Gräberfeld Azlburg II. Das Archäologische Jahr in Bayern 1985, 117ff. DERS., Neue Forschungen zum spätrömischen Straubing. Die Gräberfelder Azlburg I und Azlburg II. Vorträge des 5. Niederbayerischen Archäologentages (1987). **Taf. 27:** Thomas FISCHER, Der Übergang von der Spätantike zum frühen Mittelalter in Ostbayern. Regensburg – Kelheim – Straubing. Führer zu archäologischen Denkmälern in Deutsch-

land 5 (1984), 236ff. **Taf. 28–33:** Rainer CHRISTLEIN, Ostgotischer Fibelschmuck aus dem bajuwarischen Gräberfeld von Straubing-Alburg (Niederbayern). Das Archäologische Jahr in Bayern 1981, 168f. Hans GEISLER, Straubing im frühen Mittelalter. Archäologische Beiträge zur Siedlungstopographie zwischen Römerzeit und Mittelalter. Vorträge des 5. Niederbayerischen Archäologentages (1987) 143ff. **Taf. 34:** Peter SCHRÖTER, Künstlich deformierte Schädel aus dem bajuwarischen Gräberfeld von Straubing-Alburg (Niederbayern). Das Archäologische Jahr in Bayern 1981, 170f. **Taf. 35:** Hans-Jörg KELLNER, FMRD, I 2, 2116. **Taf. 36:** Hans SCHÖNBERGER, Moos-Burgstall: Ein neues Römerkastell. 63. Bericht der Römisch-Germanischen Kommission 1982, 179ff. Uta von FREEDEN, Das Grab eines awarischen Reiters von Moos-Burgstall, Niederbayern. 66. Bericht der Römisch-Germanischen Kommission 1985, 6ff. DIES., Das Gräberfeld von Moos-Burgstall, Lkr. Deggendorf, Vorträge des 5. Niederbayerischen Archäologentages (1987) 159ff. **Taf. 37–41:** Ludwig KREINER, Der frühmittelalterliche Friedhof von Peigen, Gde. Pilsting, Lkr. Dingolfing–Landau. Vorträge des 5. Niederbayerischen Archäologentages (1987), 171ff. **Taf. 42:** Hans SCHÖNBERGER, Kastell Künzing-Quintana. Limesforschungen 13 (1975). **Taf. 43:** Fritz-Rudolf HERMANN, Die Ausgrabungen in dem Kastell Künzing-Quintana. Kleine Schriften zur Kenntnis der römischen Besetzungsgeschichte Südwestdeutschlands 8 (1972). **Taf. 44–45:** Rainer CHRISTLEIN, Quintanis-Künzing, Lkr. Deggendorf. Zur Topographie des römerzeitlichen und mittelalterlichen Ortes. Sabine RIECKHOFF-PAULI, Die Ausgrabungen 1976 in Quintanis-Künzing. Beiträge zur Topographie und Geschichte niederbayerischer Römerorte. Beilage zum Amtlichen Schul-Anzeiger für den Regierungsbezirk Niederbayern 1976 Nr. 5/6, 37ff. **Taf. 46–50:** Rainer CHRISTLEIN, Das spätrömische Kastell Boiotro zu Passau-Innstadt. Formen der Kontinuität am Donaulimes im raetisch-norischen Grenzbereich. In: J. Werner, E. Ewig (Hrsg.), Von der Spätantike zum frühen Mittelalter. Vorträge und Forschungen 25 (1979) 91ff. Hartmut WOLFF, Grabmäler- und Inschriftenfunde in Passau im Jahre 1980/81. Bayerische Vorgeschichtsblätter 49 (1984) 87ff.; Thomas FISCHER, Passau in römischer Zeit. Vorträge des 5. Niederbayerischen Archäologentages (1987), 96ff.

Bildnachweis

Museen

(Am Ende der Texte zu den Farbtafeln ist jeweils vermerkt, in welchem der hier aufgeführten Museen die abgebildeten Funde zu besichtigen sind.)

Römerkastell Abusina/Eining
8485 Neustadt-Eining
Tel.: 09445/1503
Geöffnet: Tägl. 9–12, 14–17 Uhr

Archäologisches Museum der Stadt Kelheim
Lederergasse 11 (Herzogkasten)
8420 Kelheim
Tel.: 09441/70173 oder 70174
Geöffnet: April bis Oktober: Dienstag mit
Sonntag 10–16 Uhr; im Winter nach Vereinbarung

Museen der Stadt Regensburg
Dachauplatz 2–4
8400 Regensburg
Tel.: 0941/5072940
Geöffnet: Dienstag mit Samstag 10–13, 14–17 Uhr
(Oktober mit April nur bis 16 Uhr), Sonntag 10–13 Uhr

Archäologisches Museum im BMW Werk Regensburg
Herbert-Quandt-Allee
8400 Regensburg-Harting
Tel.: 0941/7702012
Geöffnet: Nach Vereinbarung

Gäubodenmuseum Straubing
Fraunhoferstr. 9 und 11
8440 Straubing
Tel.: 09421/16326
Geöffnet: Dienstag mit Sonntag 10–16 Uhr

Römermuseum Kastell Boiotro, Zweigmuseum der Prähistorischen Staatssammlung München
Lederergasse 43
8390 Passau
Tel.: 0851/34769
Geöffnet: März bis November: Dienstag mit Sonntag
10–12, 15–17 Uhr

Prähistorische Staatssammlung München
Lerchenfeldstr. 2
8000 München 22
Tel.: 089/293911
Geöffnet: Dienstag, Mittwoch, Freitag mit Sonntag 9–16 Uhr,
Donnerstag 9–20 Uhr

BILDTEIL

Die konservierten Ruinen des Kastells Abusina bei Eining stellen die meistbesuchten römischen Überreste Ostbayerns dar. Kein Wunder, denn abgesehen von dem wiederaufgebauten Kastell Saalburg im Taunus gibt es kaum einen Platz, der so anschaulich das Aussehen eines römischen Truppenlagers vor Augen führen kann, wie Eining. Freilich sollte der Besucher eines wissen: was er heute an Mauerresten sieht, stellt in den wenigsten Fällen römische Originalsubstanz dar. In der Kriegs- und Nachkriegszeit wurde diese so schwer mitgenommen, daß sie meist nicht mehr zu erhalten war. Es blieb nichts anderes übrig, als über den verfallenen antiken Resten neue Mauern zu errichten. Ferner sollte man wissen, daß die in Eining sichtbaren Wehr- und Innenbauten keineswegs alle gleichzeitig standen und in Benutzung waren. Man sieht heute vielmehr das Resultat einer fast vierhundertjährigen Bau- und Umbautätigkeit.

Von der ersten römischen Wehranlage am Ort ist überhaupt nichts mehr sichtbar. Es handelte sich dabei um ein Kohortenkastell für 500 Mann, das nur aus Holz und Erde bestand. Erbaut wurde es unter dem Kaiser Titus (79–81) von der 4. Gallierkohorte (*Cohors IV Gallorum*). Den Standort hatte man an idealer Stelle gewählt. Hart am Steilufer zur Donau (heute Abenskanal), die damals direkt am Kastell vorbeifloß, konnte man den Schiffsverkehr im Auge behalten. Außerdem war es möglich, wichtige Straßenverbindungen zu kontrollieren. Ein Ausbau des Kastells *Abusina* in Steinbautechnik erfolgte erst um die Mitte des zweiten Jahrhunderts, als die 3. Britannierkohorte (*Cohors III Britannorum equitata*), die zur Hälfte aus Reitern, zur Hälfte aus Infanteristen bestand, das Lager bezog. Diese 500 Mann starke Einheit sollte bis zum Ende des römischen Grenzverteidigungssystems im fünften Jahrhundert Stammbesatzung von Eining bleiben.

Wie man dem Luftbild entnehmen kann, haben sich in Eining am besten die Wehranlagen erhalten. Deutlich erkennt man das große Rechteck mit abgerundeten Ecken der älteren Kastellumwehrung mit ihren vier Toren, die jeweils zwei Tortürme besaßen. Die Eck- und Zwischentürme zeigen sich nicht mit gleicher Klarheit. Hinter den Mauern, die ursprünglich einschließlich der Zinnen ca. sechs Meter hoch waren, verlief einst ein Erdwall, der den Wehrgang trug. Zusätzliches Annäherungshindernis war ein doppelter Spitzgraben, der das Kastell mit Ausnahme des Steilhanges an der Westseite umgab. Nach gründlichen Zerstörungen durch die Überfälle der Alamannen im dritten Jahrhundert, errichtete man in der Südwestecke des älteren Kastells eine kleinere Binnenfestung, ebenfalls von Gräben umgeben. Diese wies eine wesentlich massivere Umwehrung auf, das Areal des älteren Kastells gab man aber nicht auf, sondern setzte dessen Befestigung wieder instand.

Von der ursprünglichen Innenbebauung ist heute nur noch ein Teil über der Erdoberfläche kenntlich, die meisten Gebäude sind noch gar nicht ausgegraben. So muß man sich, was heute als freie Fläche erscheint, als dicht belegt mit Speicherbauten, Werkstätten, Ställen und vor allem Mannschaftsbaracken vorstellen. Im Zentrum des Lagers erkennt man einen großen Bau mit Innenhof, der im Westen eine halbrunde Apsis aufweist. Dabei handelte es sich um das Stabs- und Verwaltungsgebäude (*principia*), die Apsis war Bestandteil des dazugehörigen Fahnenheiligtums, in dem die Feldzeichen der Einheit aufbewahrt wurden. Die nördlich der *principia* sichtbaren Fundamentreste datieren erst in das vierte Jahrhundert, also in eine Zeit, in der die alte Inneneinteilung des Lagers längst aufgegeben war. Der Bau mit der halbrunden Apsis stellt wahrscheinlich das spätantike Kastellbad dar. Das ältere und wesentlich größere Bad erkennt man im Luftbild nordöstlich des Kastells. Der mehrfach umgebaute Komplex enthielt Warm- und Kaltwasserbecken, ein Dampfbad sowie Umkleide- und Ruheräume. Ein kleineres Bad – vielleicht für höhere Offiziere – ist angegliedert. Die Fundamente eines weiteren größeren Gebäudekomplexes an der Nordwestecke von Abusina gehörten zu einer *mansio*, einem staatlichen Rasthaus für zivile und militärische Dienstreisende.

Taf. 2 Bronzene Gesichtsmaske eines römischen Paradehelmes, 3. Jh.
Eininger Schatzfund

Zu den bedeutendsten Entdeckungen in Eining gehört ohne Zweifel ein Verwahrfund, der 1975 vom Tiefpflug erfaßt und unter nicht ganz geklärten Umständen geborgen worden war. Er besteht überwiegend aus Teilen von Paraderüstungen, wie sie zur Standardmontur jeder römischen Kavallerieeinheit gehörten. Bei dem Eininger Fund handelt es sich um eine Maske (Taf. 2) und um drei Hinterhauptsteile von Gesichtshelmen, sieben Kopfschutzpanzer für Pferde sowie um sieben Teile von Beinschienen. Zu diesen Paraderüstungsstücken, die alle aus Bronzeblech getrieben sind, kommt noch ein eiserner Dechsel, eine Art Beil mit quergestellter Schneide. Zweifellos handelt es sich bei diesem Fundensemble um Dinge, die im dritten Jahrhundert als Folge eines alamannischen Überfalls aus den Waffenkammern des Kastells entnommen und im Bereich des Lagerdorfes der schützenden Erde anvertraut wurden. Dies geschah natürlich mit der Absicht, den kostbaren Besitz dann wieder zu heben, sobald die Gefahr vorbei war. Hinter dem Eininger Fund steckt – ebenso wie bei allen Hort- und Versteckfunden aus dieser Zeit, die bis in unsere Tage im Boden ruhten oder noch ruhen – eine tragische Geschichte. Ob es ein Römer war, der hier im Chaos des Überfalls schnell noch etwas vor den Plünderern verbergen wollte, oder ob ein Alamanne sein Plünderungsgut vorübergehend verstecken wollte, um ohne hinderliches Beutegepäck weiter im Inneren der römischen Provinz seinen Raubzug fortzusetzen, es bleibt unbekannt. Sicher ist nur – wer auch immer den Eininger Fund verbarg, hat nicht lange überlebt und nahm sein Geheimnis mit ins Grab.

Das nebenstehend abgebildete Gesichtsteil eines Helmes besteht aus getriebenem Bronzeblech, ist 29,8 cm hoch und 20,1 cm breit. Die Maske zeigt ein jugendliches Gesicht mit etwas starrem Blick, die Augen sind durchbrochen gearbeitet, ebenso die Nasenlöcher. Auffällig ist die spitz zulaufende, aus zahllosen Löckchen gebildete Frisur. Auf der Stirn der Maske, die zu einem Helm des »orientalischen« Typus gehört, hat sich noch ein Schmuckstein aus dunkelblauem Glas erhalten. (Einen Helm des »hellenistischen Typus« aus Straubing zeigt Taf. 23)

Wozu dienten nun diese seltsamen Helme und die anderen Paraderüstungsteile? Glücklicherweise ist man bei der Beantwortung dieser Frage nicht ausschließlich auf archäologische Funde angewiesen, sondern es gibt bei antiken Schriftstellern dazu ausführliche Informationen. Danach waren turnierartige Reiterspiele, bei denen zwei Gruppen sich Scheingefechte lieferten, nicht nur beim Training der römischen Kavallerie üblich, sondern sie dienten auch bei besonderen Anlässen und mit entsprechend prunkvoller Aufmachung als Spektakel für zahlreiche Zuschauer. So beschreibt z. B. der Autor Flavius Arrianus im Jahre 136 eingehend den Schaukampf der römischen Kavallerie, der durch Kaiser Hadrian (117–138) eine besondere Förderung erfahren hatte:

»Die Reiter selbst treten, soweit sie durch ihren Rang hervorragen oder sich durch besondere Reitkunst auszeichnen, mit vergoldeten Helmen aus Eisen oder Bronze an, um schon dadurch die Blicke der Zuschauer auf sich zu lenken. Diese Helme schützen im Gegensatz zu den für den Ernstfall bestimmten nicht nur den Kopf und die Wangen, sondern sind allseitig genau an das Gesicht des Reiters angepaßt, mit einer Öffnung für die Augen, die den Blick nicht hindert und diese doch schützt.«

Daß diese Reiterspiele nicht nur Unterhaltungswert besaßen, sondern auch der Vorbereitung für den Ernstfall dienten, überliefert der Schriftsteller Vegetius noch im vierten Jahrhundert: »Es steht nämlich fest, daß auch heute in allen Gefechten die Teilnehmer der Reiterspiele besser kämpfen, als die anderen. Daraus muß man die Erkenntnis ziehen, um wieviel ein geübter Soldat besser ist, als ein ungeübter, da die in den Reiterspielen ausgebildeten ihre übrigen Stubengenossen in der Kriegskunst übertreffen.«

Prähistorische Staatssammlung München

Taf. 3 Mittelplatte einer Roßstirn aus getriebenem Bronzeblech, 3. Jh.
Eininger Schatzfund

Der Eininger Versteckfund enthielt auch sieben Exemplare der sog. Roßstirn in verschiedener Ausführung. Diese Kopfpanzer aus getriebenem Bronzeblech schützten besonders die empfindlichen Augen der Pferde und dienten gleichzeitig als eine Art Scheuklappen, um im Getümmel des Gefechts die Tiere etwas ruhiger zu stellen. Die Roßstirn besteht aus drei Teilen, einer Mittelplatte, die die Stirn bedeckt und zwei Seitenteilen mit großen durchbrochenen Augenschutzkörben, die mit der Mittelplatte durch Scharniere verbunden sind. Auch ihre Funktion hat der antike Autor Arrian zur Zeit des Kaisers Hadrian (vgl. Text zu Taf. 2) beschrieben: »Die Pferde sind mit Stirnpanzern sorgfältig geschützt. Seitenpanzerung benötigen sie dagegen nicht, denn die bei jenen Übungen benutzten Lanzen haben keine eisernen Spitzen, sie könnten daher zwar die Augen der Pferde verletzen, ihre Flanken dagegen kaum, zumal diese größtenteils durch den Sattel geschützt werden.«
Eine besonders prächtig gearbeitete Roßstirn zeigt Taf. 3. Die 41,5 cm hohe Mittelplatte ist in Treibtechnik prunkvoll verziert. Im oberen, halbrunden Feld breitet ein Adler, das Symboltier des Göttervaters Jupiter, seine Schwingen aus. Darunter steht Herkules in heroischer Nacktheit. Mit der rechten Hand stützt er sich auf seine Keule, über den linken Unterarm hat er ein Löwenfell geworfen. Im unteren Bildfeld schließlich springt ein Löwe nach rechts. Auch die Seitenplatten zeigen mythologische Bildmotive, die Kraft, Mut und andere militärische Tugenden versinnbildlichen sollen. In symmetrischer Anordnung sind auf beiden Seitenteilen die nach rechts bzw. links blickenden Büsten der gepanzerten Minerva und des Kriegsgottes Mars, jeweils mit einem attischen Helm auf dem Haupt, dargestellt (Abb. 56).

Abb. 56 Eining, Lkr. Kelheim. Roßstirn aus dem Schatzfund. Taf. 3: Detail der Mittelplatte (nach Kellner).

Auf der Roßstirn sind die Namen zweier Eininger Kavalleristen eingeritzt: Aelius Virilis und Provinzialis. Sie hatten das Stück nacheinander besessen und, um einer eventuellen Verwechslung vorzubeugen, signiert. Beim römischen Militär war dieser Brauch gang und gäbe, denn die Waffen waren – zumindest in der frühen und mittleren Kaiserzeit – Privatbesitz des Soldaten, der sie nach dem Ausscheiden aus dem aktiven Dienst in der Regel an einen Kameraden weiterverkaufte. So kommt es, daß oft mehrere Besitzernamen auf Waffen und Ausrüstungsgegenständen auftauchen.

Prähistorische Staatssammlung München

70

Taf. 4 Zwiebelknopffibel aus dem Grab eines römischen Offiziers, 5. Jh.
Eining/Lkr. Kelheim

Im Gegensatz zu vielen römischen Truppeneinheiten, die als Folge der katastrophalen Alamanneneinfälle des dritten Jahrhunderts spurlos verschwunden sind, existierte die 3. Britannierkohorte in Eining bis in die Spätantike. Im vierten und fünften Jahrhundert freilich war der Name der Truppe nur noch eine ferne Reminiszenz an das ursprüngliche Herkunftsland der Einheit. Die 3. Britannierkohorte des römischen Grenzheeres bestand zu jener Zeit ausschließlich aus germanischen Söldnern, die bestenfalls eine sehr verschwommene Vorstellung hatten, wo Britannien überhaupt lag.

Über die Existenz und Herkunft dieser Germanen weiß man seit einiger Zeit durch den Fortschritt der archäologischen Forschungen am spätantiken Limes in Bayern ganz gut Bescheid. Im archäologischen Fundmaterial aus dem vierten und fünften Jahrhundert tauchen immer wieder Gegenstände germanischen Ursprungs auf, die von den Soldaten der römischen Grenzfestungen oder von ihren Angehörigen benutzt wurden. Zwar waren Uniform und Bewaffnung der Söldner von römischem Gepräge, doch Dinge des täglichen Bedarfs, wie Kämme, Feuerstahle, Keramik oder auch zum Teil Schmuck und Trachtbestandteile, erinnerten oft an die alte Heimat. So lassen sich zum Beispiel unter den Eininger »Fremdenlegionären« Leute alamannischer, gotischer und im fünften Jahrhundert böhmischer Herkunft identifizieren, die im Auftrag Roms Grenzwacht hielten.

Diesen Germanen war es nämlich gleichgültig, wer der Gegner war – auch wenn es sich um die ehemaligen Stammesgenossen handelte –, solange der Sold in klingenden Goldmünzen (solidi) gesichert war. Das Offizierskorps dieser Einheiten setzte sich aber wahrscheinlich doch aus Römern, oder zumindest aus Germanen, zusammen, die bereits sehr stark von der römischen Zivilisation beeinflußt, also »romanisiert« waren.

Aus dem Grab eines der letzten römischen Offiziere des Kastells *Abusina* stammt die auf Taf. 4 abgebildete Fibel. Dieses Grab wurde 1976 am Südende von Eining bei Straßenbauarbeiten gefunden. Fibeln sind ursprünglich eine Art Sicherheitsnadel oder Brosche, die ein Gewand zusammenhalten und meist auch schmücken sollen. Die wegen der Form ihrer Schmuckknöpfe sog. römischen »Zwiebelknopffibeln«, um eine solche handelt es sich hier, hatten noch eine weitere Funktion. In der streng reglementierten und durchorganisierten spätrömischen Militär- und Verwaltungshierarchie waren Zwiebelknopffibeln auch Rangabzeichen. Es gab – je nach Dienstgrad des Trägers – solche in Bronze, Silber, vergoldeter Bronze und Gold, wobei letztere natürlich nur den allerhöchsten Offizieren vorbehalten waren. Getragen wurden diese Fibeln auf der rechten Schulter, wo sie den Soldatenmantel zusammenhielten. Die Eininger Fibel aus vergoldeter Bronze (Länge 9,4 cm) datiert in die erste Hälfte des fünften Jahrhunderts. Von dieser spätesten Variante der seit dem Ende des dritten Jahrhunderts getragenen Zwiebelknopffibeln sind aus Bayern bisher nur zwei Stücke bekannt, das hier vorgestellte Exemplar aus Eining und eines aus Regensburg.

Archäologisches Museum der Stadt Kelheim

Taf. 5 Heidnische und christliche Grabbeigaben eines Mädchens, um 600 n. Chr.
Staubing/Lkr. Kelheim

Das bajuwarische Reihengräberfeld von Staubing hätte beinahe das Schicksal vieler archäologischer Fundstellen geteilt, nämlich in einer Kiesgrube spurlos zu verschwinden. Seit dem 19. Jahrhundert wurde am Donauhochufer westlich des Dorfes Staubing Kies abgebaut, und immer wieder traten dabei »alte Knochen« und sonstige wunderliche Dinge zutage, ohne daß sich jemand sonderlich darum gekümmert hätte. Vor allem nach dem zweiten Weltkrieg wurde der Kiesabbau intensiviert, und dabei fiel mindestens die Hälfte, auf jeden Fall aber der ältere Teil des Staubinger Friedhofs, dem Kiesabbau zum Opfer. Man weiß sogar mit ziemlicher Sicherheit, wo sich ein Großteil dieser Gräber heute befindet: Sie liegen, wenn auch arg durcheinandergebracht, im Kiesdamm unter der alten Ortsverbindungsstraße Weltenburg–Staubing. Erst durch die Meldung des Kreisheimatpflegers wurde die Denkmalpflege auf das drohende Schicksal dieser wichtigen Fundstelle aufmerksam und grub den Rest des Friedhofes 1970/71 aus. Dabei entdeckte man nicht nur 170 Gräber, sondern auch die Überreste einer der ältesten Kirchen Bayerns. Die Angehörigen des Ortsadels nämlich, die auf diesem Friedhof ebenfalls zur letzten Ruhe gebettet worden waren und auf die die Stiftung dieser hölzernen Friedhofskirche wohl zurückgeht, bekannten sich mindestens zum Teil zum christlichen Glauben.

Besonders deutlich zeigt dies das reich ausgestattete Grab eines kleinen Mädchens (Grab 76) im Bereich dieser Kirche. Dem Kind waren zwar nach traditioneller heidnischer Sitte Beigaben mitgegeben worden. Darunter befand sich aber auch ein Goldblattkreuz, welches klar dafür spricht, daß das Kind aus einer christlichen Familie stammte.

Die Sitte, den Verstorbenen auf den Totenschleier Kreuze aus hauchdünner Goldfolie aufzunähen, stammt aus dem Mittelmeerraum und wurde über das langobardische Italien auch in die Gebiete nördlich der Alpen vermittelt, wo sie von den Angehörigen führender Familien christlichen Glaubens aufgegriffen wurde.

Neben dem Goldblattkreuz (Höhe 6,8 cm), dessen lose Kreuzarme ursprünglich übereinandergenäht waren, trug das Staubinger Mädchen auch Schmuck mit handfester heidnischer Symbolik, wie die Bügelfibel aus ursprünglich teilvergoldetem Silber (Länge 10,5 cm). Diese ist im sog. Tierstil mit Darstellungen aus der germanischen Mythologie verziert, deren Deutung im einzelnen heute zumindest sehr große Schwierigkeiten macht. Die Fibel weist starke Abnutzungsspuren auf, ja, sie ist schon einmal zerbrochen und mußte provisorisch geflickt werden. Das ursprünglich zugehörige zweite Stück (Bügelfibeln dieser Art wurden immer als identisches Paar getragen) fehlt. Dies spricht dafür, daß das Kind hier kein zeitgenössisches Schmuckstück, sondern ein Altstück aus dem Familienschatz mit ins Grab bekam. Auch die Verzierung der Silbernadel, deren oberes Ende ein Drachenkopf bildet, entstammt noch rein heidnischer Vorstellungswelt.

Dieses Nebeneinander von Heidnischem und Christlichem ist nichts Ungewöhnliches im frühmittelalterlichen Bayern. Zwar war es, besonders für den Adel, politisch opportun geworden, sich zum Christentum zu bekennen, da das Herzogshaus der Agilolfinger – wohl wiederum mit Rücksicht auf die in Bayern politisch dominierenden Franken – dies auch tat. Doch war dies lange Zeit kein Grund, sozusagen als Rückversicherung, auf altbewährte heidnische Praktiken zu verzichten, so sehr auch die christlichen Glaubensboten dagegen wettern mochten.

Stadtmuseum Regensburg

Kurz bevor die Donau in die Enge des Donaudurchbruchs eintritt, bildet sie eine Schlinge, welche eine Landzunge umfließt. Auf deren Spitze liegt heute das Kloster Weltenburg, dahinter erhebt sich das Massiv des Frauenberges (Bildmitte). Dieses verkehrsgünstig gelegene und auch im Notfall leicht zu verteidigende Bergplateau nahm seit der Jungsteinzeit immer wieder Menschen auf. Besonders in der Bronzezeit und der frühen Keltenzeit trug der Frauenberg bedeutende Siedlungen, von deren einstmals mächtigen Verteidigungsmauern heute noch ein System von vier Abschnittswällen im Gelände sichtbar ist.

Besonders imposant stellt sich der innerste dieser Wälle, der sogenannte Wolfgangswall, dar. Er ist deshalb so gut erhalten, weil er im 10. Jahrhundert unter dem Heiligen Wolfgang, damals Bischof von Regensburg, als Befestigung gegen die Ungarn wieder instandgesetzt und verstärkt worden war.

Auch in der Römerzeit war der Frauenberg zweimal längere Zeit genutzt, und zwar vom Militär. Um die Mitte des ersten Jahrhunderts befand sich hier ein kleinerer Militärposten, der wohl den Verkehr auf der Donau kontrollieren sollte. Dieser kann freilich noch nicht sehr bedeutend gewesen sein, denn damals war die durchgehende Befestigung des Donaulimes mit Kastellen noch nicht ausgebaut. Das Basislager, von dem aus sehr wahrscheinlich die Weltenburger Truppe abkommandiert war, befand sich in Oberstimm bei Ingolstadt, im Osten dagegen gab es erst in Linz wieder römisches Militär. Als dann diese Lücke in der Grenzverteidigung ab ca. 70 n. Chr. durch die Anlage zahlreicher Kastelle gefüllt

wurde, ließ man den Posten auf dem Frauenberg auf. Gegen Ende des vierten Jahrhunderts kam es erneut zur Stationierung von römischen Soldaten, die allerdings zum größten Teil germanische Söldner waren. Unter Umständen entstand damals eine größere Wehranlage, in die auch der Wolfgangswall miteinbezogen war, doch hier ist sich die Forschung noch nicht ganz sicher. Komplett ergraben ist jedenfalls ein großer, mehrgliedriger Steinbau spätantiker Zeitstellung, der entweder ein Kleinkastell darstellt, oder – wenn die Theorie der großen Befestigung sich bestätigen sollte – dann als Speicherbau zu interpretieren wäre (Abb. 23). Auf jeden Fall aber wurde der Berg bis weit in das fünfte Jahrhundert hinein bewohnt. Es scheint sich abzuzeichnen, daß in der Befestigung auf dem Frauenberg das langgesuchte *Vallatum* zu sehen ist, das in der *Notitia dignitatum,* einem spätrömischen Truppenhandbuch, für diesen Abschnitt der Donaugrenze überliefert ist. Interessant ist in diesem Fall eine, wenn auch legendenhafte, Überlieferung, nach der das Kloster Weltenburg bereits im frühen siebten Jahrhundert gegründet worden und somit das älteste bayerische Kloster sei.

Mit den Entdeckungen auf dem Frauenberg und der Ausgrabung in Staubing (s. Text zu Taf. 5), das im Vordergrund links des Bildes zu sehen ist, zeichnet sich zumindest ab, daß in dieser Gegend auch über die Wirren der Völkerwanderungszeit hinweg Menschen siedelten und nicht, wie früher oft vermutet wurde, nach einer Vertreibung der Römer eine Einwanderung der Bajuwaren fast ein Jahrhundert später einen völligen Neuanfang gebracht hätte.

Selten haben sich im bayerischen Donauraum über der Erde die Spuren der Römerzeit so gut erhalten wie in Regensburg. Das mächtige Geviert des Legionslagers Reginum (später *Castra Regina*), das laut erhaltener Gründungsinschrift 179 n. Chr. fertiggestellt worden war, ist heute noch im Stadtbild an der Straßenführung deutlich zu erkennen. Die Reste der mächtigen Quadermauer stecken an vielen Stellen deutlich sichtbar in der jüngeren Bausubstanz.

Hier hatte Rom auf eine gefährliche Bedrohung seiner Grenzen mit aller zu Gebote stehenden Macht reagiert: Als in der Regierungszeit des Kaisers Marc Aurel (161–180) an der ganzen Donaufront die sog. Markomannenkriege (benannt nach einem in Böhmen wohnenden Germanenstamm, der der Hauptgegner Roms war) losbrachen, gelang es den Römern nur unter großen Mühen, den Feind zu schlagen und wieder aus römischem Gebiet abzudrängen. Über den natürlichen Verkehrsweg des Regentales war der Gegner aus Böhmen kommend auch in den heutigen bayerischen Donauraum eingefallen und hatte die römische Provinz Raetien verwüstet. Nach der Vertreibung der Barbaren stationierte man die 3. italische Legion (*legio III Italica*) in Regensburg, eine 6000 Mann starke Eliteeinheit. Die Mauern des neuen Lagers am Regen (*Castra Regina*) stellten in ihrer ungewöhnlich massiven Ausführung ein steingewordenes Symbol römischer Macht dar. Vor Baubeginn hatte man es, streng rechtwinklig von einem Achsenkreuz ausgehend, genau vermessen. Auf diese Hauptmeßlinien bezogen sich die Lagerstraßen, freilich ließen sich bisher die wenigsten durch Ausgrabungen unter der dichtbebauten Regensburger Altstadt nachweisen. Dies gilt auch für die meisten Innenbauten. Dennoch kann man wegen der einheitlichen Bauweise römischer Kastelle und Legionslager manches Gebäude auch dann rekonstruieren, wenn es nur zu einem geringen Teil ergraben ist.

Fast im Zentrum des Lagers erhob sich das gewaltige Stabsgebäude (*principia*), der Sitz des Truppenkommandeurs, der Verwaltung und der Platz des Fahnenheiligtums, in dem auch die Truppenkasse verwahrt war. In Regensburg ist vom Stabsgebäude nur der Eingangsbereich ausgegraben. Dieser zeigte sich einst in ähnlich imposanter Quaderarchitektur wie die Umwehrung. Hinter dem Stabsgebäude lag das *praetorium*, das mit Fußbodenheizung, Bädern und Wandmalereien luxuriös ausgestattete Wohnhaus des Kommandeurs der Legion, des Legaten. Ansonsten drängten sich im Lager Offizierswohnungen, Mannschaftsunterkünfte, Speicherbauten, Waffenkammern, Werkstätten, Pferdeställe, Schuppen für Troßwagen und Geschütze, Offizierskasinos, Versammlungsräume für die Mannschaften, Übungshallen, das Lazarett, Tempel, Gefängnis und Thermen. Selbstverständlich sprudelte im Lager der 3. italischen Legion stets frisches Wasser, auch Brunnen waren vorhanden. Für die notwendige Hygiene sorgten schon damals Abwasserkanäle und Latrinen mit Wasserspülung.

Im 8. Jahrhundert berichtet der Freisinger Bischof Arbeo voll Bewunderung über die Stadtbefestigung Regensburgs: Die Stadt sei schwer zu erobern, aus Quadersteinen errichtet und mit mächtigen Türmen versehen. Was Arbeo mit überschwenglichen Worten pries, war nichts anderes, als die Umwehrung des Legionslagers *Castra Regina*. Knapp ein halbes Jahrtausend später erfüllte sie noch voll ihren Zweck, freilich nicht mehr als Befestigung einer römischen Großkaserne, sondern als Stadtmauer der Hauptstadt Bayerns, in der das Herzogsgeschlecht der Agilolfinger residierte.

Die Befestigungsanlagen, ein Werk der römischen Militärarchitekten Marc Aurels, waren von einer nördlich der Alpen beispiellosen Massivität. Darin spiegelte sich mit Sicherheit nicht nur fortifikatorische Notwendigkeit, sondern ganz massives Imponiergehabe: Die Germanen aus den böhmischen Wäldern sollten allein schon durch den Anblick eines Mauerwerks, das nur von Riesen erbaut sein konnte, in Furcht und Schrecken versetzt werden. Dazu war eine gewaltige Arbeitsleistung nötig gewesen: Das im üblichen Rechteckschema erbaute Lager maß ca. 540 m in der Länge und 450 m in der Breite. Zunächst hob man einen ca. 2,5 m breiten und 1,5 m tiefen Fundamentgraben aus und füllte ihn mit Bruchsteinen auf. Darauf kam ein Mörtelbett, auf das zunächst zwei Lagen Sandsteinquader und dann mächtige Sockelquader gesetzt wurden, über denen die Mauer wieder leicht zurücktrat. Die mächtige Wehrmauer setzte sich zusammen aus exakt zugerichteten reckteckigen Quadern, die ohne Mörtel aufeinandergetürmt waren und fugenlos aneinanderpaßten. Im unteren Bereich überwog lokaler Kalksandstein, die Masse des Mauerwerks bestand aus Kalkstein. Dieser entstammte Steinbrüchen, die teilweise noch heute sichtbar sind, so bei Kapfelberg oder Alkofen, auf jeden Fall aber aus der Gegend zwischen Bad Abbach und Eining. Auf der Donau schiffte man die nur roh zugerichteten Quader zur Baustelle, erst an Ort und Stelle erfolgten die Feinarbeiten. Schließlich schichtete man die Steinmassen (mindestens 30 000 Kubikmeter!) mit Hebekränen und Flaschenzügen aufeinander. Diese raffinierten und zugleich doch primitiven Maschinen waren nur mit Muskelkraft angetrieben. Die Mauer wuchs so bis auf eine Höhe von ca. 8 m (mit Zinnen) empor, an ihrer Rückseite verlief ein Wehrgang auf einem Erdwall. Verstärkt wurde die Befestigung durch vier Tore mit je zwei Tortürmen, vier Ecktürme und 18 Mauertürme, also insgesamt 30 Türme. Kein Wunder, daß Bischof Arbeo von Freising so beeindruckt war.

Besonders massiv erbaute man die Tore. An der *Porta Praetoria,* deren östlicher Flankenturm noch steht, läßt sich die Bauweise gut erkennen: Zwei Türme mit drei Geschossen, nach außen zu halbrund, flankierten die doppelte Tordurchfahrt. Dahinter lag ein Torhof, an dessen Innenseite sich wiederum verschließbare Tore befanden. War es einem Feind gelungen, die äußeren Tore zu sprengen und in den Torhof einzudringen, saß er in der Falle: Von oben hagelte es von allen Seiten Tod und Verderben.

Selbstverständlich hat die Mauer, die von den Legionären Marc Aurels errichtet worden war, die Zeit nicht spurlos überstanden. Die Alamannen müssen sie im dritten Jahrhundert mindestens zweimal beschädigt haben. Deutlich heben sich rasch geflickte Breschen von der sorgfältig geschichteten ursprünglichen Wehrmauer ab. Man setzte auch von den beiden Torbögen jeweils einen zu, um die Tore leichter verteidigen zu können. Dennoch hielt sich die Befestigung dank ihrer kaum zerstörbaren Quadertechnik teilweise bis heute; an manchen Stellen diente sie über 1000 Jahre lang, bis in das späte Mittelalter hinein, als Stadtmauer Regensburgs.

Taf. 9 Durch Feuer zerstörte römische Bronzestatuetten, 2./3. Jh.
Regensburg, Grasgasse

Während die Wehrmauer des römische Legionslagers *Castra Regina* in großen Teilen gut erhalten blieb, ist von der Innenbebauung kaum mehr etwas vorhanden und noch sehr wenig bekannt. Hier hat die ständige Bautätigkeit seit dem frühen Mittelalter über der Oberfläche alle römischen Gebäudereste beseitigt. Im Boden ruhen bestenfalls noch die Fundamente und Schuttschichten der römischen Epoche.

Bei der dichten und oft denkmalgeschützten Bebauung Regensburgs ist auch kaum mehr zu erwarten, daß die Archäologen größere Teile des Innenraumes im einstigen Legionslager werden freilegen können. Vielmehr müssen sie, um neue Informationen über das Innere des Lagers zu erhalten, jedes Bauvorhaben nutzen, auch wenn dabei oft nur kleine Areale für Ausgrabungen zur Verfügung stehen. Eine solche Chance ergab sich 1979/80, als in der Grasgasse der Neubau einer Bankfiliale erstellt werden sollte. Die Grabungen, die vor Beginn der Baumaßnahmen einsetzten, legten einen Bereich im Südosten des Legionslagers frei, der direkt an die Umwehrung mit ihrer mächtigen Quadermauer und der breiten Erdhinterschüttung anschloß (Abb. 16). Die Grabungsfläche umfaßte einen Teil der mehrfach erneuerten Kiesstraße, die innen rings um die Befestigung führte, der *via sagularis*. Dahinter schlossen sich lange, streifenförmige Nord–Süd–orientierte Mannschaftsbaracken an, die mit jeweils einem großen Kopfbau endeten. Die meisten dieser Truppenunterkünfte waren dadurch, daß sie sozusagen Rücken an Rücken lagen, zu Doppelbaracken zusammengefaßt. Jede Baracke beherbergte die 80 Mann starke Kampftruppe einer Zenturie (Hundertschaft), die restlichen 20 Mann waren zum Stab oder zu Spezialeinheiten abkommandiert und anderswo im Lager unterge-

bracht. Im Kopfbau, der direkt an die *via sagularis* anschloß, wohnte der Hundertschaftsführer (*centurio*), ein Offizier, dessen Rang etwa dem des heutigen Hauptmanns entsprach.

Während sich die Mannschaften je zwei enge Räume mit offener Feuerstelle zu acht teilen mußten, hatte es der *centurio* wesentlich bequemer. Er besaß ein Steinhaus mit Fußbodenheizung, das mehrere Räume – darunter auch das Dienstzimmer – aufwies. Wie man aus Funden in anderen Lagern weiß, waren die Offiziershäuser oft mit Wandmalereien luxuriös ausgestattet und besaßen kleine Hausheiligtümer. Ein solches könnte auch in einem der Kopfbauten unter der heutigen Grasgasse gestanden haben. Als im dritten Jahrhundert die Alamannen das Lager stürmten und in Brand setzten, legten sie auch die Mannschaftsunterkünfte im Südteil des Legionslagers *Castra Regina* in Schutt und Asche. In der Turbulenz der Ereignisse hatten die plündernden Germanen ein mit Bronzestatuetten wohlbestücktes Hausheiligtum übersehen. Viele der hübsch gestalteten kleinen Kunstwerke, darunter die Götter Merkur und Mars, schmolzen im Feuer zu so deformierten Gestalten, daß man ihre ursprüngliche Form teilweise nur erahnen kann. Am besten hat sich die Statuette eines kleinen Ziegenbockes erhalten, der zusammen mit einer Auswahl weiterer Figuren links auf Taf. 9 abgebildet ist. Er gehört zu den Tieren, die dem Merkur zugeordnet sind und oft zusammen mit einer Statuette dieses Gottes, der in Regensburg besondere Verehrung genoß, auf einen Sockel montiert waren.

Stadtmuseum Regensburg

Für den Archäologen haben Scherben von Tongefäßen oft große Bedeutung. Denn wie kaum eine andere Fundgattung stehen sie für die Beurteilung in ausreichender Menge zur Verfügung. Dies hat seinen Grund darin, daß sie sich im Boden hervorragend erhalten und massenhaft verbraucht und weggeworfen wurden. Dagegen verwendete man Gegenstände aus Metall in der Regel wieder. In den Boden gerieten diese nur, wenn man sie unbeabsichtigt verlor oder sie mit Absicht als Grabbeigabe oder Versteckfund der Erde übergab. Keramik wurde in einer schier unübersehbaren Fülle von Techniken, Formen und Dekors produziert, welche in der Regel ganz charakteristisch für bestimmte Zeiten, Gegenden, soziale Schichten und Zivilisationskreise sind.

So stellen Tonscherben für den Archäologen sozusagen die Visitenkarten von Menschen längst vergangener Zeiten dar, die, wenn man sie lesen gelernt hat, manches über ihre ehemaligen Produzenten und Benutzer verraten. Gerade auch in Regensburg haben vor allem die Scherben von Keramikgefäßen mitgeholfen, über die Jahrhunderte Aufschluß zu geben, die zwischen der Römerzeit und dem frühen Mittelalter liegen. In den Schichten des späten vierten bis fünften Jahrhunderts fand man zwei völlig verschiedene Arten von Keramik: römische und germanische. Bei der römischen Keramik handelt es sich um technisch perfekte Ware von hoher Qualität. Die in Regensburg hergestellten Gefäße sind mit der schnellrotierenden Drehscheibe geformt, hart gebrannt und tragen oft braune oder gelbgrüne Bleiglasur. Daneben gibt es auch importiertes Tafelgeschirr (*Terra Sigillata*), das bis von den Argonnen in Nordfrankreich, ja sogar vereinzelt bis von nordafrikanischen Manufakturen im heutigen Tunesien geliefert wurde.

Eine Gefäßform, die für mediterran-römische Ernährungsweise typisch war, ist die sog. Reibschüssel (Abb. 24). Sie wies innen eine Reibfläche aus Quarzbröckchen auf und diente zum Zubereiten von delikaten Würzsoßen. In diese typische Keramik der römischen Bevölkerung mischt sich mit der Wende vom vierten zum fünften Jahrhundert eine technisch und formal ganz anders gestaltete Ware. Sie ist ohne Hilfe der Drehscheibe in prähistorischer Tradition handgeformt. Neben ganz rohen und plumpen Töpfen, welche die Hauptmasse der gefundenen Scherben ausmachen, tritt auch eine feine, polierte Ware mit ansprechender Verzierung auf, nämlich Schrägriefen, Eindellungen (Taf. 10, links) und Stempel- und Einstichdekor. Auf diese Weise gestaltete man vor allem flache Schalen.

Sucht man nun Parallelen zu dieser Keramik, um zu erfahren, wo die Leute, die sie anfertigten und benutzten, herkamen, so findet man diese ausschließlich im elbgermanischen Gebiet Böhmens. Verwandten Formen begegnet man bis nach Thüringen. Daraus ist zu schließen, daß mit dem fünften Jahrhundert Germanen aus Böhmen sich im Legionslager *Castra Regina* niederließen. Betrachtet man nun das Mengenverhältnis der Keramik römischer Technik zu der germanischer Töpfertradition, so zeigt sich, daß bald die germanische Ware, und damit wohl auch die germanische Bevölkerung, im Lager überwog.

Ein Beispiel für die friedliche Koexistenz der römischen und der germanischen Bevölkerung stellt ein Gefäß (Taf. 10, rechts) dar, das in der Grasgasse gefunden wurde. Dieser Topf vereinigt verschiedene Elemente in sich: Römisch ist die Technik: Scheibenware, hart gebrannt, grüngelbe Bleiglasur, Rosettenstempel, geflochtener Henkel. Dagegen sind einige der Form- und Zierelemente sonst nur bei germanischer Keramik bekannt: hoher Standfuß, Eindellungen, Einstichdekor. Man hat hier den klaren Beweis vor sich, daß römische Töpferwerkstätten bis weit in die Völkerwanderungszeit hinein weitergearbeitet haben und ihre Produkte auch dem Geschmack der zugewanderten Germanen anzupassen versuchten.

Stadtmuseum Regensburg

Das Berufsheer der römischen Kaiserzeit wies in Tracht und Bewaffnung eine erstaunliche Uniformität auf, die im dritten und vierten Jahrhundert einen Höhepunkt erreichte. Eine Ausrüstungs- und Bewaffnungsreform unter dem Kaiser Caracalla (211–217) hatte diesen Prozeß beschleunigt. Der Soldat der 3. italischen Legion unterschied sich nun in seiner Tracht und Bewaffnung nur noch durch sein Legionswappen, den Storch, von den Angehörigen anderer Einheiten an der persischen, afrikanischen oder schottischen Grenze des römischen Reiches.

Er trug in Dienst und Freizeit über einer halblangen Hose ein weites knielanges Hemd, die Tunica, die er mit einem besonderen, metallbeschlagenen Gürtel (*cingulum*), der nur dem Militär vorbehalten war, gürtete. Auf Wache oder im Einsatz legte der Legionar die volle Bewaffnung an: Eisenhelm, Kettenhemd aus Eisen, Langschwert (*spatha*), Dolch, Lanze und Schild. Im vierten und fünften Jahrhundert änderte sich die Bewaffnung etwas, der Gürtel wurde breiter und war prunkvoller verziert, der Dolch fiel weg, Helm und Schwert sahen anders aus. Unverändert blieb ein schwerer Mantel aus Wollstoff (*sagum*), der auf der rechten Schulter mit einer Gewandspange (Fibel) zusammengehalten wurde (Abb. 29).

Auf Taf. 11 sind römische Fibeln des dritten bis vierten Jahrhunderts dargestellt, die in Gräbern von Soldaten der 3. italischen Legion in Regensburg gefunden wurden. Dieser große Friedhof der Regensburger Garnison erstreckte sich einst beiderseits der nach Süden führenden Straße in Richtung Augsburg. Beim Bahnbau im letzten Jahrhundert entdeckte man das Gräberfeld wieder, seine Funde bildeten den wichtigsten Grundstock der römischen Sammlungen im Stadtmuseum Regensburg. Soldaten und in Ehren entlassene Truppenangehörige (Veteranen) wurden in Uniform bestattet. Davon haben sich im Boden meist nur die Metallbestandteile, also Fibeln, Gürtelbeschläge und die Eisennägel der genagelten Militärstiefel erhalten. Solange die Brandbestattung vorherrschte, bis etwa in die Mitte des dritten Jahrhunderts, sind auf dem Scheiterhaufen auch sehr oft diese Metallbestandteile vergangen. Erst mit der Einführung der Körperbestattung erhöhte sich die Chance, bei Ausgrabungen Angehörige des römischen Militärs durch ihre typischen Ausrüstungs- und Trachtbestandteile in Metall nachzuweisen. Besonders gut gelingt dies eben mit den Fibeln, zumal diese, je nach militärischem Rang des Trägers, aus verschiedenen Materialien bestanden.

Die drei Fibeln im Vordergrund der Taf. 11 stammen noch aus dem dritten Jahrhundert. Das Stück links wurde von einem germanischen Handwerker nach römischem Vorbild gestaltet, die Silberfibel in der Mitte gehörte einst zur Uniform eines Offiziers. Dies gilt auch für die beiden silbernen Zwiebelknopffibeln in der zweiten Reihe von unten, die schon dem vierten Jahrhundert angehören. Die Zwiebelknopffibeln in den beiden oberen Reihen waren Uniformbestandteile von einfachen Soldaten des spätrömischen Heeres. Die prunkvollsten Ausführungen dieses Fibeltyps in Gold, wie sie höheren Offizieren vorbehalten waren, wurden im Regensburger Garnisonsfriedhof noch nicht gefunden.

Stadtmuseum Regensburg

Seit dem Mailänder Toleranzedikt, das im Jahre 313 von Kaiser Constantin dem Großen erlassen wurde, war das Christentum im römischen Reich offiziell geduldet, ja, es setzte sich bald als offizielle Staatsreligion durch. Wann in den Römerorten der Provinz Raetien größere Christengemeinden entstanden, wissen wir nicht. In schriftlichen Quellen ist nur für Augsburg eine christliche Gemeinde überliefert, in den Verfolgungen nach dem Jahre 303 unter Kaiser Diocletian erlitt hier die Heilige Afra den Märtyrertod.

Es kann wohl als wahrscheinlich gelten, daß erst mit der Übernahme des Christentums als Staatsreligion sich dieses in den Militärorten in größerem Umfang durchsetzte, ohne daß allerdings die heidnischen Religionen gänzlich an Bedeutung verloren. In Regensburg gibt es zum Beispiel Indizien, daß der große heidnische Tempelbezirk auf dem Ziegetsberg bis an das Ende des vierten Jahrhunderts von Gläubigen instand gehalten und genutzt wurde. Sein gewaltsames Ende muß nicht unbedingt durch einen germanischen Überfall gekommen sein. Ebenso denkbar ist, daß hier nach dem Verbot der heidnischen Religionsausübung unter Kaiser Theodosius am Ende des vierten Jahrhunderts christliche Eiferer sich ausgetobt hatten.

Funde, die das Christentum in spätrömischer Zeit nachweisen, sind in Bayern eher selten. Zwar tragen viele spätrömische Münzen christliche Symbole, doch sagt dies selbstverständlich gar nichts über die Glaubensvorstellungen ihrer Benutzer aus. Eindeutiger wird dies schon bei Fingerringen mit christlichen Symbolen bzw. Inschriften, wie sie zum Beispiel aus Eining oder Passau vorliegen.

Das bedeutendste archäologische Zeugnis des römerzeitlichen Christentums im Raum nördlich der Alpen ist ein Grabstein aus Regensburg (Taf. 12). Auf einer Kalksteintafel von 38×56×10 cm steht eine lateinische Inschrift, die in der Übersetzung durch K. H. Dietz folgendermaßen lautet:

Zum (Alpha und Omega, dazwischen das Christogramm) seligen Gedenken für Sarmann(i)na
die (da) ruht in Frieden
den Martyrern vereint

Über diesen Grabstein gibt es zahlreiche gelehrte Abhandlungen mit den verschiedensten Theorien. Es wurde sogar vermutet, Sarmannina sei eine Märtyrerin gewesen, dies ist aber wohl sicher auszuschließen. Der Name der Frau, die gegen Ende des vierten Jahrhunderts als Christin bestattet wurde, scheint germanischer Herkunft zu sein. Dies würde sich gut in das Bild fügen, das die Forschung in zunehmendem Maße von der Zusammensetzung der spätrömischen Bevölkerung in der Grenzzone Raetiens zeichnet: Sie bestand zum großen Teil aus Germanen verschiedener Herkunft, die aber stark von der römischen Kultur beeinflußt waren.

Wenig ist für Raetien über die spätantike Kirchenorganisation bekannt. Angebliche spätantike Bischofssitze in Regensburg und Passau gehören wohl eher dem Reich der Legende an. Auch die Lebensbeschreibung des Heiligen Severin, die für Künzing und Passau christliche Gemeinden in der zweiten Hälfte des fünften Jahrhunderts belegen, sagt hierzu wenig aus.

Nach dem heutigen Stand der Forschung ist es zwar sehr wahrscheinlich, daß in größeren Orten Raetiens, wie Augsburg und Regensburg, christliche Gemeinden die Zeit von der Spätantike bis in das frühe Mittelalter hinein überdauerten. Die Kirchenorganisation des frühen Mittelalters aber war ein völliger Neubeginn, der sich kaum auf spätantike Vorleistungen stützen konnte.

Stadtmuseum Regensburg

Taf. 13 Zaumzeug aus einem reich ausgestatteten Pferdegrab, 7. Jh.
Regensburg, Bismarckplatz

Der Stand der archäologischen Forschung über die Stadt Regensburg im frühen Mittelalter ist nicht zufriedenstellend. Siedlungsfunde gibt es noch sehr wenige, die Gräberfelder, welche die aussagefähigste Quellengattung darstellen würden, dürften zum größten Teil der mittelalterlichen und jüngeren Bautätigkeit zum Opfer gefallen sein. Die vereinzelten Grabfunde, die bisher bekannt sind, genügen aber, um doch einiges über die Bewohner des frühmittelalterlichen Regensburg auszusagen.

Die Stadt war in dieser Zeit Residenz der bairischen Herzöge aus dem Geschlecht der Agilolfinger und damit Hauptstadt des bairischen Stammesherzogtums. Im großen Gräberfeld bestattete die romanische Minderheit weiter bis in das siebte Jahrhundert hinein, das heißt sie konnte bis mindestens in diese Zeit als autonome Gruppe eine gewisse Eigenständigkeit bewahren. Ein weiterer größerer Friedhof entstand an der Nordwestseite des Legionslagers. Sporadische Einzelfunde von Gräbern unter dem Alten Rathaus und im Bereich des Kohlenmarktes, die vom fünften bis zum siebten Jahrhundert datieren, deuten hier ebenfalls eine größere Nekropole an. Ein größerer Bestattungsplatz des frühen Mittelalters erstreckte sich auch in der Gegend von St. Emmeram. Er wurde noch bis in die Neuzeit belegt.

Von besonderem Interesse sind zwei große, aufwendig erbaute Grabkammern, die an der Westseite der römischen Lagermauer am Dachauplatz direkt in die Umwehrung eingebracht waren. Zwar sind diese völlig ausgeraubt worden, doch es spricht manches dafür, hierin die Überreste einer Grablege des bairischen Hochadels zu sehen. Ein weiterer Adelsfriedhof tauchte überraschend am Bismarckplatz auf, als dort vor Errichtung einer Tiefgarage ab 1976 größere Ausgrabungen einsetzten. Von ihm wurde bisher nur ein Grab von vier enthaupteten Pferden aus der ersten Hälfte des siebten Jahrhunderts entdeckt. Die Gräber ihres ehemaligen Besitzers und seiner Familie wurden leider nicht gefunden, lagen entweder außerhalb der Grabungsfläche oder wurden bereits durch ältere Bodeneingriffe zerstört. Die Beigaben von vier Pferden auf einmal und das prächtige Zaumzeug, das einem der Tiere mitgegeben war, weisen darauf hin, daß am Bismarckplatz Angehörige des bajuwarischen Hochadels ihre letzte Ruhe fanden, die wohl zu Lebzeiten am agilolfingischen Hof verkehrten.

Auf Taf. 13 ist eine Auswahl von Beschlägen eines prunkvollen Pferdegeschirrs abgebildet. Die Ringtrense (oben), die quadratischen Riemenverteiler (Mitte), die Riemenzungen (unten links) und Riemenbeschläge (unten rechts) sind im typisch germanischen Tierstil reich verziert und bestehen aus vergoldeter Bronze. Bei den Pferden befanden sich auch zwei eiserne Steigbügel, die von besonderem Interesse sind, zumal solche vor der Zeit des frühen Mittelalters in Europa unbekannt waren. Erst die Awaren, ein zentralasiatisches Reitervolk, das sich im sechsten Jahrhundert im Gebiet des heutigen Ungarn und Niederösterreich niederließ, brachten sie nach Europa. Damit leiteten sie eine waffentechnische Revolution von größter Bedeutung ein: Erst der Steigbügel verleiht dem Reiter sicheren Halt, wenn er mit eingelegter Stoßlanze angreift. Gerade diese Kampftechnik aber war die militärische Grundlage für die Herausbildung des abendländischen Rittertums.

Stadtmuseum Regensburg

Das Gebiet des Gäubodens zwischen Regensburg und Straubing gehört bis heute zu den ertragreichsten Kornkammern Deutschlands. Die fruchtbaren Lößböden reichen auch noch weit in das Hügelland südlich des Donautales hinein. Als die Römer das Gebiet besetzten, erkannten sie sofort diese günstigen Gegebenheiten und nutzten sie entsprechend. Überall im Umkreis der römischen Lager entstanden die typischen *villae rusticae,* d. h. Gutshöfe, die in verkehrsgünstiger Lage auf den besten Böden angelegt wurden. Dörfer im heutigen Sinne waren den Römern fremd.

Ein solcher Gutshof bestand aus mehreren Stein- und Holzbauten, die von einer Mauer zu einer Baueinheit zusammengefaßt wurden. In der Regel besaß eine *villa rustica* ein großes zentrales Wohn- und Wirtschaftsgebäude in Steinbautechnik, das mit Fußbodenheizung, Wandmalereien und Glasfenstern ausgestattet war. Das obligatorische Badegebäude mit Sauna, Heiß- und Kaltwasserbecken und Umkleideräumen war entweder in das Hauptgebäude integriert oder stand frei daneben. Ansonsten gehörten zu einem römischen Gutshof Wirtschaftsgebäude, Speicher, Mühlen, Unterkünfte für Sklaven und Landarbeiter und ein kleines Heiligtum. Auch ein eigenes Gräberfeld für die Bewohner war in der Regel vorhanden. Oft betrieb man in einer *villa rustica* nicht nur Ackerbau, Obst- und Gemüseanbau und Viehzucht, sondern der zusätzlichen Verdienstquelle wegen darüberhinaus Töpfereien, Ziegeleien und Schmiedewerkstätten.

Eigentümer solcher Gutsbetriebe waren meist in Ehren entlassene Veteranen, die als Teil ihrer Abfindung ein Stück Land zugewiesen bekamen. Aber auch manch kapitalkräftige Stadtbürger besaßen Villen, deren Bewirtschaftung sie einem Verwalter überließen. Im Raum Regensburg sind aus der Zeit um 200 n. Chr., als die 3. italische Legion gerade ihr Lager gebaut hatte, ca. 100 Villen bekannt. Sie waren zum Großteil durch die intensive Förderung der Militärverwaltung neu angelegt worden, denn man wollte die reibungslose Versorgung der Truppe mit Lebensmitteln gewährleistet wissen.

Eine ganze Reihe solcher Gutshöfe wurden erst mit Hilfe der Luftbildarchäologie entdeckt. Besonders im jungen Getreide lassen sich unter der Erde verborgene Mauerreste gut ausmachen, denn dort, wo diese das Wachstum der Pflanzen hemmen, zeigen sich auf den Luftbildern deutlich andere Tonwerte. Durch Falschfarbenaufnahmen, wie z. B. bei Taf. 14, läßt sich der Effekt noch steigern: Hier erkennt man sehr klar das Hauptgebäude der *villa rustica* beim Mauernhof, Gde. Zaitzkofen. Die beiden Quadrate an der Front sind die Fundamente vorspringender turmartiger Gebäudeteile, dazwischen befand sich eine Säulenhalle und der Haupteingang über eine Freitreppe. Auch ein Stück der Umfassungsmauer zeichnet sich im Luftbild ab. In der Nähe dieses Gutshofes zog die Römerstraße Regensburg–Landshut vorbei. So war der schnelle Abtransport der landwirtschaftlichen und gewerblichen Erzeugnisse zu den Verbrauchern gesichert.

Taf. 15 Makabre Zeugnisse eines barbarischen Opferrituals: Schädel erschlagener Römer
Regensburg-Harting

Die Alamanneneinfälle des dritten Jahrhunderts haben sich bisher dem Archäologen nur indirekt zu erkennen gegeben. Als Indizien dafür dienten Zerstörungsschichten und vor allem die Schatzfunde, die viele und hochinteressante Ergebnisse lieferten. Was aber diese Überfälle der Barbaren für die Betroffenen wirklich bedeuteten, haben erst in jüngerer Zeit Neufunde in Regensburg mit aller schrecklichen Deutlichkeit vor Augen geführt.

Bei Ausgrabungen, die 1981 vor dem Neubau des Regensburger Justizgebäudes stattfanden, fanden sich zahlreiche menschliche Skelettreste. In den Ruinen eines im dritten Jahrhundert niedergebrannten Heiligtums lagen zwei menschliche Schädel, der eines Erwachsenen und der eines Kindes. Aus einem danebengelegenen Brunnen konnten die Ausgräber noch aussagefähigere menschliche Reflikte bergen. Der Schädel einer jungen Frau wies deutliche Spuren von Schwerthieben auf, der eines Mannes wurde von einem Speer völlig durchbohrt. Ein weiterer Männerschädel zeigte am Hinterkopf Merkmale, wie sie durch einen Schlag mit einem stumpfen Gegenstand verursacht werden. Weitere Schädelteile wiesen Verbrennungen auf. Außerdem fand man im Brunnen ein Hundeskelett sowie Rinder-, Pferde- und andere Tierknochen. Da sowohl im Brunnen wie im Schutt nur Schädel lagen, bestand von Anfang an der Verdacht, daß der Regensburger Befund nicht nur das Resultat von Aufräumungsarbeiten nach einem Massaker widerspiegele. Die einseitige Auswahl der menschlichen Überreste lenkte die Überlegungen eher in Richtung eines barbarischen Opferrituals.

Dies scheint sich nach einem weiteren, noch grausigeren Fund in Regensburg–Harting zu bestätigen. Dort fanden 1983–85 umfangreiche Flächengrabungen statt, die durch den Neubau des BMW-Werkes erzwungen waren. Im Zuge dieser ausgedehnten Rettungsgrabungen wurde auch das gesamte Areal eines römischen Gutshofes freigelegt, der vom zweiten bis zum Beginn des vierten Jahrhunderts bewohnt war.

Im dritten Jahrhundert allerdings war über die Bewohner des Hofes eine grauenvolle Katastrophe hereingebrochen, die man sich eigentlich nicht als Folge einer innerrömischen Auseinandersetzung erklären kann. Davon künden die Funde aus zwei Brunnen, von denen einer holzverschalt, einer aus Bruchsteinen gemauert war. Darin lagen zuoberst zerstückelte Tierkadaver, dann folgten die Überreste von 14 Menschen, Männern, Frauen und Kindern. Detaillierte Untersuchungen erbrachten, daß allen Opfern systematisch die Stirn mit einer Eisenstange oder einem ähnlichen Gegenstand (Taf. 15 rechts, Schädel eines älteren Mannes) eingeschlagen wurden, auch wenn sie vorher schon tödliche Verletzungen davongetragen hatten. Eine junge Frau (Taf. 15, Schädel links), die bereits mit drei Schwerthieben auf den Kopf getötet worden war, erhielt erst danach den fürchterlichen Schlag über die Stirn. Ihr Schädel wies zudem charakteristische Schnittspuren an der Stirn auf, wie sie nur vom Skalpieren herrühren können. Die Knochen des Körperskeletts sind stark zertrümmert, zum Teil tragen sie Schnitt- und Hackspuren.

Vom Typus des Knochenbaus her lassen sich die Opfer des Hartinger Massakers als Angehörige der provinzial-römischen Bevölkerung identifizieren; es gibt sogar Anzeichen, daß sie zum Teil verwandt sind. Es handelte sich also eindeutig um Bewohner des Gutshofes. Die Verletzungsspuren sind so charakteristisch ausgeprägt, daß sie nicht nur von einem Gemetzel bei einem Überfall herrühren können. Vielmehr liegt hier eine regelhafte und beabsichtigte Verstümmelung der Opfer vor, die man sich nur als blutiges Menschenopfer, wahrscheinlich sogar verbunden mit ritueller Menschenfresserei, vorstellen kann.

Als Gabe an die Götter ist sicherlich auch der Sammelfund von Eisengerät zu deuten, der im Holzbrunnen zuunterst entdeckt wurde. Neben Baubeschlägen, wie Fenstergittern, enthielt er landwirtschaftliche Geräte, wie Sensen, eine Grabgabel, eine Hacke, aber auch eine große Schürschaufel. Wurde womöglich mit ihr den Geopferten der Schädel eingeschlagen?

Archäologisches Museum im BMW-Werk Regensburg

Taf. 16 Frühmittelalterlicher Trinkbecher, 7. Jh.
Regensburg-Harting

In der Ortsflur des Dorfes Harting, das heute in die Stadt Regensburg eingemeindet ist, fanden in den letzten Jahren ungewöhnlich viele großflächige Ausgrabungen statt. Dabei handelte es sich um reine Rettungsgrabungen, denn um Harting wurde viel gebaut, zunächst ein großes Wohngebiet, dann das BMW-Werk. So bestand die Gefahr, daß eine entsprechend große Menge an archäologischen Fundstellen für immer den Baumaschinen zum Opfer fallen würde. Es war zwar unter dem Druck der Termine nicht möglich, alle archäologischen Denkmäler sachgemäß zu bergen; doch das, was gerettet wurde, reicht aus, um die Ortsflur von Harting zu einer der am besten erforschten Gemarkungen des bayerischen Donautals zu machen, – wenn es gelingen sollte, die ergrabenen archäologischen Quellen auch in entsprechender Form auszuwerten. Besonders für die Frage, ob das fruchtbare Ackerland des Gäubodens in den unsicheren Zeiten des dritten bis fünften Jahrhunderts ununterbrochen bestellt werden konnte, lieferten die Hartinger Grabungen wichtige Erkenntnisse.

Der im zweiten Jahrhundert erbaute römische Gutshof wurde im dritten Jahrhundert von Germanen überfallen, gründlich geplündert und verwüstet. Über das schaurige Schicksal seiner Bewohner haben wir bereits berichtet (s. S. 94). Danach baute man den Hof nicht mehr in ganzem Umfang wieder auf, er wurde aber, wie wenige einschlägige Funde lehren, bis in den Anfang des vierten Jahrhunderts hinein – wenn auch stark reduziert – bewirtschaftet. Irgendwann um die Mitte des vierten Jahrhunderts gab man die Villa von Harting auf; was der genaue Grund dafür war, ist nicht bekannt. Doch dürfte spätestens der historisch und archäologisch bezeugte Überfall der Juthungen, eines Teilstammes der Alamannen, im Jahre 357 dazu geführt haben. Danach lag das Land um den römischen Gutshof über 200 Jahre wüst, die einst gerodeten Acker- und Weideflächen wuchsen mit Gestrüpp und natürlichem Mischwald zu. Erst um 700 besiedelte man die Hartinger Flur neu. Eine bajuwarische Adelsfamilie samt Gefolge erbaute ihre Siedlung namens Hartinga, die wohl zum größten Teil unter dem heutigen Ortskern zu suchen ist. Die Toten des Dorfes Hartinga bestattete man streng getrennt nach ihrer sozialen Stellung, die sie zu Lebzeiten eingenommen hatten.

Direkt östlich an den heutigen Ort anschließend, befand sich das Gräberfeld des einfachen Volkes, kenntlich an der schlichten Anlage der Gräber und den eher ärmlichen Grabbeigaben. Aus einem solchen Grab des siebten Jahrhunderts stammt der Knickwandtopf auf Taf. 16. Das Tongefäß, das als Trinkbecher diente und dem Toten eine Erfrischung auf seinem Weg ins Jenseits bieten sollte, ist das Produkt einer Töpferwerkstatt, die noch in römischer Tradition arbeitete. Der Topf ist routiniert auf der schnellrotierenden Töpferscheibe gedreht, seine Oberfläche sorgfältig geglättet und mit Stempeln aus Ton oder Knochen verziert. Auch der harte Brand und die gleichmäßige graue Farbe sind ein Resultat hochstehender römischer Techniktradition.

Nach den neueren Erkenntnissen der archäologischen Forschung darf man annehmen, daß die römische Restbevölkerung Regensburgs sich vor allem so spezialisierten Handwerksberufen wie der Töpferei widmete und sich so auch für die neuen germanischen Herren nützlich machte. Darauf unter anderem beruht auch die Beobachtung, daß sich die Nachfahren der Römer bis in das frühe Mittelalter hinein als eigenständige Gruppe behaupten konnten.

Der Hartinger Ortsadel aber ließ sich in zwei abseits liegenden Nekropolen bestatten. Ein Teil der Familie war um das ehemalige Badegebäude des römischen Gutshofes beigesetzt, aus dessen Trümmern man eine kleine christliche Grabkapelle errichtet hatte. Er war also christlichen Bekenntnisses, obwohl die Grabbeigaben, wie z. B. ein Reitpferd, noch durchaus heidnische Züge aufwiesen. Der andere Teil der Familie bestattete zur gleichen Zeit in oder um mächtige Grabhügel – eine demonstrativ heidnische Art der Beisetzung.

Vielleicht zeigt der Fall Harting, wie in der Zeit des geistigen Wandels eine bajuwarische Adelsfamilie durch den Kampf zwischen altem und neuem Glauben in zwei Lager gespalten wurde und jede Seite gewillt war, ihre Überzeugungen auch bis in den Tod hinein zu demonstrieren.

Stadtmuseum Regensburg

Taf. 17 Grabbeigaben eines alamannischen Häuptlings, 3. Jh.
Berching-Pollanten/Lkr. Neumarkt

Bis vor wenigen Jahren gab es kaum archäologische Funde in Ostbayern, die sich direkt als Zeugnisse der Alamannen ansprechen ließen. Dies mag überraschen, denn indirekt sind die Taten dieser Germanen im römischen Fundmaterial ja sehr wohl bezeugt. Von ihren Überfällen zeugen Schatzfunde, Brand- und Zerstörungsschichten sowie die Spuren von Massakern an der römischen Bevölkerung, beispielsweise in Regensburg–Harting (Taf. 15).

So bedeutete es eine große Überraschung, als man 1983 durch Zufall auf ein germanisches Gräberfeld stieß, das den Alamannen bzw. wohl ihrem östlichen Teilstamm, den Juthungen, zugewiesen werden kann. Zwar kam dieser bedeutende Fund ausnahmsweise im Rahmen einer regulären Ausgrabung zutage, aber die Archäologen, die bei Berching–Pollanten die neue Trasse der Bundesstraße 299 vor Beginn der Bauarbeiten ausgruben, suchten eigentlich etwas ganz anderes. Die Grabung galt nämlich einer großen spätkeltischen Siedlung des zweiten und ersten Jahrhunderts v. Chr., die germanischen Gräber waren nur eine unverhoffte Dreingabe.

Die beiden reichsten Bestattungen, die in die zweite Hälfte des dritten Jahrhunderts datieren, enthielten die Gebeine eines Häuptlings und seiner Frau (s. S. 100). Der große und kräftige Mann war in gestreckter Rückenlage mit reichen Beigaben beigesetzt. Ein in germanischer Tradition hergestelltes, handgemachtes Tongefäß, das neben den rechten Oberarm niedergestellt war, ahmt eine römische Schüssel nach. Auf der rechten Schulter lag eine Bronzefibel, die einst den Mantel des Kriegers zusammengehalten hatte. Der Tote hatte zwei Gürtel mit ins Grab bekommen, einen einfacheren mit Bronzeschnalle und einen aufwendig mit Silberbeschlägen verzierten Waffengurt. An den Füßen trug der Tote Sporen aus Bronze.

Beim genaueren Betrachten der Waffenbeigaben entdeckt man eine merkwürdige Tatsache: Obwohl die Germanen längst mit Eisenwaffen kämpften, bestehen die Lanzenspitze, die drei Pfeilspitzen, das Messer und der Schildbuckel aus dem Grab von Berching–Pollanten aus Bronze. Außerdem sind sie so zierlich und nachlässig gefertigt – der Schildbuckel aus einem beschädigten römischen Exemplar – daß sie unmöglich benutzt worden sein konnten. Solche Waffenmodelle sind in dieser Zeit typische Grabbeigaben der germanischen Oberschicht in Mitteldeutschland und Böhmen. Der eigenartige Befund, daß das Pollantener Häuptlingsgrab – ganz im Gegensatz zu anderen gleichzeitigen germanischen Kriegerbestattungen – nicht die geringste Spur von Eisen enthält, findet seine Erklärung wohl nur im religiös-magischen Bereich. Die einzige Parallele dazu gibt es in einem etwas jüngeren Grab in Nordböhmen, wo sogar das Schwert des dort bestatteten Kriegers aus Bronze besteht.

Der Häuptling von Berching-Pollanten siedelte sich mit seiner Gefolgschaft zu einer Zeit im Sulztal an, als der Limes gefallen war und die römischen Grenzprovinzen dem Wüten der alamannischen Horden nahezu schutzlos ausgeliefert waren. Er dürfte aktiv und erfolgreich an diesen Ereignissen mit beteiligt gewesen sein.

Stadtmuseum Regensburg

Taf. 18 Grabbeigaben einer alamannischen Häuptlingsfrau, 3. Jh.
Berching-Pollanten/Lkr. Neumarkt

Dem in Berching–Pollanten gefundenen alamannischen Häuptlingsgrab (s. S. 98) sind drei weitere Bestattungen zugeordnet, die zusammen einen kleinen separat gelegenen Friedhof bilden. Dicht bei dem Männergrab lag ein beigabenloses Körpergrab, das wohl einen Diener oder Gefolgsmann enthielt, der seinem Herrn in den Tod gefolgt war.

Knapp sieben Meter südlich von diesen beiden Bestattungen fanden sich zwei Frauengräber. Während ein Grab, wohl das einer Dienerin, nur eine Glasperle und einen Spinnwirtel enthielt, wies das andere Grab reiche Beigaben auf. Da diese ungefähr gleichzeitig mit denen des Häuptlingsgrabes datieren, kann man wohl davon ausgehen, daß es sich bei der Toten um die Frau des Häuptlings handelt.

Um den Hals trug sie eine Kette aus kobaltblauen Ösenperlen, die von kleinen, gleichfarbigen Ringperlen auf Abstand gehalten wurden. Solche Perlen stammten wahrscheinlich aus oberitalischen Glashütten, wo sie bevorzugt für den Export zu den Germanen hergestellt wurden, bei denen sie sich großer Beliebtheit erfreuten. Auf beiden Schultern trug die Bestattete ein Paar identischer Bronzefibeln, zwischen denen ein aufwendiges Schmuckgehänge aus Bernstein- und Glasperlen lag. Während die ein- und mehrfarbigen Glasperlen Produkte römischer Glashütten sind, stammte der Bernstein von der Ostseeküste, von wo aus er seit Jahrhunderten bis in das Mittelmeergebiet verhandelt wurde. In das Gehänge einbezogen waren Fingerringe aus Bronze und silberne Axtanhänger. Im Beckenbereich der Frau lagen noch ein Eisenring und ein Eisenmesser.

Die vier Körpergräber von Berching–Pollanten kennzeichnen den Beginn einer germanischen Siedlung, die längere Zeit Bestand hatte. Allerdings sind weitere zeitgleiche und jüngere Bestattungen nur indirekt zu fassen. Während nämlich die Angehörigen der Oberschicht in Körperbestattungen beigesetzt wurden, verbrannte man die Toten der übrigen Bevölkerung und setzte ihre Asche in Urnengräbern bei. Diese wurden im Laufe der Zeit durch Erosion und landwirtschaftliche Nutzung des ehemaligen Friedhofsareals zerstört.

Bei den Ausgrabungen fanden sich zwar nur noch die verlagerten Überreste solcher Brandgräber (eine komplett erhaltene, aber beigabenlose Urne war schon einige Jahre früher bei Bauarbeiten entdeckt worden), sie enthielten aber genügend datierbare Beigaben, die es erlauben, die Dauer der zum Gräberfeld zugehörigen Siedlung bis mindestens in das frühe fünfte Jahrhundert zu belegen. Häufig tauchen auch Beigabenreste römischen Ursprungs auf, wie beispielsweise römische Glas- und Bronzegefäße, Fibeln und andere Schmuckstücke. Ob sich die Alamannen oder Juthungen, die in der Siedlung bei Pollanten wohnten, diese Dinge durch friedlichen Handel oder durch Beutezüge erwarben, oder ob sie sich als römische Söldner verdingt hatten und so in deren Besitz gerieten, vermag man heute nicht mehr zu ergründen.

Stadtmuseum Regensburg

Die Juthungenüberfälle um 357 hatten dazu geführt, daß im römisch beherrschten Donautal um Regensburg das flache Land aufgegeben und nicht mehr besiedelt wurde. Die Menschen drängten sich hinter den schützenden Mauern des Legionslagers *Castra Regina* zusammen, von wo aus sie nur noch in der direkten Umgebung Landwirtschaft betrieben. Erst als spätestens im Jahre 476 n. Chr. durch die Absetzung des letzten weströmischen Kaisers Romulus Augustulus der endgültige Zusammenbruch des römischen Grenzverteidigungssystems eingeleitet worden war, änderte sich dies. Die Germanen strömten nun in das ehemalige Reichsgebiet und ließen sich unbehelligt dort nieder. Aber auch die ehemaligen römischen Söldner germanischer Herkunft verließen die Enge der Festungsmauern und legten Dörfer an.

Eine dieser ersten neu gegründeten ländlichen Siedlungen, von der Reste des dazugehörigen Gräberfeldes in einer Kriesgrube geborgen werden konnten, war die in Barbing–Irlmauth, östlich von Regensburg. Darin fanden sich die Gräber von Germanen verschiedener Stämme, die aber offensichtlich in dem Dorf friedlich beisammen gelebt hatten. Ein Teil der Bevölkerung war westlich-alamannischer Herkunft. Aus diesem Personenkreis stammte auch eine Frau, die der gehobenen Schicht angehörte und mit Tracht und Insignien ihres Standes bestattet wurde (Taf. 19). Aus Gold und Silber sind die Ohrringe, die Haarnadel, die kleinen Vogelfibeln, die Bügelfibeln (alle mit Almandineinlagen) und die Riemenzungen der Wadenbinden. Nicht nur als Schmuck, sondern auch als Rangabzeichen fungierte der massiv silberne, teilvergol-dete Kolbenring, der am linken Handgelenk getragen wurde. Auch der Silberlöffel, der die Übernahme römischer Eßkultur verrät, blieb als Grabbeigabe der germanischen Oberschicht der Völkerwanderungszeit und des frühen Mittelalters vorbehalten. Während die Glasperlen zum Amulettgehänge gehörten, waren die Bernsteinperlen einst Bestandteil einer Halskette. Zu Füßen der Toten lag als besonders kostbare Beigabe eine Glasschale (Abb. 57). Sie stammte aus den Argonnen, wo die römischen Glashütten auch unter den neuen fränkischen Herrschern ohne Unterbrechung weiterproduzierten.

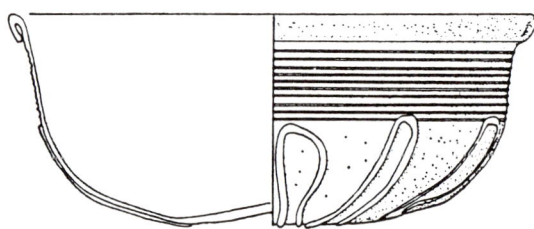

Abb. 57 Barbing-Irlmauth. Glasschale aus dem alamannischen Frauengrab (nach Koch). M. 1:2.

Leider sind von dem einst sicher größeren Gräberfeld von Barbing–Irlmauth nur wenige, zufällige Ausschnitte bekannt. Zum Großteil wurde es im Zweiten Weltkrieg beim Kiesabbau zerstört. Auch von der zugehörigen Siedlung ist nur der Rest einer Grubenhütte bekannt, die ebenfalls in einer Kiesgrube zum Vorschein kam.

Stadtmuseum Regensburg

Nicht immer sieht man es archäologischen Funden auf den ersten Blick an, welche Meisterleistungen der Handwerkskunst sie darstellen. Dies gilt besonders für eiserne Gegenstände, die in der Regel durch Korrosion arg zerstört sind. Eine Ausnahme bilden die Klingen der eisernen Langschwerter, bei denen die Korrosion oft das komplizierte Innenleben bloßlegt und verdeutlicht. Denn gerade wertvolle Schwertklingen bestanden nicht nur aus einem Stück Stahl, sondern waren auf höchst diffizile Weise angefertigt.

Die beiden hier abgebildeten Klingen eiserner Langschwerter (Spathen) des sechsten Jahrhunderts aus Irlmauth zeigen dies besonders eindrucksvoll. Das Zentrum der Klinge ist in der sogenannten Damaszierungstechnik hergestellt, bei der dünne Eisen- und Stahlstäbe verschiedener Elastizität und Härte in oft kunstvollen Mustern zusammengesetzt werden. Dabei gibt es drei verschiedene Techniken, die sich allerdings meist nicht ohne komplizierte metallurgische Untersuchungen unterscheiden lassen (Abb. 58).

Nach abschließender Härtung wurde die Klinge angeätzt und poliert, damit dann die Damaszierung zum Vorschein kam. Man bemühte sich, durch die Damaszierung auch besonders dekorative Muster zu erzielen. Besonders beliebt waren, wie man aus der nordischen Mythologie weiß, »Wurmbunte Klingen«, d. h. Muster, die einer sich ringelnden Schlange glichen.

Natürlich wendete man diese komplizierte Technik nicht allein aus dekorativen Gründen an. Hauptzweck war die Steigerung der Elastizität der Klinge. Beim Volldamast und Schichtendamast bewirkte der Wechsel zwischen Weicheisen und sprödem, aber hartem Stahl diesen Effekt. Beim Furnierdamast allerdings dürfte die dünne Deckschicht kaum mehr den gewünschten Zweck erfüllt haben: hier ging es eher darum, falsche Tatsachen vorzutäuschen und den Ziereffekt zu betonen.

Damaszierte Schwerter erfreuten sich hoher Wertschätzung. Nicht umsonst gewannen sie in der Mythologie ein Eigenleben, ja sie führen bisweilen sogar Namen, wie etwa Siegfrieds Schwert »Balmung«. Mit Sicherheit war nicht jeder Dorfschmied in der Lage, solch edle Klingen herzustellen, dies blieb besonderen Spezialisten vorbehalten, die die hochstehenden Techniken römischer Schwertfeger fortzuführen wußten. Welch hoher Rang solchen Meistern ihres Faches in der Gesellschaft des frühen Mittelalters eingeräumt wurde, spiegelt sich auch in so manchen Sagen wider, wie z. B. der von »Wieland dem Schmied«. Schließlich wurden erlesene Schwertklingen sogar zwischen Königen als Geschenke ausgetauscht. So ist ein Brief Theoderichs des Großen an den Vandalenkönig Thrasamund erhalten, in dem sich der Herrscher der Ostgoten für Schwerter bedankt und die Schönheit ihrer Damaszierung in überschwenglicher Weise lobt.

Stadtmuseum Regensburg

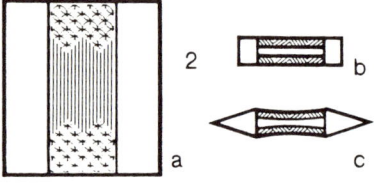

Volldamast: Das Zentrum der Klinge besteht aus einem in komplizierten Mustern voll damaszierten Kern, an den Stahlkanten angeschweißt werden. Aus diesen schmiedet man dann die Schneiden.

Schichtendamast: Der Kern der Klinge besteht aus homogenem Flachstahl, oben und unten liegen flache damaszierte Bahnen aus. Daran setzt man Stahlkanten an, die zu Schneiden ausgeschmiedet werden.

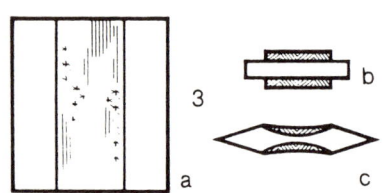

Furnierdamast: Auf eine kompakte Stahlklinge wird im Zentrum beiderseits eine flache Damastschicht aufgeschmiedet.

Abb. 58 Schemazeichnungen zur Damaszierung von Schwertern: 1 Volldamast; 2 Schichtendamast; 3 Fournierdamast (nach Menghin).

Unter den Bewohnern des Dorfes bei Barbing–Irlmauth waren nicht nur Leute westlich-alamannischer Herkunft. Anhand typischer Tongefäße, die als Beigaben in die Gräber gelangten, ließ sich auch feststellen, aus welcher Gegend die anderen Einwohner kamen.

Die Knickwandbecher (Taf. 21 links und rechts) sind mit der Töpferscheibe gedreht und weisen sogenannte Einglättverzierung auf. Diese Technik, bei der Muster und Glättlinien vor dem Brand auf die Gefäße aufgebracht werden, stammte von der unteren Donau und war im fortgeschrittenen vierten Jahrhundert von den römischen Töpferwerkstätten Pannoniens und Norikums aufgegriffen worden. Aber auch die Germanen nördlich der Donau, etwa im niederösterreichischen Raum, übernahmen sie. Die beiden Becher aus Irlmauth finden ihre besten Parallelen in östlichen Gebieten, beispielsweise in Böhmen und Mähren, von wo aus sie im Zug der Völkerwanderung um 500 von germanischen Gruppen mitgebracht worden sein dürften. Aus dem Osten kommende Germanen lassen sich anhand charakteristischer Funde auch in anderen verschiedenen Reihengräberfeldern Bayerns feststellen, in Straubing (Bajuwarenstraße), Klettham oder Pocking. Die Vermutung, daß diese Einwanderer bei der Ausbildung des Bajuwarenstammes ebenfalls eine wichtige Rolle gespielt haben, liegt daher nahe.

Der Tonkrug (Taf. 21 Mitte) dagegen entstammt einer ganz anderen Töpfertradition. Form und Herstellungsart weisen ihn als das Produkt einer Werkstatt aus, die in römischer Technik arbeitete. Römische Töpfer betrieben ihr Gewerbe zunächst innerhalb Regensburgs seit der Spätantike ununterbrochen weiter. Im frühen Mittelalter aber wurden solche römischen Traditionen in der Keramikherstellung auch in den Siedlungen des Umlands gepflegt.

Eng benachbart der Siedlung von Barbing–Irlmauth, fand man in den letzten Jahren bei Barbing–Kreuzhof ein frühmittelalterliches Dorf mit Gräberfeld. Der Ort dürfte im frühen sechsten Jahrhundert gegründet worden sein. Verschiedene Indizien heben ihn jedoch von gleichzeitigen Dörfern des frühen Mittelalters ab. Beispielsweise entdeckte man Reste von Töpferöfen samt dort hergestellter Keramik, die in Technik und Formen rein auf römischen Vorbildern fußte. Aus dieser Werkstatt könnte der Krug aus dem Irlmauther Gräberfeld stammen. Auch in anderen Dingen unterschieden sich die Bewohner dieses Dorfes von ihren Nachbarn: sie bestatteten – in romanischer Sitte – ihre Toten beigabenlos um eine Friedhofskirche. Ferner besaßen sie Rinder, die wesentlich größer waren als die, die man sonst aus dem frühmittelalterlichen Bayern kennt. Dagegen sind Tiere dieser Größe aus römischen Fundzusammenhängen gut bekannt.

Aus den genannten Indizien läßt sich ein verblüffender Schluß ziehen: An der Wiederaufsiedlung des Regensburger Umlandes, die um 500 einsetzte, beteiligten sich nicht nur germanische Gruppen, sondern auch Teile der römischen Bevölkerung christlichen Bekenntnisses aus Regensburg. Diese hatte auf vielen Gebieten, wie beispielsweise der Keramikherstellung oder Tierzucht, einen Vorsprung an Kenntnissen gegenüber den germanischen Zeitgenossen, der erst im Laufe der weiteren Entwicklung von diesen aufgeholt wurde.

Stadtmuseum Regensburg

Der größte und bedeutendste römische Schatzfund am Donaulimes im östlichen Raetien ist zweifellos der aus Straubing. Vor der Entdeckung des Weißenburger Schatzfundes war er der umfangreichste dieser Art überhaupt.

Im Jahre 1950 fanden Bauarbeiter auf dem Gelände einer *villa rustica,* ca. drei Kilometer westlich des Straubinger Kastells, in einer flachen Grube einen riesigen, umgestürzten Bronzekessel, um den herum Eisengegenstände aufgeschichtet waren. Der Kessel selber barg eine überwältigende Fülle von Eisen- und Bronzefunden, darunter sieben Masken von Paradehelmen und eine dazugehörige Hinterhauptshälfte. Vier der Gesichtshelme gehören dem »hellenistischen« Typus an, drei dem »asiatischen« Typus (vgl. Taf. 2). Die nebenstehend abgebildete Maske mit ihrer Lockenfrisur und den langen Koteletten ist ein Beispiel für den »hellenistischen« Typus. Im Straubinger Fund fanden sich zudem aus Bronze fünf Beinschienen und sieben, teilweise zugehörige, Knieschützer, acht Kopfschutzplatten für Pferde, acht Bronzestatuetten, vier Statuettenbasen sowie sechs weitere Beschläge und Bruchstücke. An Eisengegenständen erbrachte der Fund: ein Langschwert, einen Dolch, Lanzenspitzen, Bruchstücke von Sägeblättern, Werkzeuge, eine Trense, Hufschuhe, einen Flachskamm, eine Handschelle mit Schloß, Schlüssel, einen Kesselhaken, einen Angelha-ken, einen Achsnagel, eine Glocke, Pflugscharen sowie ca. 70 weitere Eisenbeschläge, Nägel etc.

Zweifellos darf man auch bei dem Straubinger Fund als Ursache für seine Vergrabung einen alamannischen Angriff im dritten Jahrhundert annehmen. Dahinter mag sich eine ähnlich dramatische Geschichte verbergen, wie bei den Schatzfunden von Eining (Taf. 2, 3) und Künzing (Taf. 43). Auch in Straubing waren einer oder mehrere Plünderer erst nach dem geglückten Überfall tätig, wie die Feuerspuren an einigen Eisengegenständen beweisen. Nur ein Teil des Fundes stammte aus den Waffenkammern des Kastells: die Paraderüstungen, Waffen und Hufschuhe. Die Masse des Eisengeräts sowie der Bronzekessel und vielleicht auch die Statuetten als Inventar des Hausheiligtums gehören wohl zum Gerichtshof, in dessen Resten der Schatzfund entdeckt wurde. Nur schwer ist zu erklären, wer gleichermaßen Interesse an den hochwertigen Bronzen und dem eher unansehlichen Eisenschrott hatte. Wahrscheinlich kommen dafür in Straubing, ähnlich wie in Künzing, nur die siegreichen Germanen in Frage, die ihre Beute zunächst verbargen, um sie nach weiteren Plünderungszügen im Innern des römischen Territoriums auf dem Rückweg wieder mitzunehmen. Der Grund, warum dies nicht gelang, läßt sich auch hier nicht mehr feststellen.

Gäubodenmuseum Straubing

Die Plünderer, die den Straubinger Schatzfund zusammentrugen, bewiesen wenig Pietät. Was für sie zählte, war nur der Metallwert der geraubten Gegenstände, egal ob es sich um Paraderüstungen, Kochkessel oder Götterfiguren handelte.

So wurde auch eine reich bestückte Hauskapelle, das *lararium,* eines wohlhabenden Haushalts eingepackt. Darin hatten sich im Laufe der Zeit die verschiedensten Götter versammelt: ein Lar, der Schutzgeist des Hauses, ein Genius, ein Merkur, zwei nicht mehr identifizierbare männliche Götter und eine weibliche Gottheit. Da noch überzählige Basen von Bronzestatuetten sowie Teile von Figurengruppen vorliegen, besteht der Verdacht, daß bei der anfangs nicht sehr sachgemäßen Bergung des Fundes schon einiges beiseitegeschafft und unterschlagen worden ist.

Eine der schönsten Statuetten aus dem Straubinger Schatzfund ist auf Taf. 23 abgebildet. Die mit Sockel fast 26 cm hohe Figur ist massiv aus Bronze gegossen, Augen und Brustpanzer tragen Einlagen aus Silber und Kupfer. Dargestellt ist ein kindlich wirkender Knabe in vollem Lauf, der eine römische Offiziersrüstung trägt. Auf den Korkenzieherlocken des Kopfes sitzt ein korinthischer Helm. Diese griechische Helmform aus vorchristlicher Zeit war als archaisierendes Ausrüstungsstück bei hohen Offizieren der römischen Kaiserzeit noch lange in Mode. Auf dem Helm sitzt als Bekrönung eine Sphynx, ein ehemals vorhandener Helmbusch ging verloren. Auch der Ursprung des aus zwei Hälften in Metall getriebenen Muskelpanzers reicht weit in vorrömische Zeiten zurück, er blieb beim kaiserzeitlichen römischen Militär nur höheren Offizieren oder dem Kaiser selber vorbehalten. Als Dekor auf der Brust war dem Panzer ein Gorgonenhaupt mit den charakteristischen Schlangenhaaren aufgesetzt, das den Gegner abschrecken sollte. (In der griechischen Mythologie war die Gorgo ein Ungeheuer von so schrecklichem Aussehen, daß Menschen, die ihr Blick traf, sofort versteinerten. Erst dem Helden Perseus gelang es durch eine List, der Gorgo den Kopf abzuschlagen und mit dessen Hilfe seine Gegner zu besiegen.) An den Armen und am Unterleib schauen die Streifen *(Pteryges)* eines Lederkollers hervor, der unter den Metallschalen des Panzers getragen wurde, die Beine des Knaben sind durch Beinschienen geschützt. In der linken Hand hält er an einem langen Stiel eine Mohnkapsel, die innen hohl ist. Vielleicht diente die Statuette einst als Kerzenleuchter bei festlichen Gastmählern.

Über die Bedeutung der Figur, deren martialische Aufmachung in so merkwürdigem Kontrast zu dem pausbäckigen Kindergesicht steht, ist sich die Forschung noch uneins. Man spricht vom »kindlichen Mars« oder vom »Amor in Waffen«. Eine dritte Möglichkeit verdient es, ernstgenommen zu werden. Es könnte sich bei der Statuette aus dem Straubinger Fund um den Genius des Jupiter Dolichenus handeln. Diese Lokalgottheit aus Doliche, einer Stadt im östlichen Kleinasien, erfreute sich der besonderen Verehrung des römischen Militärs, vor allem im zweiten und dritten Jahrhundert. Jupiter Dolichenus war stets wie ein hoher römischer Offizier gekleidet, also mit dem Muskelpanzer. Da im Kastell *Sorviodurum* zudem eine 1000 Mann starke Einheit von Bogenschützen syrischer Herkunft, die 1. Canathenerkohorte lag, liegt die Verehrung des Dolichenus auch im römischen Straubing nahe.

Gäubodenmuseum Straubing

Seit der Zeit der Republik konnte man den römischen Soldaten an einem Ausrüstungsteil erkennen, das nur dem Militär vorbehalten war. Es handelt sich dabei um einen metallbeschlagenen Ledergürtel, das *cingulum*. Im Einsatz diente es als Waffengurt für Dolch und Schwert, beim Dienst ohne Waffen oder bei der Festtagstracht der Veteranen hatte der Gürtel die Funktion eines Standesabzeichens, das den aktiven oder ehemaligen Soldaten aus der Masse der Zivilisten hervorhob. Dies wurde um so wichtiger, je mehr das Prestige des Soldatenstandes seit dem Ende des zweiten Jahrhunderts gestiegen war. Besonders in der Spätantike nahm das *cingulum* an Breite und Menge der Zierbeschläge zu. Die Typen der Metallbeschläge, von denen ganze Beschlagsätze in einiger Anzahl als Grabbeigaben aus dem ganzen römischen Reich bekannt sind, weisen eine großräumige Verbreitung auf. Daraus hat man geschlossen, daß auch diese speziellen Gürtel in den großen staatlichen spätrömischen Waffenmanufakturen hergestellt und als genormte Ausrüstungsgegenstände an das Militär ausgegeben wurden.

Eine besonders prächtig verzierte Bronzeschnalle eines solchen Waffengurtes liegt aus einem Körpergrab des spätantiken Kastellfriedhofes Azlburg II aus Straubing vor. Das Stück setzt sich aus mehreren Teilen zusammen. Der flache, punzenverzierte Schnallenbügel läuft in zwei beißende Tierköpfe aus, auch das Ende des Schnallendornes ist als stilisiertes und kaum mehr konkret bestimmbares Tier gestaltet. Das Gegenbeschläg besteht aus einem umgeklappten Bronzeblech, dessen Schauseite in verschiedenen Techniken verziert ist. Als Randdekor und zur Trennung des Feldes in der Mitte wurden drei verschiedene Punzen verwandt, eine Kreis- und eine Halbkreispunze sowie eine Punze in Form eines Doppel-T. Die beiden so entstandenen quadratischen Felder füllte man durch wenig sorgfältige Vierpaßornamente in sogenannter Tremolierstichtechnik (Abb. 34).

Der Gürtel, zu dem die Schnalle gehörte, wurde um 400 n. Chr. hergestellt, getragen aber scheint er wesentlich länger worden zu sein. Eine der beiden Rundkopfnieten, mit der das Schnallenbeschläg auf dem Gürtelleder befestigt worden war, ist alt ausgerissen. Man hat diesen Defekt durch eine grobe Flickung behoben. Da weitere Metallbeschläge, die man an sich erwarten durfte, fehlen, könnte es sogar sein, daß man die Schnalle in zweiter Verwendung an einem wesentlich einfacheren Koppel befestigt hat. Dies dürfte dann schon weit im fünften Jahrhundert geschehen sein.

Mit etwas Phantasie kann man durch die Beobachtung solcher Details erschließen, wie die fern der Zentren des spätantiken römischen Imperiums stationierten Grenztruppen immer mehr mit Nachschubproblemen zu kämpfen hatten und auf eigene Improvisationen angewiesen waren. Dies würde sich auch ganz gut in das Bild vom Ende der römischen Grenzwacht an der Donau in Bayern fügen, das langsam an Konturen gewinnt. Nicht ein dramatischer Untergang im Kampf oder ein geordneter Abzug der Grenztruppen brachten nach der neueren Forschung das Ende der römischen Herrschaft, sondern das langsame Auslaufen und Absterben der zivilen und militärischen Organisationen des weströmischen Reiches.

Gäubodenmuseum Straubing

Die wirtschaftlichen und kulturellen Gegebenheiten des spätrömischen Reiches waren trotz aller äußeren Gefahr und trotz allen zunehmenden barbarischen Einflusses noch immer stark genug, um auch das Leben in den äußersten Garnisonen des spätantiken Grenzheeres nachhaltig zu prägen. Die germanischen Söldner wurden mit Münzgeld bezahlt und lernten so die römische Geld-wirtschaft kennen, die Kommandosprache des Militärs war Latein, zumindest eine Art Küchenlatein für den militärischen Dienstgebrauch. Aber auch stärker romani-sierte Germanen unter der Zivilbevölkerung oder im Offizierskorps sorgten dafür, daß trotz aller germani-schen Einflüsse mediterrane Gesittung und Lebensart ihren Stellenwert behielten.

Im römischen Straubing sind seit den überraschenden Entdeckungen der letzten Jahre inzwischen drei gleich-zeitige spätantike Friedhöfe um das Kastell herum be-kannt (Abb. 17). Darin kommt möglicherweise zum Aus-druck, daß hier Personengruppen mit unterschiedlich starker Anpassung an römische Lebensweise im Tode getrennt zur letzten Ruhe gebettet wurden. Dies schließt auch eine Trennung nach religiösem Bekenntnis, also Heiden- und Christenfriedhöfe, nicht aus.

Im archäologischen Fundmaterial ist der unterschiedliche kulturelle Hintergrund nur zum Teil nachzuweisen, an-hand einiger Beispiele allerdings sehr deutlich. Eine der größten Errungenschaften des römischen Weltreiches war der fast ungehinderte Fernhandel, der die exotisch-sten Waren bis in die entlegensten Ecken des Reiches, ja weit darüberhinaus, brachte. Von besonderer Bedeutung für den Warentransport erwies sich der gut organisierte Schiffsverkehr im Mittelmeer und auf den Flüssen sowie das hervorragend ausgebaute und instandgehaltene Stra-ßennetz. So war es z. B. für einen römischen Soldaten des zweiten Jahrhunderts an der Donaugrenze selbstver-ständlich, daß er seinen Wein aus Italien, sein Olivenöl und seine Fischsoße aus Spanien und sein Tafelgeschirr aus Zentralfrankreich bezog. Es gab sogar so ausgefal-lene Dinge wie chinesische Seide, Gewürze aus Indien und Weihrauch aus Arabien.

Die unruhigen Zeiten des dritten Jahrhunderts konnten den Handel mit den Grenzprovinzen zwar eine Zeitlang empfindlich stören, zum Erliegen brachten sie ihn nicht. So kam z. B. das feine Tafelgeschirr aus Ton (*Terra Sigillata*) nun aus den neugegründeten Manufakturen Nordfrankreichs, aus den Argonnen. Aber auch aus Nordafrika, vor allem dem heutigen Tunesien, importie-te man Terra Sigillata-Gefäße. Da diese aber wegen des langen Transportweges sehr teuer gewesen sein dürf-ten, deckten bald einheimische Töpfer den Bedarf, in-dem sie Nachahmungen herstellten, die zwar die Vorbil-der an Qualität nicht erreichten, aber dafür eben billiger waren. Ein solcher Teller mit rotem Überzug, der in Form und Farbe nordafrikanische Sigillata kopiert, ent-stammt einem Grab des vierten Jahrhunderts aus dem Straubinger Garnisonsfriedhof (Taf. 25, Vordergrund). Eine besondere Kostbarkeit aus demselben Gräberfeld stellt der Glaskrug (Taf. 25, links) dar, der aus Pannonien oder Oberitalien nach Straubing gelangt war. Aus ihm wird sein ehemaliger Besitzer gewiß nur zu besonderen Gelegenheiten importierten Wein getrunken haben. Da-gegen hatte der weißtonige Krug mit der roten Streifen-bemalung (Taf. 25, hinten) keinen sehr weiten Weg do-nauabwärts hinter sich. Die Töpferei, in der er hergestellt wurde, dürfte sich in Regensburg befunden haben, dort jedenfalls kommen solche Gefäße häufiger vor.

Gäubodenmuseum Straubing

Zu den wichtigsten Entdeckungen der frühgeschichtlichen Archäologie Bayerns in den letzten Jahren gehört der Nachweis germanischer Söldner verschiedener Herkunft im spätrömischen Grenzheer Raetiens. Diese Erkenntnis, die erstmals von dem Münchner Archäologen Erwin Keller ausführlicher festgestellt und begründet wurde, stellt nicht nur eine bedeutende Erweiterung des Wissens über das spätrömische Raetien dar, sondern auch den wichtigsten Schlüssel zur Frage nach der Herkunft bzw. Entstehung der Bajuwaren.

Es ist nicht immer sehr einfach, unter dem spätantiken Fundmaterial diejenigen, oft eher unscheinbaren Fundgegenstände auszusondern, die eindeutig germanischen Ursprungs sind. Noch schwieriger ist es, solche Funde einer bestimmten Region innerhalb dieses großen germanischen Gebietes zuzuordnen bzw. einem bestimmten, historisch bezeugten Volk zuzuweisen. Besonders gut gelingt dies noch bei der Keramik, zumal, wenn es sich dabei um ganz erhaltene und daher gut beurteilbare Gefäße handelt. Diese kommen vorwiegend in Gräbern vor; die Siedlungsschichten liefern dagegen meist in kleine Scherben zerbrochene Fragmente, die als Abfall weggeworfen wurden.

Die Ton- und Glasgefäße auf Taf. 25, die in spätrömischen Gräbern Straubings gefunden wurden, stammen zweifellos aus römischen Werkstätten. Man sieht dies bei der Keramik an Merkmalen wie der Formung auf der schnellrotierenden Töpferscheibe und dem harten Brand der Gefäße.

In den gleichen Straubinger Militärfriedhöfen des vierten und fünften Jahrhunderts tritt aber auch eine ganz andere Art von Keramik auf, die sich von der römischen nicht nur durch die Formgebung unterscheidet. Es handelt sich um Gefäße, die in prähistorischer Technik von freier Hand aufgebaut wurden. Auch sind sie bei wesentlich niedrigerer Temperatur gebrannt, so daß ihr Ton gegenüber der römischen Keramik sehr weich wirkt. Parallelen in Form und Technik haben diese Tongefäße nicht in den römischen Provinzen, in großer Zahl dagegen im germanischen Gebiet nördlich der Donau.

Auf Taf. 26 sind zwei solcher Gefäße abgebildet. Die doppelkonische Flasche rechts ist eine geläufige germanische Form, deren genaueres Herkunftsgebiet aber kaum zu ermitteln ist. Dagegen kann man über Herkunft und Verbreitung der schwarzbraunen Schale links Genaueres sagen. Es handelt sich dabei um eine Form des fünften Jahrhunderts, wie sie beiderseits des Bayerischen Waldes und des Böhmerwaldes vorkommt. Diese Gefäße der Formengruppe Friedenhain-Přešťovice (benannt nach zwei großen Gräberfeldern in Südwestböhmen und bei Straubing) kennzeichnen eine Gruppe von Germanen, die aus Böhmen nach Nordbayern und in das Donaugebiet einwanderten. Aus solchen Germanen rekrutierte sich auch der Großteil der Straubinger Garnison des römischen Grenzheeres im fünften Jahrhundert.

Auch die einfache Eisenschnalle mit eingezogenem Bügel verrät, daß ihr Träger ein Germane war. Solche Gürtelschnallen waren weit im germanischen Siedlungsgebiet verbreitet und gehörten zur Männertracht. Im Dienst allerdings trug der germanische Söldner zu seiner römischen Uniform den dazugehörigen breiten metallbeschlagenen Militärgürtel.

Gäubodenmuseum Straubing

Taf. 27 Germanische Urne aus einem Brandgräberfeld, 5. Jh.
Friedenhain/Lkr. Straubing

Wie schon mehrfach erwähnt, ist es für das fünfte Jahrhundert in Ostbayern anhand typischer Keramikfunde möglich, die Herkunft einer germanischen Gruppe zu bestimmen, die in dieser Zeit die letzten Einheiten des römischen Grenzschutzes stellt. In Südwestböhmen siedelten in der römischen Kaiserzeit Germanen des elbgermanischen Kulturkreises, die ihre Toten nach alter Sitte in fast beigabenlosen Urnengräbern beisetzten. Besonders gut erforscht ist das große Urnenfeld von Přeštovice mit über 500 Gräbern. Seit dem späten vierten Jahrhundert wanderten Angehörige dieser germanischen Völkerschaften nach Nordbayern.

Sie nahmen dabei jenen Weg über den Böhmerwald bzw. den Bayerischen Wald, der schon seit der Jungsteinzeit immer wieder archäologisch nachweisbar ist, den über die Cham-Further-Senke. In Altenmarkt bei Cham gibt es auch eine germanische Siedlung des fünften Jahrhunderts. Immer weiter drangen die Germanen aus Böhmen im vierten und fünften Jahrhundert in das nordbayerische Limesvorland vor. Über das Regental erreichten sie weiter westlich gelegene Gebiete bis hinauf ins Altmühltal und den Raum Weißenburg. Ein Teil gelangte über die Stallwanger Senke in den Raum nördlich von Straubing.

Dort sind bisher mehrere Siedlungen bekannt, aber auch ein Brandgräberfeld, ähnlich wie das von Přeštovice, nämlich die Nekropole von Friedenhain. Auch hier wurden die Toten verbrannt und in der Regel ohne Beigaben in tönernen Urnen (Taf. 27) beigesetzt. Ihre Formen sind zum Teil mit den böhmischen identisch, so daß an der nahen Verwandtschaft der Germanen beiderseits des Böhmerwaldes bzw. Bayerischen Waldes kein Zweifel möglich ist. Da in Böhmen die Vorläufer dieser Gefäße, welche in Bayern im späten vierten Jahrhundert unvermittelt auftauchen, schon lange vorher nachweisbar sind, ist auch die Richtung sicher, in der die Hersteller dieser Keramik wanderten, nämlich von Ost nach West.

Besonders typisch für die Keramik aus den Gräberfeldern von Přeštovice und Friedenhain, sind zwei Arten von flachen Schalen. Die einen tragen als Verzierung Schrägriefen, die anderen linsenförmige Dellen auf dem Umbruch. Dazu kommen gelegentlich noch dreieckige und kornförmige Einstiche sowie Ritzlinien als Dekor und eine sorgfältig polierte Oberfläche.

Im Straubinger Raum läßt sich besonders gut beobachten, was an historischen Vorgängen hinter dieser rein archäologisch aus Töpfen und Scherben erschlossenen Wanderung steckt. Die Siedlungen auf dem nördlichen Donauufer liegen fast in Sichtweite des römischen Kastells. Das heißt, die böhmischen Germanen müssen von den Römern zumindest toleriert worden sein. Da Angehörige dieser Gruppe auch im spätrömischen Kastellfriedhof auftauchen, ist sicher, daß aus den Dörfern nördlich des Donaulimes junge Männer als Söldner angeworben wurden und so mit der römischen Kultur in Berührung kamen. Nicht alle Aspekte dieses Kontaktes sind archäologisch nachvollziehbar, nur eine Beobachtung beweist, wie stark dieser Einfluß war: Während nördlich der Donau nach alter Väter Sitte die Toten verbrannt und ihre Asche in Urnen beigesetzt wurde, begrub man die verstorbenen Verwandten, die im römischen Heer gedient hatten, nach römischer Tradition, also in Körperbestattung und mit Beigaben. So etwas war nur möglich, wenn diese Leute die ganz anderen Glaubens- und Jenseitsvorstellungen der Römer angenommen hatten.

Gäubodenmuseum Straubing

Zu den wichtigsten Entdeckungen der letzten Jahre in Bayern gehört das frühmittelalterliche Reihengräberfeld Straubing–Bajuwarenstraße. Seine Fundgeschichte ist ganz typisch für die Art und Weise, wie solche Fundplätze in der Regel bekannt werden.

Die Stadt Straubing erschloß nahe des Ortes Alburg ein Neubaugebiet. So schob man zunächst die Erde über den künftigen Straßentrassen ab und begann die Kanalgräben auszubaggern. Diese Arbeiten liefen (glücklicherweise!) am Anfang von Schulferien an. So kam es, daß Schulkinder aus der Nachbarschaft Zeit genug hatten, um die Baustelle mit Interesse zu inspizieren. Dabei fanden sie so aufregende Dinge wie Knochen und ein Tongefäß. Sofort wandten sie sich an das Gäubodenmuseum in Straubing, um ihren Fund dort anzubieten, denn diese Straubinger Schüler wußten, daß sie inmitten eines der ergiebigsten archäologischen Gebiete Deutschlands wohnen und daß Bodenfunde in das Museum gehören. Dadurch war die kommunale und staatliche Denkmalpflege in der Lage, rechtzeitig einzugreifen und die Ausgrabung des neuentdeckten Friedhofs zu sichern.

So kam es, daß eine der reichsten archäologischen Fundstellen des frühen Mittelalters in Süddeutschland und einer der wichtigsten Schlüssel zur Frage der Entstehung des Baiernstammes gerettet wurden. Es hätte auch anders kommen können: Ohne rechtzeitige Entdeckung und Meldung hätte es für eine leistungsfähige Baufirma überhaupt kein Problem bedeutet, den ganzen Friedhof innerhalb kurzer Zeit spurlos und unwiederbringlich verschwinden zu lassen.

Obwohl es gelegentlich Finanzierungsprobleme gab, ließen die Denkmalpfleger, vor allem der damalige Leiter der bayerischen Bodendenkmalpflege Rainer Christlein, nicht locker, bis das ganze Friedhofsareal vollständig ausgegraben war. Denn nur das ganze Gräberfeld einer ehemaligen Siedlung bietet optimale historische, sozialgeschichtliche, demographische und anthropologische Aussagemöglichkeiten.

Das Luftbild auf Taf. 28 zeigt sehr schön, wie die vor Ort arbeitenden Archäologen und Grabungstechniker vorgingen. Zunächst wurde der (auf dem Bild dunkle) Humus mit einem Hydraulikbagger mit breiter Böschungsschaufel so abgetragen, daß eine möglichst ebene Fläche entstand. Die Kunst dabei besteht darin, mit dem Bagger die meist vom Pflug bewegte Humusschicht genau über dem gewachsenen Boden zu entfernen und so möglichst wenig von der archäologischen Substanz zu gefährden. (Zwar ist immer damit zu rechnen, daß beim Einsatz von Maschinen archäologische Funde und Befunde beeinträchtigt werden oder verloren gehen, doch ist dies mit der gewaltigen Kostenersparnis zu rechtfertigen, ohne die Großgrabungen überhaupt nicht zu bewältigen wären.) Der gewachsene, von Natur aus anstehende Boden ist in diesem Fall im Bild als heller Löß besonders gut erkennbar. Da ein guter Baggerführer am Werk war, bedurfte es nur eines leichten Nachputzens mit der Schaufel und mit Ziehhacken, um im gewachsenen Boden die einheitlich von Ost nach West ausgerichteten Grabschächte und andere Objekte, wie Pfostenlöcher, Keller- oder Abfallgruben von Siedlungen sichtbar zu machen. Gräber und Gruben wurden nun ausgegraben und in verschiedenen Stadien ihrer Freilegung zeichnerisch (meist im Maßstab 1:10) und fotographisch dokumentiert. Dabei versteht es sich von selbst, daß man zur Freilegung der Skelette und der oft sehr empfindlichen Beigaben besonders feine Werkzeuge wie Pinsel oder kleine Stukkateurspachteln verwendet hat.

Bei einer gut organisierten Grabung ist immer ein Folienzelt bereitgestellt (im Bild Mitte links), damit die Arbeiten auch bei schlechter Witterung fortgesetzt werden können.

Denn meist steht, wie auch im Falle Straubing, drohend der Termindruck der Bauarbeiten hinter der archäologischen Feinarbeit. In der Regel gelingt es aber doch, die anfangs noch so unvereinbar scheinenden Interessen von Bauherren und Ausgräbern zusammenzuführen. In Straubing beschloß man sogar, die Straße, die durch den ehemaligen Friedhof nach dessen vollständiger Ausgrabung gebaut worden war, Bajuwarenstraße zu nennen.

Taf. 29 Fibelschmuck aus Frauengräbern des 5.–6. Jh.
Straubing, Bajuwarenstraße

Der Niedergang des römischen Reiches brachte den Germanen, die an seinen Grenzen oder auf dem Boden der römischen Provinzen siedelten, beträchtlichen Wohlstand. Als Sold, Tribut oder Beute gelangten Gold und Silber, zumeist in Form römischer Münzen, in die Hände der germanischen Krieger und bildeten dort für mehrere Generationen die Grundlage des Familienschatzes. Die goldenen Zeiten der Völkerwanderungszeit spiegeln sich bis in die Sage hinein wider, nicht umsonst konnte ein Mythos wie der vom Nibelungenschatz gerade in dieser Zeit entstehen.

Dieser Reichtum ist mit Hilfe der Archäologie gut nachzuweisen, denn große Teile der Schätze dieser Zeit, gelangten aufgrund besonderer Rechtsvorstellungen und Bestattungssitten als Beigaben in die Gräber. Auch wenn vieles davon wenig später schon zeitgenössischen Grabräubern zum Opfer gefallen ist, so blieben doch genug Funde aus Edelmetall erhalten.

Aus dem ehemals römischen Geld und Gut nahmen sich die Frauen der germanischen Krieger und freien Bauern das Material, wenn sie ihren Schmuck anfertigen ließen. An zentralen Orten saßen Gold- und Silberschmiede, die nach Wunsch und Vermögen der Besteller Schmuckstücke herstellten. Besonders beliebt waren die Fibeln. Ursprünglich handelte es sich dabei um bescheidene Gewandspangen nach dem Prinzip der heutigen Sicherheitsnadel aus Eisen oder Bronze. Nur reiche Leute konnten es sich leisten, ihre Gewänder mit Fibeln aus Silber oder gar Gold zu verschließen und zu verzieren. Dies wurde jetzt anders: Die Fibeln aus vergoldetem Silber, oft mit Steineinlagen, wurden die Regel. Gleichzeitig verloren sie ihre praktische Funktion, mit zunehmender Größe trat die reine Schmuck- und Repräsentationsfunktion in den Vordergrund.

Da bei verschiedenen germanischen Völkerschaften jeweils bestimmte Fibelformen vorgezogen wurden, sind diese für den Archäologen von besonderer Aussagekraft. So ist es auch im Gräberfeld Straubing–Bajuwarenstraße möglich, anhand der Fibeln zu erschließen, aus welchen Germanengruppen sich die Bevölkerung der dazugehörigen Siedlung zusammensetzte.

Auf Taf. 29 ist eine kleine Auswahl der Fibeln zu sehen, die in Straubinger Frauengräbern zutage kamen. Sie bestehen aus massivem Silber, das zum Teil feuervergoldet war. Gelegentlich sind die Fibeln mit Einlagen aus Glas oder Halbedelsteinen verziert. Die Fibelpaare oben und unten wurden nach langobardischer Mode gefertigt, das Fibelpaar mit den fünf Knöpfen in der Mitte links nach westlich-alamannischer Art. Ostgotischen Ursprungs ist das Paar in der Mitte rechts, unten links davon liegt ein Paar sog. Zangenfibeln, deren Ursprung im mitteldeutsch-böhmischen Raum zu suchen ist. All diese großen Bügelfibeln fanden sich bei den Toten im Beckenbereich, wo sie als reiner Schmuck ohne Funktion getragen wurden. Dagegen dienten die sog. Kleinfibeln, wie S-förmige Fibeln, Vogel- oder Scheibenfibeln, im Halsbereich auch als Gewandverschluß.

Gäubodenmuseum Straubing

Durch die Beobachtung von Grabbrauch und Beigabensitte im frühen Mittelalter gelingt es bisweilen auch, Vorstellungen von der Glaubenswelt der Menschen dieser Zeit zu gewinnen, die voll war von bösen Geistern und Dämonen, welche Krankheiten und Unheil brachten. Dagegen galt es, sich mit allerlei Gegenzauber wirksam zu schützen, beispielsweise mit Zaubersprüchen, Beschwörungen, vor allem aber auch mit Amuletten.

So nimmt es nicht wunder, wenn gerade Amulette aller Art zur Regelausstattung von Gräbern des frühen Mittelalters gehörten. Besonders häufig kommen sie in Gräbern von Frauen und Kindern vor, da diese Personengruppen u. a. besonders durch Krankheiten aller Art gefährdet waren. Diese Amulette sind nicht etwa nur für die Grablege hergestellt worden. Im Gegenteil – oft verraten starke Abnützungsspuren, daß sie schon zu Lebzeiten ein ständiger Begleiter waren. Vorzugsweise am Gürtel hatte man Amulettgehänge angebracht, die sonst keinerlei praktische Funktion erfüllten.

Nicht immer ist heute der genaue Sinn dieser Dinge zu erschließen, man kann sie oft nur unter dem gemeinsamen Nenner zusammenfassen, daß sie merkwürdig, exotisch und nicht für praktische Zwecke benutzbar sind. Besonders beliebt waren Stücke aus älterer, meist römischer Zeit. Neben gelochten Münzen findet man Fibeln, Beschläge, Glas- und Sigillatascherben. Aber auch zeitgenössische Gegenstände in Frauengräbern kann man oft nur mit ihrem Amulettcharakter erklären, so zum Beispiel einzelne Beschlagteile vom Waffengurt oder von der Schwertscheide, oder – was häufiger vorkommt – Teile von Kettenhemden.

In reicheren Gräbern begegnet man öfters sehr kostbaren und exotischen Amuletten. So taucht gelegentlich das Gehäuse der Tigerschnecke aus dem Roten Meer als Amulettanhänger auf. Im frühmittelalterlichen Gräberfeld von Straubing–Bajuwarenstraße fanden sich zahlreiche, besonders dekorative Beispiele, von denen Taf. 30 einige zeigt.

Die gegossene Bronzescheibe (rechts unten) wurde an einem langen Band am Gürtel getragen. Man glaubte lange, daß solche Scheiben ausschließlich als Verschluß für Stofftaschen dienten, inzwischen steht aber fest, daß es sich um reine Amulette handelt. Das kunstvoll verschlungene, in Durchbruchtechnik gearbeitete Dekor stellt zwei Männer, wahrscheinlich Ringer, dar. Die Schauseite der Scheibe ist zusätzlich mit Punzen verziert. Beim langen Gebrauch brach ein Stück des Rahmens aus, der heute verloren ist.

Besonders dekorativ wirkten am Amulettgehänge Perlen aller Art und Größe, die oft aus fremdländischen, von weither importierten Materialien gefertigt waren. Die polyedrisch geschliffene Perle (Taf. 30, links oben) besteht aus Bergkristall, das tonnenförmige Stück (rechts oben) aus Chalzedon. Die große Perle (Mitte) ist aus Bernstein hergestellt, der von der Ostseeküste bezogen wurde. Gewiß besaß dieses Stück bereits im frühen Mittelalter einen beträchtlichen Wert (und somit natürlich auch große Abwehrkräfte gegen Unbill aller Art). Auch die Millefioriperle aus buntem Glas (links unten), ein auffallend prächtiges Stück, wurde mit Sicherheit nicht in einer einheimischen Glashütte gefertigt, sondern aus Oberitalien oder gar dem Orient importiert.

Amulettzauber stellt eine zeitlose Erscheinung dar, auch die Christianisierung der Bajuwaren brachte ihn nicht völlig zum Erliegen. Schließlich werden bis heute Charivaris und Fraisenketten getragen, auch wenn vielfach nicht mehr ein tief verwurzelter Glaube an deren Abwehrkraft dafür ausschlaggebend ist, sondern ganz einfach nur folkloristische Gründe.

Gäubodenmuseum Straubing

Auch bei den bajuwarischen Männern spielten Amulettbrauch und Abwehrzauber eine große Rolle. Besonders wichtig (in verschiedener Hinsicht) war hier der Gürtel, eine Weiterentwicklung des metallbeschlagenen spätrömischen Militärgürtels. Zunächst hatte er eine wichtige Funktion als Waffengurt, an dem Schwerter und Messer befestigt waren. Darüberhinaus aber sah man ihn als Sitz von Abwehrkräften an, die es durch dekorativen Zierat in geeignetem Material noch zu verstärken galt.

So sind gerade die Metallbeschläge von Leibriemen germanischer Krieger aus den Reihengräbern kleine Kunstwerke, auf die besondere Mühe verwendet wurde und die gewiß auch nicht billig waren. Aus dem fortgeschrittenen fünften Jahrhundert stammt die Gürtelschnalle auf Taf. 31 oben. Sie besteht aus Eisen, ihr nierenförmiges Beschläg und dessen Nietköpfe, mit denen die Schnalle am Ledergürtel befestigt war, sind mit Silberblech platiert. Schnallenrahmen und Schnallendorn zeigen Streifentauschierung in Silber. Dabei wurden auf der eisernen Grundlage mit dem Stichel Rillen eingeschnitten, die seitliche Unterschneidung aufwiesen. Darin hämmerte man Silberdraht ein, der durch die Unterschneidungen haften blieb. Das ganze wurde schließlich überschliffen, und so erzielte man mit dem hellen Silber und dem nachdunkelnden Eisen einen reizvollen Farbkontrast. Doch dies war noch nicht genug. Zusätzlich fügte man in die Basis des Schnallendorns eine rechteckige goldumrahmte Fassung ein, die ein rotes Almandinplättchen als Einlage trägt.

Von ganz anderer Art, aber nicht minder prächtig ist die zweite auf Taf. 31 (unten) abgebildete Gürtelschnalle mit ihren drei Ziernieten. Diese Schnalle, aus Rauchtopas geschnitten, wurde im frühen sechsten Jahrhundert aus dem Mittelmeerraum importiert. Ihr Schnallendorn, der in einem Vogelkopf endet, besteht aus Bronze, die Basis ist zu einer runden Scheibe mit bunten Glaseinlagen ausgestaltet. Von gleichem Durchmesser und Dekor sind drei Ziernieten aus Bronze, mit denen die Schnalle einst auf dem Leder des Gürtels befestigt war.

Doch nicht nur die Metallbeschläge der Waffengurte wiesen reiche Verzierung auf. Auch bei den Riemen aus Leder und Stoff handelte es sich nie um einfache glatte Stücke, wie Grabfunde zeigten. Sie waren stets in aufwendiger Flecht-, Preß- oder sonstiger Technik hergestellt. Eine weitere Fundgattung, deren Ausschmückung besondere Aufmerksamkeit zugewandt wurde, sind die metallenen Beschläge der Schwertgurte. Bevorzugt waren hierbei die Aufhängungen der Langschwerter (Spathen). Der rechteckige Schwertgurtbeschlag, Taf. 31 Mitte rechts, ist ein Kabinettstück frühmittelalterlicher Feinschmiedekunst: Sein Kern besteht aus Bronze, die Seitenteile samt den Nieten, mit denen er auf dem Leder befestigt war, sind mit vergoldetem Silberblech überzogen. Auf dem Mittelfeld befindet sich ein rechteckiges Silberblech, in dessen Aussparungen Almandineinlagen sitzen. Zusätzlich weist das Blech Dreiecks- und Liniendekor auf, welches mit dunklem Schwefelsilber (Niello) gefüllt wurde.

Gäubodenmuseum Straubing

Überraschend häufig waren den Toten im Gräberfeld Straubing–Bajuwarenstraße Tongefäße mitgegeben worden. In den gefundenen Objekten befanden sich ursprünglich Trankopfer, die als Wegzehrung für die Reise ins Jenseits dienten. Dank dieser Tongefäße läßt sich wiederum für die frühen Belegungsphasen des Friedhofs nachvollziehen, woher die Menschen kamen, die die zugehörige dörfliche Siedlung gegründet hatten.

Die frühesten Gefäße aus Straubing–Bajuwarenstraße sind Schalen des Typus Friedenhain – Přešťovice (Taf. 32, rechts), Indizien also für Germanen böhmischer Herkunft. In dieser Keramik spiegelt sich ein wichtiger historischer Vorgang wider: Nach dem Ausbleiben der Soldzahlungen, spätestens 476 mit dem Ende des weströmischen Kaisertums, verließen die germanischen Söldner das nun überflüssig gewordene römische Kastell und siedelten sich als Bauern in Reichweite der fruchtbaren Lößflächen des Gäubodens an. Dies dürfte die Geburtsstunde der Siedlung von Straubing–Bajuwarenstraße gewesen sein, in der sich aber bald noch weitere Bewohner aus allen Himmelsrichtungen niederlassen sollten.

Aus dem Westen kamen noch im fünften Jahrhundert Alamannen, wie der typische geriefte Knickwandbecher in Terra-Nigra-Technik (Taf. 32, vorne rechts) belegt. Im sechsten Jahrhundert stießen weitere Siedler aus dem weiter östlich gelegenen langobardischen Siedlungsgebiet Niederösterreichs und Ungarns dazu. Sie brachten den kleinen einglättverzierten Knickwandbecher (Taf. 32, vorne links) und das stempelverzierte beutelförmige Gefäß (Taf. 32, Mitte) mit.

Das scheibengedrehte Knickwandgefäß (Taf. 32, Mitte links) ist nach fränkischem Vorbild in einer einheimischen Werkstatt römischer Tradition gefertigt worden. Es entstand im siebten Jahrhundert, also zu einer Zeit, da die Bewohner des Dorfes, zu dem der Friedhof Straubing–Bajuwarenstraße gehörte, sich nicht mehr als Böhmen, Alamannen, Langobarden oder Ostgoten fühlten, sondern als Angehörige eines einzigen Volkes: als Bajuwaren.

Besonders auffällig und interessant aber ist der Tonkrug (Taf. 32, Mitte hinten), denn er ist von freier Hand geformt und bisher für seine Zeit völlig einzigartig. Wegen seiner verblüffenden Ähnlichkeit mit den heute noch benutzten, als typisch bajuwarisch geltenden Maßkrügen, geriet er bald nach seiner Auffindung in die Schlagzeilen: Das Straubinger Trinkgefäß geisterte als »Urmaßkrug« durch die Medien.

Dieser leichtfertigen Darstellung der Presse muß der Wissenschaftler, der sich streng an die Fakten zu halten hat, ganz entschieden widersprechen. Von einem »Ur«-Maßkrug kann keine Rede sein: das Gefäß faßt nämlich nur knapp einen dreiviertel Liter.

Gäubodenmuseum Straubing

Taf. 33 Kostbare Gläser aus dem Frühmittelalter, 5./6. Jh.
Straubing, Bajuwarenstraße

In der Blütezeit der römischen Zivilisation waren Glasgefäße ein fast so wohlfeiler Konsumartikel, wie sie es in der Regel heute sind. Trinkbecher, Krüge, Teller und Schüsseln, Salb- und Parfümfläschchen wurden in Massen eingeführt und verbraucht, auch Fensterglas war am Haus des Durchschnittsbewohners der Provinz Raetien keineswegs eine Seltenheit. Das meiste Glas war sicherlich aus den Werkstattzentren des Rheinlands, Pannoniens und Oberitaliens importiert, daneben gab es auch sehr teure Luxusgläser, die bis aus dem Orient in das Land zwischen Alpen und Donau gelangten. Die grundlegenden politisch-wirtschaftlichen Umwälzungen der Spätantike bewirkten jedoch, daß die verarmte Bevölkerung der Provinz Raetien sich solche Gefäße kaum mehr leisten konnte. Glas, das auf immer unsicherer werdenden Handelswegen von weither herangebracht werden mußte und deshalb entsprechend teuer war, war zu einem Statussymbol der wohlhabenderen Bevölkerungsschichten geworden.

Im frühen Mittelalter kam der Fernhandel mit Konsumgütern in großem Stil, wie er für das römische Reich selbstverständlich gewesen war, fast völlig zum Erliegen. Politische Unsicherheit, die Verwahrlosung der römischen Kunststraßen mit ihren Brücken, der Niedergang der Geldwirtschaft, dies alles waren Gründe dafür. Dennoch kam es in Einzelfällen zu erstaunlich weiter Verbreitung exotischer Gegenstände, die man sich nicht nur damit erklären kann, daß ein weitgereister Mann sie als Privatbesitz nach Hause mitgebracht hat.

Zu solchen Handelsgütern, die freilich nur der begüterten Schicht vermittelt wurden, gehören auch so zerbrechliche Dinge wie Glasgefäße. Trotz aller Wirren der Völkerwanderungszeit hatten nicht alle Glashütten in den ehemaligen römischen Provinzen ihre Produktion eingestellt. Im nunmehr fränkischen Norden Galliens zum Beispiel, in den Argonnen, produzierten Glasbläser in römischer Tradition auch im frühen Mittelalter weiter. Aus dem frühmittelalterlichen Gräberfeld von Straubing–Bajuwarenstraße stammt eine erlesene Kollektion hochwertiger Trinkgefäße aus den Glashütten des fränkischen Kerngebiets. Ein besonders kostbares Stück ist der sog. Rüsselbecher (Taf. 33, hinten). Aus dem noch weichen Glas zog man mit einer Zange rüsselförmige Ansätze heraus, die man am Gefäßboden wieder befestigte. Füllte man das Glas, so füllten sich gleichzeitig die Rüsselfortsätze. Auch bei dem Spitzbecher mit Schrägriefung und Fadenauflage (Taf. 33, links) und dem Becher aus bräunlichem Glas mit Rundboden und weißer Fadenauflage (Taf. 33, rechts) handelt es sich um Trinkgefäße, die sich nur begüterte bajuwarische Männer und Krieger leisten konnten. Trinkfest mußten diese schon sein, denn die Becher sind in gefülltem Zustand kaum oder überhaupt nicht abzustellen, d. h. sie mußten in einem Zug geleert werden.

Bei diesen kostbaren Glasgefäßen handelt es sich wohl kaum um Gegenstände des täglichen Gebrauchs. Wahrscheinlicher ist, daß sie bei festlichen oder rituellen Gelagen, wo man das, was man hatte, auch stolz präsentieren konnte, benutzt wurden. Wie sehr die Trinkgläser von ihren Besitzern geschätzt und in Ehren gehalten wurden, spiegelt sich auch in der Tatsache wider, daß sie ihnen ins Grab beigegeben wurden. Dabei dürfte nicht nur der Brauch eine Rolle gespielt haben, dem Toten auf seiner Reise ins Jenseits mit Getränken zu versehen, sondern auch die Absicht, diesen durch solch ein Glas, das ja als Symbol der wirtschaftlichen Potenz und des sozialen Status seines Besitzers galt, auch im Totenreich als vornehmen Herrn auszuweisen.

Die Schale aus weißem Glas (Taf. 33, vorn) dagegen dürfte eher einer vornehmen Dame gehört haben, die – anders als die Männer – nur an ihrem Getränk nippte.

Als ehemaligen Inhalt aller hier abgebildeten Glasgefäße wird man sich eher ein edles Getränk wie Wein, weniger Bier vorstellen dürfen.

Gäubodenmuseum Straubing

Taf. 34 Nach hunnischem Brauch künstlich deformierter Schädel, 5. Jh.
Straubing, Bajuwarenstraße

Die große Völkerwanderung, der schließlich das weströmische Reich zum Opfer fiel und die letztlich den Grund für die heutigen politischen Verhältnisse in Europa legte, begann mit dem Einfall der Hunnen. Dieses zentralasiatische Reitervolk zerschlug das Reich der Goten in Südrußland, gliederte die Überlebenden in das eigene Heer ein und stieß weiter nach Westen vor, stets siegreich und immer mächtiger werdend. Zu den Völkern, die so zur militärischen Stärkung der Hunnen beitrugen, gehörten vor allem Germanen: Goten, Rugier, Heruler, Skiren, Sueben und andere.

Die unterworfenen Germanen führten unter der hunnischen Herrschaft keineswegs nur ein Sklavendasein. Im Gegenteil, wer sich im Felde bewährte, konnte zu den höchsten militärisch-politischen Ehren aufsteigen und erhielt reichlich Gold und Silber als Lohn. Das Edelmetall war damals auf seiten der siegreichen Hunnen und ihrer Verbündeten reichlich vorhanden. Es stammte aus der Konkursmasse des römischen Reiches, von wo es als Beute und Tribut kam. Besonders Ostrom versuchte verzweifelt, durch immense Tributzahlungen an die Hunnen diese von seinen Kerngebieten fernzuhalten – im wesentlichen mit Erfolg. Seinen machtpolitischen Höhepunkt erreichte das Hunnenreich unter dem Großfürsten Attila (445–453), dessen Name heute noch die Schrecken der hunnischen Herrschaft symbolisiert. Doch so schnell, wie das Reich der Hunnen gekommen war, so schnell löste es sich auf. Schon zwei Jahre nach dem Tode Attilas kam es zu einem erfolgreichen Aufstand unterworfener germanischer Völker gegen die durch Thronfolgekämpfe geschwächten Hunnen. Besiegt 455 in der Schlacht am Fluß Nedao, irgendwo im Karpathenbecken, verschwanden die Reiternomaden von der Landkarte Europas.

Direkte archäologische Zeugnisse der Hunnen gibt es im heutigen Bayern, das ja auch einst zu deren Reich gehörte, nicht. Indirekt kann man aber den hunnischen Einfluß in einer merkwürdigen Fundgattung fassen. Bei den Hunnen bzw. hunnisch beeinflußten Völkern galten »turmartig« geformte, nach oben hin verlängerte Köpfe, vor allem bei Frauen, als Schönheitsideal. Diese künstliche Verformung erreichte man, indem man im Säuglingsalter, wenn der Kopf noch weich und formbar ist, diesen entsprechend bandagierte. Der eigenartige Brauch ist auch noch von heutigen Naturvölkern bekannt.

Da die in Süddeutschland gefundenen und nach dieser Sitte fürs Leben gezeichneten Personen sonst in der Regel vom Typ her Germanen sind und nach den Beigaben spätestens in der Zeit um 500 begraben wurden, handelte es sich dabei wohl um Leute, deren Eltern unter hunnischer Herrschaft standen. Wahrscheinlich war für sie die Übernahme der Schädeldeformation bei ihren Kindern ein wirksames Mittel, ihrer besonderen Loyalität gegenüber dem Herrenvolk Ausdruck zu geben.

Nach 455 freilich dürfte es niemand mehr in Europa eingefallen sein, seine Kinder derart zu verunstalten. So kommt den seltenen Funden deformierter Schädel aus bajuwarischen Gräberfeldern, wie zum Beispiel dem Stück aus Straubing–Bajuwarenstraße (Taf. 34), nicht nur kulturgeschichtliche Bedeutung zu, sondern sie stellen auch chronologisch wichtige Artefakte dar.

Anthropologische Staatssammlung München

Taf. 35 Römische Silbermünzen aus dem Münzschatz von Kirchmatting, 3. Jh.
Kirchmatting/Lkr. Straubing

Im römischen Reich der Kaiserzeit war der Geldverkehr eine Selbstverständlichkeit. Im ganzen Reich galten die gleichen Münzen, die nach einem einheitlichen Gewichts- und Wertsystem geprägt waren. Die Hauptmünzstätte befand sich in Rom, von dort aus strömte das Geld bis in die entferntesten Provinzen. Aber auch die Barbaren an den Grenzen des Reiches wußten den Wert des römischen Geldes zu schätzen.

Goldmünzen (Aurei) waren für größere Transaktionen bestimmt, im täglichen Umlauf tauchten sie kaum auf. Ein Aureus war 25 Silbermünzen (Denare) wert. Diese befanden sich auch im Geldbeutel, vor allem aber im Sparstrumpf des kleinen Mannes, denn in der Zeit um 200 n. Chr. war ein Denar der Tagessold eines einfachen Soldaten. Im gewöhnlichen Geldumlauf überwogen jedoch Bronze- und Kupfermünzen, die Sesterzen (1 Denar = 4 Sesterzen), Dupondien (1 Sesterz = 2 Dupondien) und Asse (1 Dupondius = 2 Asse).

Wenn ein römischer Soldat seine 25 Jahre Dienstzeit treu und brav abgedient hatte, dabei etliche Solderhöhungen, Beuteanteile und Extragratifikationen zu Kaisers Geburtstag empfangen hatte, so konnte er eine stattliche Summe, meist in Denaren, beiseitelegen. Besonders jene Veteranen, die sich in den Grenzprovinzen niederließen, müssen im Besitz ansehnlicher Barmittel gewesen sein. Aus der Zeit, als dann im dritten Jahrhundert die Alamannen nach Raetien einbrachen, sind viele solcher »Sparstrümpfe« im Boden erhalten geblieben. Entweder handelt es sich dabei um Summen, die bereits seit längerer Zeit von ihren Besitzern verborgen worden waren, um sie vor Räubern und Einbrechern zu schützen, oder aber sie wurden direkt vor der drohenden Alamannengefahr in aller Eile versteckt. Verborgene und nicht mehr gehobene Münzschätze bilden für den Archäologen eine der wichtigsten Möglichkeiten, eine Zeit der Unruhe und Gefahr zu bestimmen. Denn die römischen Münzen sind zumeist aufs Jahr genau datierbar. Die jüngsten Münzen (sog. »Schlußmünzen«) eines Münzschatzes geben die Zeit an, ab der zu der Geldsumme nichts mehr dazugelegt wurde, weil sie im Boden verschwand.

Solche vergrabenen Schätze werden heute meist nur durch Zufall entdeckt. So fand zum Beispiel im Jahre 1937 ein Bauer in Kirchmatting beim Pflügen die Scherben eines römischen Kruges, der über 1100 Denare enthielt. Dabei handelte es sich um Silbermünzen von der Zeit der späten Republik um 30 v. Chr. bis in das frühe dritte Jahrhundert; die jüngsten Prägungen datieren in das Jahr 231, also in die Regierungszeit des Kaisers Severus Alexander. Zwei Jahre später, 233, als der Kaiser mit großen Teilen des sonst an der Rhein- und Donaugrenze stationierten Heeres gerade im Osten einen schweren Konflikt mit den Persern auszufechten hatte, durchbrachen die Alamannen erstmals den Limes.

Die Zusammensetzung des Kirchmattinger Fundes weicht wesentlich von der anderer zeitgleicher Denarschätze Raetiens ab, zumal er viele Denare aus östlichen Prägestätten in Syrien enthält. Dafür kann kaum eine eindeutige Erklärung gefunden werden. Möglich ist zum Beispiel, daß es sich hier um Ersparnisse eines römischen Soldaten handelt, die dieser auf Feldzügen im Orient ansammelte, aber auch an den Besitz eines aus dem Orient stammenden Kaufmanns läßt sich denken. Man sollte auch nicht vergessen, daß in Straubing eine 1000 Mann starke syrische Truppe stationiert war, die sicherlich vielfältige Verbindungen zur alten Heimat aufrechterhielt.

Gäubodenmuseum Straubing

Taf. 36 Waffengurtbeschläge aus dem Grab eines awarischen Kriegers, 7. Jh.
Moos-Burgstall/Lkr. Deggendorf

Die Täler der großen Flüsse spielten schon in prähistorischer Zeit eine wichtige Rolle als natürlich vorgegebene Verkehrswege. Auch die ersten Kunststraßennetze, die auf dem heutigen bayerischen Gebiet von den Römern angelegt wurden, nahmen nach Möglichkeit darauf Rücksicht. Neuralgische Punkte, wie Straßenkreuzungen und Flußübergänge, standen oft unter militärischem Schutz.

Ein solcher Punkt lag auch in Moos-Burgstall. Heute kann man sich die Bedeutung des Platzes gar nicht mehr so recht vorstellen, denn die Verhältnisse am Ort haben sich grundlegend geändert. Die Isar, die heute bei Plattling in die Donau fließt, mündete zur Römerzeit und bis in das hohe Mittelalter hinein bei Moos–Burgstall. Hier überquerte die wichtige Donautalstraße die Isar, westlich dieses Überganges, der vielleicht sogar von einer Brücke gebildet war, mündete die Isartalstraße in die Donautalstraße ein. So nimmt es nicht wunder, daß das früheste Römerkastell in diesem Raum direkt beim Isarübergang, bei Moos–Burgstall, lag. Allerdings merkten die Römer bald, daß der Platz zwar strategisch günstig, sonst aber denkbar ungeeignet war. Bei Hochwasser nämlich wurden große Teile des Kastells weggerissen, und so entschloß man sich, es an einen sichereren Ort in Künzing zu verlegen. Die Zivilsiedlung aber, die sich aus dem Lagerdorf des aufgegebenen Kastells entwickelt hatte, blieb weiter an dem verkehrsgünstigen Platz bestehen, bis sie im dritten Jahrhundert den Überfällen der Alamannen zum Opfer fiel.

In der Spätantike und Völkerwanderungszeit scheint der Raum von Moos–Burgstall keine weitere Rolle mehr gespielt zu haben, im frühen Mittelalter dagegen, als das flache Land nach der Entstehung des bairischen Stammesherzogtums wieder erschlossen wurde, gewann der auf die Römerzeit zurückgehende Verkehrsknotenpunkt wieder an Bedeutung. Im siebten Jahrhundert war diese so groß, daß Moos-Burgstall erneut von einer militärischen Garnison gesichert werden mußte.

Diese Aufgabe übernahm ein Kontingent berittener Krieger, die zum Teil wohl dem Adel angehörten. Der Ort, wo sie wohnten, ist nicht bekannt, dagegen deckten die ausgedehnten Grabungen, die 1978–1980 unter H. Schönberger dem Kastell der Römerzeit galten, auch größere Bereiche des frühmittelalterlichen Garnisonsfriedhofs auf. Zwar sind diese Gräber durch zeitgenössischen Grabraub schon gründlich geplündert worden, doch fanden sich noch so viele Beigabenreste, daß Zeitstellung und sozialer Stand der Bestatteten beurteilbar waren. Von besonderem Intereresse für die Archäologen war das Grab 35, das die Bestattung eines Reiterkriegers awarischer Herkunft barg. Die Awaren, ein Reitervolk zentralasiatischer Herkunft, hatten im sechsten Jahrhundert im heutigen Niederösterreich und Ungarn ein mächtiges Reich errichtet und waren die östlichen Nachbarn der Bajuwaren.

Von der Bewaffnung dieses awarischen Kriegers blieben u. a. erhalten: die Metallbeschläge des Tragegurtes vom zweischneidigen Langschwert (Spatha; Taf. 36, oben) und die des Gürtels, an dem das einschneidige Kurzschwert (Sax) aufgehängt war (Taf. 36, unten). Diese Stücke aus Eisen, mit silber- und messingtauschierten Ornamenten verziert, stammen aus Werkstätten des langobardischen Oberitalien. Schon anhand solcher Details kann man erahnen, welch lange Reisen der Krieger hinter sich gebracht hatte, bevor er aus nicht mehr zu klärenden Gründen nach Moos–Burgstall verschlagen wurde und dort starb.

Römermuseum Kastell Boiotro, Passau

Taf. 37 Fibelschmuck aus Frauengräbern, 6. Jh.
Peigen/Lkr. Dingolfing-Landau

Die Sitte, im frühen Mittelalter den Toten, die in Reihengräbern bestattet wurden, Beigaben mitzugeben, beruhte keineswegs nur auf der besonderen Freigiebigkeit der Hinterbliebenen, sondern auf strengen, allgemein akzeptierten Normen, die für jedermann verpflichtend waren. Der Jenseitsglaube dieser Zeit verlangte, daß jedes Mitglied der streng hierarchisch gegliederten Gesellschaft mit den Insignien seines Standes in das Totenreich einziehen sollte, um dort im gleichen Range wie auf Erden weiterzuleben. So mußten dem freien Mann und Krieger die Waffen, dem adeligen Reiterkrieger gar sein Reitpferd oder doch zumindest das Zaumzeug ins Grab folgen. Dazu kamen kostbare Besitztümer, wie z. B. Trinkgläser und andere Gegenstände, die geeignet waren, Reichtum und gesellschaftliche Position eines Mannes auch im Jenseits zu manifestieren. Daß man, gekleidet in die besten Gewänder, auch alle anderen Dinge, die man sonst im Alltag benötigt hatte, mit auf die letzte Reise nahm, war selbstverständlich: Taschen, Feuerzeug, Taschen- und Rasiermesser, Kamm und Schere, dies alles gehörte dazu.

Auch bei den Frauengräbern ist eine solch hierarchische Staffelung in Wert und Menge der Beigaben zu beobachten. Besonderen Ausdruck findet dies im Schmuck, und hier wiederum im Fibelschmuck. Zusammen mit den – heute allerdings nicht mehr beurteilbaren, weil vergangenen – Kleidern waren die Fibeln eine Art Gradmesser für Rang und Reichtum einer Frau. Bei den Fibeln handelte es sich mit aller Wahrscheinlichkeit nicht um Schmuck, der je nach Mode und Laune gewechselt wurde, sondern um ein Trachtbestandteil, das einmal im Leben unter besonderen Umständen verliehen und dann auch bis in den Tod getragen wurde. Einen Beweis für die lange Tragezeit liefern Abnützungsspuren oder Reparaturen.

Besonders deutlich sieht man eine solche Reparatur an dem Paar silbervergoldeter Bügelfibeln aus Peigen (Taf. 37, oben). Als eine der beiden einmal brach, war offensichtlich kein speziell geschulter Handwerker vorhanden, der sie hätte fachgerecht reparieren können. So begnügte man sich mit einer provisorischen Flickung, wobei man auf der Rückseite der Fibel ein Stück Bronzeblech mit beiden Bruchstücken vernietete und auf diese Weise verband.

Die Peigener Fibeln mit nielloverzierten Konturenleisten stammen ursprünglich aus dem langobardischen Raum Niederösterreichs oder Ungarns, wo sie um die Mitte des sechsten Jahrhunderts hergestellt wurden. Identische, werkstattgleiche Stücke gibt es aus Grab 73 von Maria Ponsee in Niederösterreich und aus Kápolnásnyék bei Budapest in Ungarn. So ist durchaus die Möglichkeit in Betracht zu ziehen, daß die Trägerin der Peigener Bügelfibeln diese noch im langobardischen Stammesgebiet erworben hatte, bevor sie dann mit ihrer Familie nach Westen zog und hier als Bajuwarin starb und begraben wurde.

Die Bügelfibeln, ebenso wie die Scheiben- und S-Fibeln auf Taf. 37, waren im Besitz von relativ wohlhabenden Frauen. Aus den Zeiten, da man von den Römern Sold und Tribut erhielt oder bei ihnen plündern konnte, war noch genügend Edelmetall in den Familienschätzen vorhanden, um entsprechenden Schmuck anfertigen lassen zu können. Angehörige der Oberschicht oder des Adels lebten nicht in der Siedlung, zu der das Peigener Reihengräberfeld gehörte, das Dorf war ausschließlich von vermögenden Bauern bewohnt.

Prähistorische Staatssammlung München (vorgesehen für das Zweigmuseum Landau)

Bei der Tracht frühmittelalterlicher Krieger spielte der Gürtel eine besondere Rolle. Er wurde offen und sichtbar über dem Gewand getragen und war oft vielfältig verziert. Am Gürtel trug man Taschen mit allerlei notwendigen Kleinigkeiten, wie Feuerzeuge aus Feuerstahl, Feuersteine und Zunderschwamm. Auch ein Messer, das beim Essen zum Zerlegen der Speisen diente, führte man am Gürtel mit sich. Während das einschneidige Langschwert, die Spatha, an einer gesonderten Aufhängevorrichtung aus Lederriemen getragen wurde, hing das einschneidige Kurzschwert, der Sax, am Gürtel.

Im Lauf der Zeit war gerade der Gürtel bei gleichbleibender Funktion einem besonders intensiven Wandel in der Form unterworfen. Dies läßt sich inzwischen durch die Arbeiten verschiedener Forscher, vor allem von R. Christlein, gut nachvollziehen und auch zeitlich bestimmen. So gehören gerade die Gürtelbeschläge zu der Fundgruppe, die eine Datierung des Grabes ermöglicht. Natürlich haben sich meist vom Gürtel nur die aus Metall bestehenden Beschläge erhalten, aber aufgrund ihrer Lage im Grab läßt sich bei genauer Beobachtung und Dokumentation des Befundes das ursprüngliche Aussehen rekonstruieren.

Der Gürtel des frühen Mittelalters entwickelte sich zunächst aus dem römischen Militärgürtel. In der ersten Hälfte des fünften Jahrhunderts herrschen die breiten Formen mit Bronze- oder Silberbeschlägen (Abb. 59) vor. Seit dem späten fünften Jahrhundert ist der Gürtel wesentlich schmaler, und nur noch die Schnallen sind mit Metallbeschlägen versehen.

Aus der ersten Hälfte des sechsten Jahrhunderts liegt eine solche ovale Gürtelschnalle mit Schilddorn vor, die aus massivem Silber gegossen wurde (Taf. 36, rechts unten).

Um die Mitte des sechsten Jahrhunderts entwickelte sich, ausgehend vom fränkischen Kerngebiet, eine neue Gürtelmode mit Beschlägen aus Bronze oder Eisen. Zu der nun wieder breiter gewordenen Schnalle mit Beschläg kommt am anderen Ende des Gürtels ein Gegenbeschläg und, hinten in der Gürtelmitte, ein Rückenbeschläg dazu; eine Riemenzunge und weitere kleinere Beschläge funktioneller Art oder zu reinen Zierzwecken tauchen ebenfalls auf. Aus dem Peigener Fund sind zwei solcher Gürtelschnallen hier abgebildet (Taf. 38, oben und Mitte). Die in romanischer Techniktradition gegossenen und an der Schauseite verzinnten Bronzeschnallen weisen feine Punzverzierung auf, die großen, nicht verzinnten Ziernieten heben sich farblich von den silbrig glänzenden Schnallen ab.

Im frühen siebten Jahrhundert verbreitete sich vom Süden aus eine neue Modewelle reiternomadischen Ursprungs, die über Awaren, Byzantiner und Langobarden auch zu den Bajuwaren gelangte, die sog. vielteiligen Gürtel. Der Gürtelriemen erhielt nun eine Vielzahl meist silbertauschierter Eisenbeschläge, daran baumelten in großer Menge metallbeschlagene Nebenriemenzungen. Am Ende des siebten Jahrhunderts schließlich kehrte man wieder zu schlichteren Gürteln zurück.

Prähistorische Staatssammlung München (vorgesehen für das Zweigmuseum Landau)

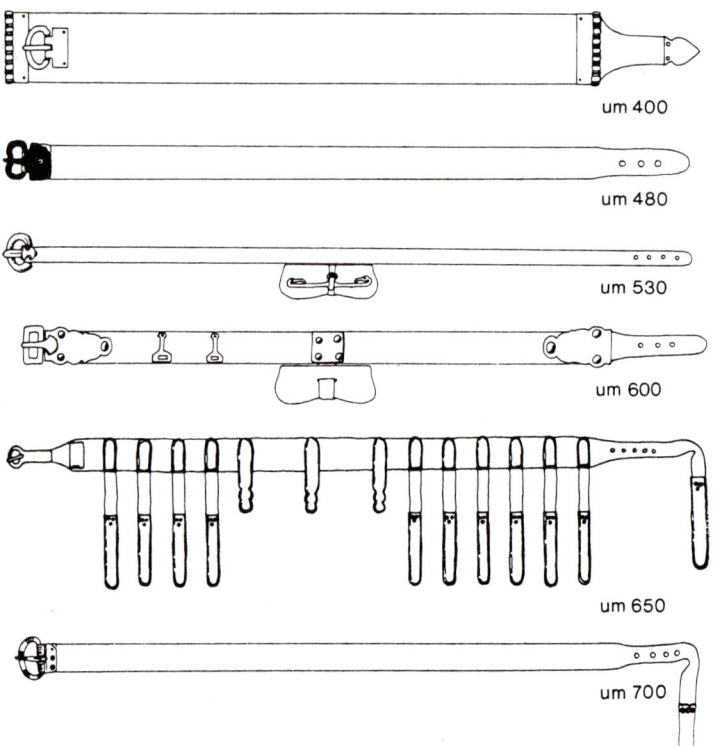

um 400

um 480

um 530

um 600

um 650

um 700

Abb. 59 Entwicklung der Gürtelmode (Waffengurte von Männern) vom 5. bis zum 7. Jh. (nach Christlein).

Taf. 39 Byzantinische Goldmünze des Kaisers Justinian, 6. Jh.
Peigen/Lkr. Dingolfing-Landau

Nach dem Zusammenbruch des römischen Reiches war die vorher übliche Geldwirtschaft weitgehend dem Tauschhandel mit Naturalien gewichen. Dies bedeutete aber nicht, daß Münzen nun gar keine Rolle mehr spielten. Die relativ große Menge älterer römischer Münzen, die in den Reihengräbern immer wieder auftauchen, können durchaus belegen, daß diese noch als Zahlungsmittel akzeptiert wurden. Von einem regulären und alltäglichen Münzverkehr hatte man sich aber weit entfernt. (Allerdings muß man damit rechnen, daß solche Überbleibsel aus der längst vergangenen Römerzeit auch nur als Amulette mitgeführt wurden.)

Das soll nicht heißen, daß es im frühen Mittelalter überhaupt kein Münzgeld mehr gegeben hätte. Im oströmisch-byzantinischen Herrschaftsbereich hatte sich die Tradition der römischen Münzprägung und Geldwirtschaft mit Gold-, Silber- und Kupfer- bzw. Bronzemünzen bruchlos fortentwickelt. Aber auch die germanischen Nachfolgestaaten auf ehemaligem römischen Reichsgebiet prägten Münzen in Anlehnung an das byzantinische Münzsystem, allerdings fast ausschließlich solche aus Edelmetall, die für größere Transaktionen, kaum für den alltäglichen Gebrauch bestimmt waren. Man kennt zum Beispiel Prägungen der Franken, der Ostgoten, der spanischen Westgoten und der Vandalen in Nordafrika.

Im Gebiet der Bajuwaren ist eine eigene Münzstätte des frühen Mittelalters nicht bekannt, fremde Münzen gab es dagegen wohl. Man findet sie gelegentlich in den Gräbern wohlhabenderer Personen, wo sie meist im Mund des Toten lagen. Dieser Brauch des »Charonspfennigs« wurde aus dem Mittelmeergebiet übernommen, wo er seit alters her verbreitet war. Mit der Münze, die man dem Toten mitgab, konnte dieser den Totenfährmann Charon

bezahlen, wenn er über den Unterweltsfluß Styx gesetzt werden wollte.

Besonders häufig finden sich ostgotische oder byzantinische Münzen in Bayern, vor allem solche des Kaisers Justinian (527–565). Dies ist nicht verwunderlich, wenn man in Rechnung stellt, wieviel byzantinisches Geld infolge des Krieges gegen die Ostgoten und durch die kurzfristige Wiedereroberung durch das byzantinische Reich in das benachbarte Italien gelangt war.

Der Solidus aus Peigen wurde in Konstantinopel geprägt. Die auf Taf. 39 abgebildete Vorderseite zeigt Kaiser Justinian in vollem Ornat. Er trägt einen Prunkhelm mit Diadem und einen Panzer. In der rechten Hand hält er als Herrschaftssymbol einen Globus, der von einem Kreuz bekrönt wird, also eine Insignie, wie sie auch die Deutschen Kaiser des Mittelalters und der Neuzeit als sog. Reichsapfel trugen. In der linken Hand hält Justinian einen Schild. Die Umschrift auf der Vorderseite der Münze lautet: D (ominus) N (oster) IVSTINIANVS P (ater) P (atriae) AIII (flüchtige Ausführung von AVG). In der Übersetzung bedeutet dies: Unser Herr Justinian, Vater des Vaterlandes, Augustus. Von besonderem Interesse ist, daß auf den byzantinischen Münzen dieser Zeit die Beschriftung noch immer lateinisch war, obwohl im Byzantinischen Reich sonst Sprache und Schrift griechisch waren. Auf der (nicht abgebildeten) Rückseite der Münze ist ein geflügelter Engel mit Christogramm und Kreuzglobus dargestellt. Die Umschrift lautet VICTORIA AVG (usta), es wird also der Sieg des Kaisers beschworen.

Prähistorische Staatssammlung München (vorgesehen für das Zweigmuseum Landau)

Taf. 40 Goldschmuck aus Frauengräbern, 6. Jh.
Peigen/Lkr. Dingolfing-Landau

Die Goldschmiede, die im frühen Mittelalter im fränkisch-alamannisch-bajuwarischen Gebiet arbeiteten, standen an Kunstfertigkeit ihren Zeitgenossen im Mittelmeergebiet kaum nach. Besondere Prunkstücke ihrer Tätigkeit sind oft winzige Schmuckstücke aus Gold- und Silbergranulat und Filigrandraht. Diese bereits von den Etruskern meisterhaft beherrschten Techniken waren seit der Antike sehr beliebt. Sie gerieten allerdings in Europa im Verlauf des Mittelalters in Vergessenheit und mußten in der Neuzeit erst wiederentdeckt werden.

Bei der Granulation und der Verzierung mit Filigran kommt es darauf an, ohne Lot winzige Metallkügelchen bzw. gedrehte oder geperlte Drahtstücke auf einer Unterlage aus dem gleichen Metall (Gold oder Silber) zu verschweißen. Der besondere Kniff ist, Kügelchen und Draht vorher mit Kohlenstoff anzureichern, damit ihr Schmelzpunkt an der Oberfläche etwas herabgesetzt wird. Bei der Granulation erreicht man dies automatisch durch die Herstellung der Granulate (kleine Kügelchen): Man bettet kleine Blechstücke in einem Schmelztiegel in Holzkohlenstaub ein und erhitzt das ganze. Nach dem Schmelzen nehmen die Blechstücke nun automatisch Kugelform an und reichern sich gleichzeitig oberflächlich mit Kohlenstoff an. Danach müssen die Kügelchen nur noch nach Größe gesiebt werden und stehen zur weiteren Verarbeitung zur Verfügung.

Die Granulate oder die Filigrandrahtteile werden dann in einem »chemischen Lot« (z. B. pulversiertem Malachit), getränkt mit Hilfe eines Klebemittels (z. B. Quittensaft), auf der Oberfläche des Trägers in der Form der erwünschten Ornamente aufgetragen. Nach dem Antrocknen erhitzt man das Ganze vorsichtig, bis die Teile, die an der Oberfläche einen etwas niedrigeren Schmelzpunkt

haben, sich verbinden, ohne daß die Gefahr besteht, daß das ganze Werkstück zerfließt.

Die auf Taf. 40 abgebildeten goldenen Schmuckstücke aus Peigen sind in der oben beschriebenen komplizierten Technik von einem Meister seines Faches in Filigrantechnik hergestellt worden.

Bei beiden Anhängern brachte man auf eine mit einem Mittelbuckel versehene Goldscheibe Zierelemente aus gedrehtem bzw. geperltem Filigrandraht auf, und zwar konzentrische Kreise sowie kleine s-förmige Ornamente bzw. Doppelspiralen. Zusammen mit der profilierten Anhängeöse verband man die einzelnen winzigen Teile, indem man sie in der oben geschilderten Art und Weise miteinander verschweißte. Auch der Fingerring aus Gold ist als saubere und präzise Arbeit in Filigrandrahttechnik verziert worden.

Bei der genaueren wissenschaftlichen Analyse der Peigener Funde wird man auch der naheliegenden Frage nachgehen, ob nicht alle Stücke aus einer Meisterhand stammen. Ferner gilt es zu klären, ob sich nicht durch die überregionale Verbreitung derartiger Schmuckstücke das Liefergebiet und damit vielleicht auch der Sitz einer solchen Werkstatt lokalisieren läßt.

Denn eines ist ganz sicher: In einem so relativ kleinen und unbedeutenden Dorf, wie dem zu dem Peigener Gräberfeld gehörigen, waren solche hochspezialisierten Handwerker nicht zu finden. Sie arbeiteten dort, wo auch die Herrscher saßen. Im vorliegenden Fall wäre es zum Beispiel gar nicht abwegig, die Werkstatt des Goldschmiedes in Regensburg zu vermuten.

Prähistorische Staatssammlung München (vorgesehen für das Zweigmuseum Landau)

Taf. 41 Eiserne Lanzenspitzen aus Männergräbern, 6. Jh.
Peigen, Lkr. Dingolfing-Landau

Zur vollständigen Bewaffnung des frühmittelalterlichen Kriegers gehörte neben Spatha, Sax und Schild auch die Lanze. Oft folgte sie, wie Schwerter und Schild, ihrem Besitzer mit ins Grab, damit sich dieser im Jenseits standesgemäß ausweisen konnte. Neben den Lanzen, die im Kampf oder bei der Jagd Verwendung fanden, gab es auch Fahnenlanzen in besonders prunkvoller Ausführung, die ausschließlich als Bekrönung eines Banners dienten.

Natürlich findet der Archäologe bei einer Ausgrabung in der Regel nicht mehr die komplette Waffe, sondern nur deren eiserne Spitze. Bei der Bergung trifft man sogar zumeist nur einen unförmigen Rostklumpen an, der kaum die Form des Gegenstandes in seinem Innern erahnen läßt. Erst die Kunst des Restaurators enthüllt daraus oft meisterhafte Produkte der Waffenschmiedekunst von todbringender Eleganz.

Je nach Funktion, aber auch nach Zeitstellung, waren die Lanzenspitzen in Form, Größe und Gewicht unterschiedlich gestaltet. Das Stück (Taf. 41, links) mit der langen Schlitztülle aus dem sechsten Jahrhundert gehörte zu einer Wurflanze. Wenn sie einmal nicht sofort den Körper des Gegners durchbohrte, weil dieser das tödliche Geschoß noch mit dem Schild abfangen konnte, so war er dennoch entscheidend geschwächt. Das Gewicht der Lanze machte den Schild unbrauchbar, da der lange Eisenschaft ein Abschlagen oder Herausreißen der hinderlichen Waffe unmöglich machte. So blieb nichts übrig, als den Schild wegzuwerfen und den Kampf ohne Dekkung mit bedeutend geringeren Chancen fortzusetzen.

Bei den beiden massiveren Spitzen (Taf. 41, rechts) handelt es sich eher um Stoßlanzen, die im Kampf mit beiden Händen geführt werden mußten.

Von besonderem Interesse ist die mächtige Lanzenspitze (Taf. 41, an zweiter Stelle von links) mit ihrer sorgfältig achteckig geschmiedeten Tülle und den beiden Aufhaltern. Dabei handelt es sich nicht um eine Kriegswaffe, sondern um eine Jagdwaffe, die in kaum veränderter Form bis weit in das Mittelalter und die Neuzeit hinein benutzt wurde: um eine Saufeder. Mit beiden Händen hielt sie der Jäger dem in blinder Wut heranbrechenden Wildschwein entgegen, bis sich dieses selber aufspießte. Die massiven eisernen Aufhalter, die fest im kräftigen Holzschaft verankert waren, sollten dabei verhindern, daß die Waffe zu tief in das Tier eindrang.

Diese Saufeder verrät, daß ihr ehemaliger Besitzer ein begeisterter Waidmann war, sie kennzeichnet ihn zusammen mit den übrigen Beigaben aber auch als einen Mann, der im Leben etwas besaß und etwas zu sagen hatte. Derartige Jagdwaffen kommen nämlich im frühen Mittelalter, ebenso wie die Beigabe von Jagdhunden oder Lockhirschen, nur in reicheren Männergräbern vor. Bereits damals war also die Jagd ein Privileg der wohlhabenderen Schichten, vor allem aber des Adels.

Solche Vermutungen werden übrigens durch die Analyse der Tierknochenfunde in frühmittelalterlichen Siedlungen gut ergänzt. Die Knochen von Wildtieren, die als Jagdbeute verzehrt worden sind, machen nur einen geringen Anteil von weit unter 10 % der gefundenen Tierknochen gegenüber denen der Haustiere aus. Beliebtestes Jagdtier in Bayern war damals der Rothirsch, danach folgten Reh, Wildschwein, Auerochse, Elch, Bär, Biber und Feldhase.

Prähistorische Staatssammlung München (vorgesehen für das Zweigmuseum Landau)

Der Gäuboden, die weite fruchtbare Ebene im Donautal, beginnt östlich von Regensburg und endet östlich von Künzing. Hier tritt das Urgebirge des Vorwaldes nach Süden über die Donau und legt sich wie eine Sperre vor die flache, altbesiedelte lößbedeckte Landschaft.

Die Luftaufnahme zeigt diesen Gegensatz sehr deutlich. Der größte Teil des Bildausschnittes unten und in der Mitte ist durch die regelmäßige Flureinteilung der Ebene gekennzeichnet, von der sich das unruhige, zunehmend durch Bewaldung gekennzeichnete Bild der hügeligen Landschaft oben klar abhebt. Der Zugang zu der Gegend weiter im Osten wird nun im eingeengten Tal der Donau schwieriger als nach Westen zu, wo sich die breite Ebene erstreckt.

An einer solchen Stelle, wo sich Wasser und Landweg durch die trichterförmige Enge gezwungenermaßen wieder berühren, kann man den Verkehr zu Wasser und zu Land hervorragend kontrollieren, aber auch schützen. So nimmt es nicht wunder, daß die Römer in Künzing (Taf. 42, unten) das Kastell errichteten, welches das durch Hochwasser gefährdete Kastell von Moos–Burgstall wenige Kilometer westlich ersetzen mußte.

Um 100 n. Chr. entstand hier ein Truppenlager aus Holz und Erde für eine 500 Mann starke Besatzung, die je zur Hälfte aus Reitern und Infanterie bestand *(Cohors quingenaria equitata)*. Die erste Garnison des Kastells bildete die 3. Thrakerkohorte, deren Soldaten ursprünglich im Bereich des heutigen Bulgarien bzw. Nordgriechenland/ europäische Türkei rekrutiert worden waren. Um die Mitte des zweiten Jahrhunderts baute man das Lager in Steinbautechnik aus, als neue Garnisonstruppe zog die 5. Kohorte der Bracaraugustaner ein, die ursprünglich im Nordwesten der Iberischen Halbinsel ausgehoben wor-

den war. Von dieser römischen Heereseinheit erhielten Kastell und Lagerdorf den Namen, der sich bis heute in nur leicht veränderter Form tradiert hat: *Quintanis* (»Bei den Fünfern«).

Dieses Kastell wurde von Hans Schönberger in wesentlichen Teilen ergraben und publiziert, es gehört seitdem zu den besterforschten römischen Truppenplätzen in Deutschland. Auch Teile des Lagerdorfes samt dem Kastellbad und Ausschnitte der Gräberfelder sind inzwischen ausgegraben. Das Kastell von knapp 2 Hektar Innenfläche ist heute zum Großteil überbaut, sein Zentrum lag im Bereich der heutigen Schule, die rechts von der Hauptstraße am oberen nord-östlichen Rand von Künzing auf dem Luftbild erkennbar ist.

Auch das Lagerdorf verschwand zu einem beträchtlichen Teil unter der modernen Bebauung von Künzing, es blieben aber immer noch genügend freie Flächen übrig, die wohl auch noch vor der Überbauung in den nächsten Jahren auszugraben sind. Während das Kastell und der größte Teil des *vicus* auf der hochwasserfreien Hochterrasse liegen, erstreckt sich ein Teil des Lagerdorfes bis direkt an das ehemalige Donaubett, wo der Hafen der Römerzeit zu lokalisieren ist. Am linken unteren Rand des Luftbildes erkennt man in der Flureinteilung deutlich diese ehemalige Donauschlinge, seit dem Hochmittelalter fließt der Fluß einige Kilometer nördlich davon.

Um die Mitte des dritten Jahrhunderts fiel auch Künzing den Alamannen zum Opfer. Als die Römer wenige Jahre später die Grenzverteidigung reorganisierten, erbauten sie das wesentlich kleinere Kastell der Spätantike nun direkt am Hafen. Was das für Folgen hatte, davon berichtet die Lebensbeschreibung des Heiligen Severin (s. S. 152).

Selten kann man die verheerenden Folgen eines alamannischen Überfalls im dritten Jahrhundert so gut nachvollziehen wie im Kastell Künzing. Der Angriff der Barbaren scheint schnell und unerwartet gekommen zu sein, vielleicht bei Nacht. Als sich die römischen Soldaten zur Wehr setzen wollten, war es längst zu spät. Ein Teil der Truppe kam gar nicht erst dazu, sich zu bewaffnen: die Waffenkammern im Mittelgebäude (*principia*) des Lagers standen bereits in hellen Flammen. Als das Kastell gestürmt war, durchsuchten die Sieger die qualmenden Trümmer, um das für sie so kostbare Altmetall zu retten.

Die Beute war überwältigend, doch es stellte sich ein Problem: Nach der Zerschlagung der Truppen direkt an der Grenze war das reiche Hinterland der Provinz zwar schutzlos den Alamannen zur Plünderung preisgegeben, man mußte sich dabei aber beeilen, bevor die Römer neue Truppen schicken konnten. Also beschloß man, das erbeutete Metall zunächst zu vergraben und nach einem erfolgreichen Raubzug auf dem Heimweg wieder abzuholen. Sorgfältig sortiert verbarg man es an zwei verschiedenen Stellen im Boden und zog weiter. Aber zur Bergung der Beute ist es dann nie gekommen, man weiß nicht warum. Vielleicht wurde der Alamannentrupp, der Künzing verwüstet hatte, abgefangen und niedergemacht, vielleicht auch nur abgedrängt.

So kam es, daß bei den Ausgrabungen im Kastell 1962 die größte Ansammlung römischer Waffen und Geräte zum Vorschein kam, die jemals im Gebiet des ehemaligen römischen Reiches gefunden wurde. Allein der Eisenfund, der aus Waffen und Pioniergerät besteht, wog noch 82 kg, die meisten Stücke, die er enthielt, weisen starke Brandspuren auf.

Der Sammelfund besteht aus Schwertern und Schwertfragmenten, Schwertriemenhaltern, Ortbändern, Dolchen mit Scheiden, einer Feldzeichenspitze, Fragmenten von Beinschienen, Beilen, Kreuzhauen, Pionieräxten, Hacken, Haumessern, Balkennägeln, Zeltpflöcken, Fesseln mit Schlössern und Schlüsseln. Dazu kommt verschiedenes kleineres Gerät sowie eine größere Menge an Baubeschlägen, die aus den niedergebrannten Bauten des Kastells stammten.

Etwas davon entfernt fanden sich 5,5 kg Bronzeschrott von zerschmolzenen Paraderüstungen (Helme, Panzer, Beinschienen, Schilde, Pferderüstungen) sowie Beschläge vom Pferdegeschirr.

Da sonst Reiterwaffen im Sammelfund und im Kastell überhaupt fehlen, könnte dies bedeuten, daß es den römischen Reitern, die unter normalen Umständen etwa die Hälfte der aus 500 Mann bestehenden Kastellbesatzung bildeten, gelungen war, noch zu entkommen. Auf die Paraderüstungen, die ja im Ernstfall unbrauchbar waren, konnte man in einem solchen Notfall leicht verzichten.

Das Schicksal der anderen Soldaten und vor allem der Zivilbevölkerung des Lagerdorfes ist völlig ungewiß, man darf hier wohl das Schlimmste annehmen. Wem es nicht gelungen war, sich durch Flucht zu retten, der wird den Überfall der Alamannen nicht überlebt haben.

Prähistorische Staatssammlung München; Römermuseum Kastell Boiotro Passau

Taf. 44 Schmuckbeigaben aus spätrömischen Frauengräbern, 4./5. Jh.
Künzing/Lkr. Deggendorf

Nach den wirren Zeiten, die auf den Tod des Hunnenkönigs Attila im Jahre 453 und auf den Zusammenbruch des weströmischen Kaisertums im Jahre 476 folgten, tauchte als Sprecher und geistlicher Betreuer der restlichen römischen Bevölkerung in Ufernorikum und dem östlichen Raetien der Heilige Severin auf. Bis zu seinem Tode im Jahre 482 besuchte er die Romanen, die sich hinter den Mauern der Festungsstädte verschanzt hatten, half mit pragmatischen Ratschlägen, verhandelte erfolgreich mit gegnerischen Germanen und spendete geistlichen Trost. Wie sein Biograph Eugippius berichtet, war Severin auch in *Quintanis* (Künzing) persönlich anwesend, wo er mehrere Wunder verbracht haben soll. Dabei wird die Lage des Ortes präzise beschrieben:

»*Quintanis* hieß eine Stadt in *Raetia secunda,* die am Donauufer lag; an der anderen Seite floß nahe an ihr ein Flüßchen mit dem Namen *Businca* vorbei. Dieses schwoll bei den heftigen Überschwemmungen der über die Ufer tretenden Donau an und überflutete einige Bezirke des Kastells, da dieses in der Ebene gebaut war. Die Bewohner des Ortes hatten außerhalb der Stadtmauern auch eine Kirche in Holzbauweise errichtet, welche freischwebend in ihrer ganzen Ausdehnung auf in die Erde gerammten Pfosten ruhte und auf gabelförmigen Stützbalken; anstelle eines Estrichs war ein Fußboden aus gehobelten Brettern verlegt, den das Hochwasser überschwemmte, sooft es über die Ufer trat.«

Die Ausgrabungen 1978/79 konnten die Angaben des Eugippius fast wortwörtlich bestätigen.

Es stellte sich heraus, daß in römischer Zeit eine heute längst verlandete Donauschlinge bis nahe an die Hochterrasse herangereicht hatte. In der Niederung war auch ein Teil des mittelkaiserzeitlichen Lagerdorfes, dessen grössere Hälfte allerdings auf der hochwasserfreien Hochterrasse lag. Dort befand sich in der mittleren Kaiserzeit der Donauhafen, der für die Frachtschiffe der Händler und die Kriegsschiffe des römischen Militärs von großer Bedeutung war.

In der Spätantike erbaute man in der Niederung unterhalb der Hochterrasse, im Zwickel zwischen der Mündung der *Businca* (die unter dem Namen Ohe heute noch existiert) in die Donau, das neue, und im Vergleich mit der Anlage der mittleren Kaiserzeit, wesentlich kleinere Kastell. Bis auf geringe, aber zur Lokalisierung ausreichende Spuren, verschwand dieses spätantike *Quintanis* im Mittelalter durch die zerstörerische Gewalt der Donau, da es am Prallhang der Flußschlinge gelegen war. Die Siedlung mußte an die Stelle des heutigen Dorfes verlegt werden. Jetzt fließt der Strom einige Kilometer nördlich des Ortes. Konstant von der Römerzeit bis heute blieb aber der Bestattungsplatz der Bewohner von Künzing in Gebrauch. Er lag südlich des Kastells auf der Hochterrasse in hochwasserfreiem Gebiet. Von ihm wurden in den letzten Jahren viele Gräber zerstört, einige aber, die zur Beurteilung der Situation ausreichen, planmäßig ergraben.

Aus Frauengräbern des vierten und fünften Jahrhunderts stammt eher ärmlicher Schmuck, von dem eine Auswahl auf Taf. 44 abgebildet ist. Es handelt sich um drei Armreifen aus Bronze mit stilisierten Tierkopfenden und um zwei Halsketten aus Glas- und Korallenperlen mit bronzenem bzw. silbernem Verschluß.

Römermuseum Kastell Boiotro Passau

Östlich der Fundstelle der spätrömischen Gräber in Künzing fand man bei punktuellen Grabungsschnitten auch Bestattungen des frühen Mittelalters, die sich bis zum heutigen Kirchhof des Dorfes um die St. Laurentius-Kirche hinzogen (Abb. 60).

Abb. 60 Gräber des 4.–7. Jh.s im Ortskern von Künzing (nach Rieckhoff-Pauli).

Besonders hervorzuheben ist ein Frauengrab, das an der südöstlichen Ecke der heutigen Friedhofsmauer zutage kam. Zwar war der untere Teil des Grabes und damit die untere Skeletthälfte der Toten durch einen hochmittelalterlichen Graben zerstört worden, doch hatte sich der obere Teil mit den Schmuckbeigaben im Halsbereich erhalten. Um den Hals trug die Tote eine eher bescheidene Kette aus Glas- und Bernsteinperlen. Ebenfalls im Halsbereich lag eine Almandinscheibenfibel (Taf. 45), die in die zweite Hälfte des sechsten Jahrhunderts zu datieren ist. Die Grundplatte und das Rahmenwerk der Schauseite bestehen aus dünnem Silberblech, in die so entstandenen Zellen sind sorgfältig zugeschnittene Plättchen aus Almandinen eingelegt. Diese rot schimmernden Halbedelsteine waren im frühen Mittelalter sehr beliebt,

sie wurden – meist schon fertig zugeschnitten und zugeschliffen – aus dem Mittelmeerraum importiert.

Um die Leuchtkraft der Steine zu erhöhen, wendeten die Gold- und Silberschmiede oft eine besondere Technik an: Sie unterlegten die durchsichtigen Almandinscheiben mit gewaffeltem Gold- oder Silberblech, welches das Licht vielfältig reflektierte.

Die Künzinger Dame hatte ihre Kleidung und Schmuckausstattung bereits einem Modewechsel unterworfen, der ab der Mitte des sechsten Jahrhunderts, beeinflußt von mediterranen Vorbildern, vor sich ging. Vorher trug man die in germanischer Tradition stehende Vierfibeltracht, das heißt im Schulterbereich zwei Klein- oder Scheibenfibeln, im Beckenbereich untereinander die Bügelfibeln. Letztere hatten jegliche Funktion im Zusammenhang mit der Befestigung von Kleidungsstücken längst verloren, sie waren zu reinen Schmuckstücken geworden. Diese Fibeln kamen nun ganz aus der Mode, übrig bleib eine Scheibenfibel im Brust- oder Halsbereich, die wohl auch nur noch Schmuckfunktion hatte.

Aus der Lage der bisher gefundenen Gräber der Spätantike, des frühen Mittelalters und schließlich des heutigen Dorffriedhofes von Künzing ist klar zu schließen, daß hier von der späten Römerzeit des vierten und fünften Jahrhunderts bis heute bestattet wurde.

Die heutige Dorfkirche besitzt ein Laurentiuspatrozinium, das nach Meinung der Historikerin G. Diepolder auf sehr frühe Zeiten zurückgehen könnte. Mit der Möglichkeit, daß diese Kirche in frühmittelalterliche oder gar spätantike Zeitstellung reicht, ist also mit gutem Grund zu rechnen. Archäologische Untersuchungen des Gotteshauses fanden freilich noch nicht statt.

So kann in Künzing trotz teilweise recht lückenhaften Forschungsstandes auch mit archäologischen Quellen nachvollzogen werden, was durch die ununterbrochene Tradierung des Ortsnamens *Quintanis* – Quinzina – Quintzen – Künzing längst nahe lag: Der kleine Ort Künzing gehört zu den wenigen Plätzen nördlich der Alpen, die seit der Römerzeit bis heute ununterbrochen besiedelt waren.

Römermuseum Kastell Boiotro Passau

Die Besiedlung des heutigen Stadtgebietes von Passau in vor- und frühgeschichtlicher Zeit hing in allen Perioden von der herausragenden, verkehrsgeographisch günstigen Lage des Platzes ab. Hier mündete der Inn, der eine direkte Verbindung mit dem Alpengebiet herstellte, in die Donau (Taf. 46, rechts oben). Die Ilz, von Norden kommend (Bildmitte oben), erschloß Teile des Bayerischen Waldes. Auf die Bedeutung der Donau als wichtige Ost-West-Achse muß nicht erst hingewiesen werden.

So ist es nicht verwunderlich, wenn bereits die Kelten auf der Halbinsel zwischen Donau und Inn (oberes Bilddrittel Mitte) eine befestigte stadtähnliche Siedlung, ein sogenanntes *Oppidum* anlegten. Diese keltische Stadt, im zweiten vorchristlichen Jahrhundert erbaut, besaß sogar eine größere Ausdehnung als die Ansiedlung der römischen Epoche ab der Mitte des ersten Jahrhunderts n. Chr. Die wirtschaftliche Grundlage für eine so volkreiche Siedlung bestand wohl im Handel mit alpinem Salz, das auf Salzach und Inn herabgeschifft und auf der Donau weiterverhandelt wurde. Der Salzhandel sollte auch einer der wichtigsten Wirtschaftszweige des Mittelalters und der Neuzeit werden. Ein weiteres ganz bedeutendes Handelsgut war der Graphit, der nordöstlich von Passau bei Kropfmühl seit vorgeschichtlicher Zeit gewonnen und verhandelt wurde. Besonders in der spätkeltischen Epoche verwendete man ihn zur Herstellung feuerfester Töpfe. Um die Mitte des ersten vorchristlichen Jahrhunderts hörte das Passauer *Oppidum* auf, zu bestehen.

Es sollte rund ein Jahrhundert dauern, bis die Römer den Platz wieder besetzten. Einen Zusammenhang zwischen der Keltensiedlung und den ersten römischen Militärposten, die beiderseits des Inn entstanden, gab es nicht. Das östliche Niederbayern – und damit auch der Raum des heutigen Passau – wurde nämlich erst lange nach dem Aufhören der keltischen Zivilisation um die Mitte des ersten vorchristlichen Jahrhunderts und lange nach der Okkupation des westlichen Voralpenlandes 15 v. Chr. durch die Römer besetzt.

Im Passauer Raum bildete die Donau die Nordgrenze des römischen Reiches, der Inn die Grenze zwischen den Provinzen Raetien im Westen und Norikum im Osten. Zugleich war der Inn auch Zollgrenze zwischen dem gallischen und dem illyrischen Zollbezirk. Früheste römische Funde aus Passau erbrachten die Grabungen unter der Kirche des Klosters Niedernburg. Möglicherweise liegen hierin die Spuren eines ersten Militärpostens vor. Spätestens im frühen zweiten Jahrhundert entwickelte sich auf der raetischen Seite des Inn unter der heutigen Passauer Alstadt eine größere Ansiedlung, die man sich als Lagerdorf (*vicus*) eines zu vermutenden, aber noch nicht gefundenen Kastells vorstellen kann (oberes Bilddrittel Mitte).

Erst um 100 n. Chr. entstand in der Rosenau in Passau-Innstadt ein kleines Kastell, das wohl einen *numerus* (kleinere Auxiliareinheit) als Besatzung hatte (Mitte, ganz rechts). Der dazugehörige *vicus* erstreckte sich vor allem nach Westen zu, ein Brandgräberfeld schloß sich an. Das ursprünglich in Holz-Erde-Technik errichtete, im zweiten Jahrhundert in Stein ausgebaute Kastell war ca. 1,3–1,4 ha groß, seine Nordseite hat der Inn weggespült. Als Name von Kastell und *vicus* ist *Boiodurum* überliefert.

Diese Siedlungen der mittleren römischen Kaiserzeit auf der raetischen und der norischen Seite des Inn teilten das Schicksal der allermeisten römischen Ansiedlungen Raetiens, sie wurden um die Mitte des dritten Jahrhunderts durch die Überfälle der Alamannen in Schutt und Asche gelegt.

Die einzigartige Lage Passaus an einem verkehrsgeographisch so wichtigen Platz wurde – wie bereits erwähnt – schon von den Kelten erkannt und genutzt. Die stadtähnliche Großsiedlung (*Oppidum*) des zweiten und ersten vorchristlichen Jahrhunderts war ein Handelsplatz allerersten Ranges. Eine besondere Rolle spielte der Transport auf dem Wasserweg. Auf dem Inn kam das lebensnotwendige Salz aus dem Alpenraum, auf der Donau verhandelte man den zur Keramikherstellung in keltischer Zeit sehr beliebten Graphit. In der Römerzeit spielten diese Güter keine Rolle mehr, der Handel auf Inn und Donau florierte aber dennoch. Als Zeugnis dafür wurde erst jüngst ein römischer Grabstein aus dem Inn gebaggert, der eine bewegte Geschichte hinter sich hat. Als Teil eines größeren Grabmals stand er einst auf dem Friedhof der Zivilsiedlung des römischen Passau, der sich im zweiten und dritten Jahrhundert außerhalb der blühenden Ansiedlung erstreckte.

Die lateinische Inschrift auf der Vorderseite lautet in der deutschen Übersetzung durch H. Wolff:

»Den göttlichen Ahnengeistern: dem Publius Tenatius Essimnus, dem Wein-Großhändler, der seinen rechtlichen Wohnsitz in Iulia Tridentum hatte (und) mit 57 Lebensjahren verstorben ist, hat Publius Tenatius Paternus als seinem sehr lieben Vater (dieses Grabmal) gemacht«

Auf den beiden Seitenflächen des Steins befinden sich Reliefdarstellungen. Die linke (auf Taf. 47 nicht sichtbare) Seite zeigt einen bärtigen Mann, der ein Gefäß hält, neben ihm sind zwei Weinfäßchen gestapelt. Auf der rechten Seite füllt ein bärtiger Mann mit einem Stechheber Wein in ein Trinkgefäß, links von ihm türmen sich drei Weinfässer.

P. Tenatius Essimnus, der aus dem heutigen Trient stammte, lebte also vom Import oberitalischen Weins nach Passau, den er in Holzfässern abgefüllt auf dem Inn bezog. Vorher hatte das edle Getränk einen schwierigeren Transportweg hinter sich. Es war in Italien, wahrscheinlich in Trient, in Lederschläuche gefüllt und von dort auf Tragtieren über die Alpenpässe gebracht worden bis zu einer Stelle, wo der Inn schiffbar wurde.

Mit Sicherheit dürfte bei weitem nicht aller Wein, den die Firma des Essimnus importierte, nur durch die durstigen Kehlen der Passauer geronnen sein, auch donauaufwärts und -abwärts wohnten in den Militärlagern und Zivilsiedlungen begeistere Abnehmer für einen edlen Tropfen.

Man kann sich sogar vorstellen, daß mancher germanische Häuptling im fernen Böhmen sich den dort gewiß nicht billigen Wein des Essimnus schmecken ließ, der mühselig auf Saumtieren über den Bayerischen Wald und den Böhmerwald transportiert werden mußte. Für Essimnus aber muß sich das Geschäft gelohnt haben, denn sein aufwendiger Grabstein weist darauf hin, daß er ein vermögender Mann war.

Der florierende Fernhandel brachte freilich noch viel mehr exotische Waren nach Passau, als nur italischen Wein. Durch archäologische Funde weiß man, daß auch Tafelgeschirr aus Frankreich und vom Rhein, Gläser aus Pannonien, Italien und dem Rheinland, Olivenöl aus Spanien und vieles andere mehr nach Passau verhandelt wurde.

Die Erhaltung des Steines, dieses wichtigsten Zeugnisses für den Italienhandel im römischen Passau, verdankt man nur dem Zufall. Der Grabstein des Essimnus wurde im späten dritten oder im vierten Jahrhundert in die spätrömische Kastellmauer verbaut. Vielleicht gelangte er von dort noch in mittelalterliches Mauerwerk. Irgendwann aber kippte diese Mauer in den Inn, oder man schüttete den Stein zusammen mit anderem Steinmaterial absichtlich in den Fluß, um einen Wellenbrecher für den mittelalterlichen Salzhafen zu errichten. Auf jeden Fall aber blieb er auf diese Weise gottlob erhalten und wanderte nicht, wie wohl die meisten römischen Steininschriften Bayerns, in die mittelalterlichen und neuzeitlichen Kalköfen.

Römermuseum Kastell Boiotro

D · M
P · ENAIO · ESS
IMNO · NEGOT
IANTI · VINAR
IARIO · DOMO
IVLIA · TRIDEN
VM · ENNO · LVII
P · ENAIVS · PAER
NVS · PATRI
PIENTISSIMO
FECIT

Als spätestens mit der Absetzung des letzten weströmischen Kaisers Romulus Augustulus im Jahre 476 die Soldzahlungen für die römischen Grenztruppen in Raetien und Norikum aufhörten, traten an der Donaugrenze im östlichen Raetien und in Norikum besondere Verhältnisse auf. Aus der *Vita Severini* geht hervor, daß sich mit Ausbleiben der Soldzahlungen die römische Grenzverteidigung weitgehend aufgelöst hatte. Nur noch in Ufernorikum und im östlichsten Teil Raetiens hielt sich ein römisch beherrschtes und von regulärem Militär verteidigtes Gebiet, das vor allem von Westen her ständig bedroht war. Die Angreifer werden als Alamannen und Thüringer bezeichnet, es handelt sich hierbei vielleicht um Gruppen, die noch wenige Zeit vorher als Söldner in römischen Diensten standen. Als politischer und geistlicher Führer der restlichen Romanen trat nach dem Tode des Hunnenkönigs Attila (453) der Heilige Severin auf, der sich auch mehrmals in Passau aufhielt.

In Passau hat nun die Forschung die Chance, die Ergebnisse der archäologischen Untersuchungen der schriftlichen Überlieferung gegenüberzustellen und so auch eine gewisse Gegenkontrolle zu erreichen. Soweit sich dies beim gegenwärtigen Stand der Dinge sagen läßt, scheinen sich freilich dabei kaum schwerwiegende Widersprüche zu ergeben.

Besonders deutlich zeigt sich im archäologischen Fundmaterial die Fortdauer römischen Lebens in Passau an der Keramik. Die Masse des Geschirrs bilden scheibengedrehte Gefäße provinzialrömischer Tradition. Häufig treten etwa Teller und Schalen auf, deren Innenseite gelbgrüne Bleiglasur aufweist (Taf. 48, hinten). Diese Geschirrsorten sind westlich von Künzing, also außerhalb des in der Vita Severini als römisch gekennzeichneten Gebietes, derzeit fast völlig unbekannt.

Auch Reibschüsseln oder kleine Schälchen (Taf. 48, unten rechts, kleinste und mittlere Schale) sind mit gelbgrüner, vereinzelt brauner, Bleiglasur versehen. Glasierte Keramik kommt in der zweiten Hälfte des vierten und im fünften Jahrhundert vor, auf die Zeit um 400 und das fünfte Jahrhundert beschränkt sind einglättverzierte Gefäße (Taf. 48, unten rechts, vorletzte Schale; vorn in der Mitte Knickwandbecher).

Sehr häufig gibt es auch hart gebrannte, rauwandige und grautonige Knickwandschalen mit profiliertem Oberteil (Taf. 48, unten rechts, zweites Gefäß).

In wesentlich geringerem Umfang begegnet in Passau importiertes Geschirr. Ganz vereinzelt tritt Terra Sigillata Chiara aus Nordafrika (Tunesien) auf, auch Stücke aus der Mitte des fünften Jahrhunderts. Als Import aus Nordfrankreich findet sich in Passau Terra Sigillata aus den Argonnen. Typisch dagegen ist einfache, z. T. handgemachte Keramik (Taf. 48, unten links, Topf mit Deckel) und eine sehr späte Keramikart des fünften Jahrhunderts (Taf. 48 Mitte, Krug).

Als seltenen Fund gibt es in Passau auch die ansonsten in Ostbayern so häufige germanische Keramik des Typs Friedenhain-Přešťovice (Taf. 48, Mitte links). Sie ist allerdings im Verhältnis zur römischen Keramik der gleichen Zeit so spärlich gesät, daß ihre Hersteller, die Germanen böhmischer Herkunft, nur eine kleine Minderheit in der Bevölkerung des spätantiken *Batavis* gewesen sein können.

Die datierbaren Keramikfunde aus den Passauer Grabungen enden vor dem Ende des fünften Jahrhunderts. Dieser archäologische Befund stimmt gut mit den Angaben der Vita Severini überein, wo berichtet wird, daß die Bewohner von *Batavis* durch die ständige Germanengefahr gezwungen wurden, ihre Stadt zu räumen und nach *Lauriacum* (Lorch) zu ziehen.

Ganz ohne Einwohner kann aber Passau nicht geblieben sein, denn die Namen von *Batavis* blieben im Namen Passau, von *Boiotro* im Beiderbach, Beiderwies etc. erhalten. Diese vorauszusetzende Siedlungskontinuität bis in das frühe Mittelalter hinein, kann seitens der Archäologie noch nicht nachvollzogen werden, es fehlen bisher aus dem Passauer Stadtgebiet Funde, die in die Zeit um 500 und später datieren. Anscheinend hat der bei Eugippius geschilderte Abzug bzw. der Überfall der Thüringer die Stadt weitgehend entvölkert, so daß *Batavis* zwar bestenfalls als noch von einigen Menschen bewohnter Platz, keineswegs aber als Stadt, das fünfte Jahrhundert überlebt hat.

Römermuseum Kastell Boiotro Passau

Taf. 49 Römische Fibeln aus dem Kastell *Batavis*, 4./5. Jh.
Passau

Aufgrund der bitteren Erfahrungen, die man im dritten Jahrhundert mit den Alamannen gemacht hatte, wurde das römische Heerwesen um 300 einer gründlichen Reform unterzogen. Während früher die römische Armee, bestehend aus Legionen und Auxiliartruppen nur entlang der Grenze stand, wurde sie jetzt zweigeteilt. Im Hinterland operierte als Eingreifreserve das Bewegungsheer *(comitatenses),* das wegen seiner besseren Kampfkraft in hohem Ansehen stand. An den Grenzen aber standen die Grenztruppen *(limitanei)* von minderem Rang. Sie waren gegenüber früheren Zeiten erheblich reduziert worden und benutzten als Garnisonsorte kleinere, aber wesentlich stärker befestigte Kastelle. Auch in Passau gab man die größeren Kastelle der mittleren Kaiserzeit auf und erbaute neue kleinere, aber stärkere Wehranlagen für die Grenztruppen.

Besonders gut erforscht ist das spätrömische Kastell in der Passauer Innstadt, dessen Namen in der Vita Severini mit *Boiotro,* einer Verballhornung des älteren *Boiodurum,* überliefert ist. Es unterschied sich in Form, Größe und Funktion grundsätzlich von seinem innabwärts gelegenen Vorgängerbau, dem mittelkaiserzeitlichen Kastell *Boiodurum.*

Man errichtete es in der Grundform eines unregelmäßigen Trapezes im Zwickel zwischen dem Inn und der Mündung des Beiderbaches. Heute steht auf dem Kastellgelände das Römermuseum Kastell Boiotro als Zweigmuseum der Prähistorischen Staatssammlung München. Wesentliche Bereiche der antiken Anlage sind im Freigelände des Boiotro-Museums sichtbar, die gesicherten Reste der Kastellmauer und des Tores unter der heutigen Lederergasse wurden durch dunklere Straßenpflasterung markiert.

Die Bruchsteinmauern der Wehrbauten, auf Holzpfählen gegründet, waren 2,4 m, an der Südseite sogar 3,6 m stark. An der Südseite sind zwei Fächertürme nachgewiesen. Während diese Turmart im mittleren und unteren Donauraum wohlbekannt ist, kennt man sie in den westlich anschließenden Grenzgebieten nicht. Die Form der an der Nordseite ebenfalls vorauszusetzenden beiden Türme ist durch Grabungen nicht gesichert. Gesichert dagegen ist das einzige Tor an der Nordfront, dessen Überreste in der heutigen Lederergasse festgestellt wurden. Um das Kastell verlief ein flacher Spitzgraben, dessen Breite an der Südseite mit ca. 8 m festgestellt wurde. Die Innenbebauung lehnte sich an die Außenmauern an, es handelte sich dabei, wie die tiefgründig fundamentierten Pfeiler lehren, um mehrgeschossige Arkadenreihen, in denen Wohn-, Verwaltungs- und Speicherräume lagen.

Vom wesentlich größeren Kastell *Batavis* auf der westlichen Seite des Inn gibt es keine so eindeutigen Bebauungsspuren, aber wesentlich mehr Fundmaterial. Besonders Teile der Ausrüstung und Bewaffnung des spätrömischen Heeres fanden sich hier häufig, darunter die für die Soldaten typischen Zwiebelknopffibeln aus Bronze (Taf. 49, oben, Mitte links und rechts.) Die bronzene Pferdchenfibel (Taf. 49 Mitte) aus *Batavis* und die Eisenfibel des fünften Jahrhunderts aus *Boiotro* (Taf. 49, unten rechts) wurden von römischen Zivilisten getragen. Die Eisenfibel (Taf. 49, unten) stammt allerdings aus einem ganz anderen kulturellen Umfeld. Sie wurde von einem Germanen aus weiter östlich gelegenen Gebieten nördlich der Donau mitgebracht.

Römermuseum Kastell Boiotro

Taf. 50 Eiserne Waffen und Geräte des 3.–5. Jh.
Passau-Niedernburg

Die Grabungen unter der Klosterkirche Hl. Kreuz des Klosters Niedernburg in der Altstadt von Passau erbrachten eine unerwartet reiche Fülle von Funden und Erkenntnissen. Angefangen von Zeugnissen der keltischen Zeit waren es besonders die Häuser des Lagerdorfes aus dem zweiten und dritten Jahrhundert, aus deren Resten eine große Anzahl von Kleinfunden geborgen werden konnte. Als besonders ergiebig erwiesen sich die Brandschichten, die von der Zerstörung der Alamanneneinfälle herrührten. Im Bereich dieser Häuser muß sich einst eine Metall verarbeitende Werkstatt befunden haben, in der auch Waffen hergestellt oder repariert wurden. So erklären sich Funde wie eine Beißzange (Taf. 50, unten Mitte), ein Bleibarren oder zahlreiche Reste militärischer Ausrüstung.

Die meisten Funde aus dieser Grabung aber datieren in das vierte und fünfte Jahrhundert. Allein über 1000 Münzen konnten durch die sorgfältige Arbeit der Ausgräber aus den dicken Kulturschichtpaketen unter dem Fußboden der Kirche registriert werden.

Unklar blieb freilich der spätantike Baubefund. Mit den Grabungsflächen befand man sich offensichtlich im Innenhof eines großen Steingebäudes, der innen von mächtigen Pfeilern umgeben war. Vor der endgültigen Durcharbeitung der Grabungsunterlagen und Funde bleibt unklar, ob es sich dabei um die Reste eines großen öffentlichen Gebäudes handelt, oder ob hier gar die Teile einer spätantiken Festung vorliegen, in der sich das Militär innerhalb der Festungsstadt *Batavis* niedergelassen und von der Zivilbevölkerung abgesondert hatte.

Die Funde aus dem Innenraum der Anlage gehören vorwiegend dem militärischen Bereich an, sind aber auch in einiger Menge rein zivilen Ursprungs. Auf Taf. 50 sind Eisenfunde dargestellt, die aus Niedernburg stammen. Eisen wird bei Ausgrabungen stets im Zustand starker Korrosion angetroffen, die es in der Regel der sofortigen Beurteilung entzieht. Erst die zeitraubende und mühevolle Arbeit des Restaurators kann seine ursprüngliche Gestalt wieder hervorzaubern. Dazu tränkt man den brüchigen Rostklumpen in der Werkstatt des Museums mit Kunststoff und schleift ihn vorsichtig mit einem Schleifrädchen frei. Die besondere Kunst besteht darin, im Rost die alte Oberfläche zu erkennen und so vorsichtig die ursprüngliche Form des Gegenstandes wieder zum Vorschein zu bringen.

Von den Eisenfunden der Grabungen in Passau sind die wenigsten noch restauriert, das hier gezeigte Material stellt nur eine kleine Auswahl aus dem vorhandenen Bestand dar. Die beiden Eisenmesser mit breiter Klinge, deren Holzgriffe vergangen sind (Taf. 50, oben links) sind eine typische Form der Spätantike. Auch die hier abgebildeten Pfeil- und Lanzenspitzen kommen in dieser Form nur im vierten und fünften Jahrhundert vor.

Einen bemerkenswert zeitlosen Gegenstand dagegen stellt das sternförmige Gerät (Taf. 50, Mitte) dar. Dieser aus vier Stacheln hergestellte sog. Krähenfuß erfreut sich noch bei Gangstern und Guerillakämpfern des 20. Jahrhunderts großer Beliebtheit, allerdings nicht, um wie in der Römerzeit, die Pferde der angreifenden Reiterei aufzuhalten, sondern um Autoreifen zu zerstechen und so Polizei und feindliches Militär außer Gefecht zu setzen.

Römermuseum Kastell Boiotro

Namen- und Ortsregister

Abensberg 8
Adrianopel 35
Afra 47, 88
Afrika 86
Agilolfinger 48, 74, 80, 90
Alamannen 7, 19, 20, 23, 24, 28, 29, 33, 41, 46, 47, 50, 61, 66, 68, 72, 80, 82, 94, 96, 98, 100, 102, 106, 108, 122, 128, 134, 136, 144, 148, 150, 156, 160, 162, 164
Alarich 35, 40
Alburg 120
Alkofen 12, 24, 34, 80
Allachbach 27
Alteglofsheim 46
Altenmarkt 34, 118
Altmühl 34, 118
Ammianus Marcellinus 29
Arabien 114
Arbeo 80
Ariovist 10
Argonnen 84, 102, 114, 130
Arkadius 35
Armenien 8, 15
Arrian 68, 70
Attila 40, 132, 152, 160
Augsburg (Augusta Vindelicum) 10, 19, 23, 47, 86, 88
Augustus 10
Aventinus (Johannes Turmair) 8
Awaren 90, 136, 140

Bad Abbach 17, 30, 80
Bad Gögging 17, 30, 57, 58, 59, 61
Baiern, Bajuwaren 8, 44, 46, 47, 48, 50, 54, 57, 61, 74, 76, 90, 96, 106, 116, 120, 126, 128, 130, 136, 138, 140, 142, 144
»Balmung« 104
Barbatio 29
Barbing-Irlmauth 50, 102, 104, 106
Barbing-Kreuzhof 62, 106
Basel 61
Bayern 7, 35, 45, 61, 62, 72, 74, 80, 88, 106, 112, 116, 120, 132, 158
Bayerischer Wald 15, 33, 116, 118, 146, 156, 158
Beiderbach 44, 160, 162
Beiderwies 44, 160
Berching-Pollanten 20, 21, 22, 62, 98, 100
Boier 10
Böhmen 10, 15, 16, 19, 33, 34, 36, 40, 41, 46, 47, 48, 50, 61, 72, 78, 80, 84, 98, 106, 116, 118, 122, 128, 158, 160
Böhmerwald 15, 33, 116, 118, 158
Bregenz 40
Britannien 72

Budapest 138
Bulgarien 148
Businca 27, 152
Byzanz 46, 140, 142

Cäsar 10
Caracalla 19, 86
Cassiodor 47
Castrum Lucullanum 41
Cham 34, 118
Cham-Further Senke 15, 33, 34, 118
China 114
Chnodomar 29
Chur 23
Claudius 10
Constans 29
Constantin d. Große 23, 29, 88
Constantius II. 29

Deggendorf 9, 12, 56, 62, 136, 148, 150, 152, 154
Dingolfing-Landau, Landkreis 9, 52, 62, 138, 140, 142, 144, 146
Dinkelsbühl 61
Diocletian 23, 88
Dittenheim 34
Doliche 110
Domitian 12
Donau 7, 8, 10, 11, 12, 15, 16, 19, 20, 25, 26, 27, 28, 29, 30, 31, 33, 34, 40, 41, 42, 44, 45, 46, 47, 48, 49, 51, 54, 57, 61, 66, 74, 76, 78, 92, 96, 102, 108, 112, 114, 116, 118, 130, 134, 136, 148, 152, 156, 158, 162

Edirne 35
Eining (Abusina) 7, 8, 12, 15, 20, 24, 28, 30, 34, 36, 57, 61, 63, 66, 68, 70, 72, 80, 88, 108
Eining-Unterfeld 15
Erlangen 9
Essimnus, P. Tenatius 158
Eugippius 30, 41, 61, 152, 160

Franken 40, 46, 47, 48, 57, 74, 102, 128, 130, 140, 142, 144
Frankfurt 9
Frankreich 47, 158
Frauenberg 11, 24, 30, 31, 32, 34, 61, 76
Freising 80
Friedenhain 33, 34, 37, 38, 42, 47, 48, 50, 52, 116, 118, 128, 160

Gallien 10, 12, 29, 40, 130
Gäuboden 30, 92, 96, 128
Gauting 40
Geiserich 40

Germanen 15, 19, 20, 29, 30, 33, 34, 35, 36, 37, 40, 41, 42, 44, 46, 47, 50, 61, 62, 72, 74, 78, 80, 84, 86, 88, 96, 98, 100, 102, 106, 108, 114, 116, 118, 122, 128, 132, 154, 158, 160, 162
Gibuld 41
Goldberg 34
Gordian III. 20
Goten 8, 29, 33, 35, 45, 53, 54, 55, 72

Hadrian 68, 70
Harting 20, 49, 53, 54, 55, 62, 63, 94, 96, 98
Helvetien 12
Hermunduren 19
Herodian 19
Heruler 132
Herzogmühle 12, 15
Hiroshima 20
Honorius 35
Hunnen 40, 41, 45, 46, 132, 160

Iller 61
Illyrien 19, 156
Ilz 156
Indien 114
Ingolstadt 11, 24, 34, 76
Inn 27, 34, 61, 156, 158, 162
Irl 62
Isar 34, 48, 51, 54, 136
Italien 19, 23, 29, 35, 41, 44, 45, 46, 47, 54, 74, 100, 114, 142, 158

Jordanes 47
Jugoslawien 19
Julian 29
Justinian 142
Juthungen 20, 29, 30, 33, 36, 96, 98, 100, 102

Kapfelberg 80
Kápolnásnyék 138
Karpathenbecken 132
Kelheim 9, 12, 17, 57, 58, 59, 61, 62, 63, 66, 70, 72, 74, 76
Kelten 10, 156, 158, 164
Kempten 40
Kirchmatting 134
Kleinasien 110
Klettham 106
Konstantinopel 35, 45
Kropfmühl 156
Künzing (Quintanis) 12, 20, 26, 27, 28, 41, 42, 44, 62, 108, 136, 148, 150, 152, 154, 160

Landau 138, 140, 142, 144, 146
Landshut 9, 92

Langobarden 8, 46, 47, 48, 50, 52, 54, 61, 74, 128, 136, 138, 140
Lech 34, 47
Linz 11, 76
Lorch (Lauriacum) 42, 45

Mähren 106
Magnentius 29
Mailand 88
Manching 24
Mangolding 12, 15
Marc Aurel 15, 78, 80
Maria Ponsee 138
Markomannen 15, 78
Martin, hl. 47
Mauernhof 14, 92
Mautern (Favianis) 41
Meckatz 61
Mesopotamien 15
Mitteldeutschland 98, 122
Moldau 34
Moos-Burgstall 11, 12, 13, 54, 56, 62, 136, 148
München 9, 63, 68, 70, 138, 140, 142, 144, 146, 150

Naab 16, 25, 34
Neapel 41, 45
Nedao 132
Neuburg 34, 61
Neumarkt 20, 98, 90
Neustadt 58, 59, 61, 63
Nero 12
Niederbayern 61, 62, 156
Niederösterreich 41, 90, 106, 128, 136, 138
Nordafrika 40, 84, 114, 160
Nordbayern 29, 33, 118
Nordböhmen 98
Nordfrankreich 84, 114
Nordgau 8
Nordgriechenland 148
Nordsee 30, 61
Norikum 13, 27, 28, 30, 42, 61, 106, 156, 160

Obergermanien 19
Oberitalien 100, 114, 124, 130, 136
Oberndorf 30
Oberösterreich 42
Oberstimm 11, 76
Oberpfalz 20, 61, 62
Odoaker 41, 44, 45
Ohe 27, 42, 152
Ostbayern 7, 8, 11, 12, 13, 17, 19, 20, 28, 33, 40, 42, 50, 54, 62, 66, 98, 118, 160
Ostgermanen 29, 41, 46
Ostgoten 44, 45, 46, 47, 48, 50, 62, 104, 122, 128, 142
Ostraetien 30, 33, 36, 40
Oströmisches Reich 35, 41, 45, 46, 132, 142
Ostsee 100, 124

Pannonien 13, 40, 42, 106, 114, 130, 158
Parther 15
Passau (Batavis) 7, 9, 11, 12, 27, 28, 30, 34, 41, 42, 61, 62, 88, 156, 158, 160, 162, 164
Passau-Haibach 30, 61
Passau-Innstadt (Boiodurum/Boiotro) 12, 27, 28, 42, 43, 44, 61, 62, 63, 136, 150, 152, 154, 156, 158, 160, 162, 164
Peigen 51, 52, 62, 138, 140, 142, 144, 146
Perser 19, 20, 86, 134
Pilsen 34
Pilsting 62
Pocking 106
Poitiers 47
Plattling 136
Prag 34
Přeštovice 33, 34, 37, 38, 42, 47, 48, 50, 52, 116, 118, 128, 160
Probus 23

Raetien 10, 11, 13, 15, 19, 20, 23, 29, 33, 35, 40, 41, 42, 45, 61, 78, 88, 108, 116, 130, 134, 152, 156, 160
Regen 15, 16, 34, 78
Regensburg (Reginum/Castra Regina) 9, 12, 14, 15, 16, 19, 20, 24, 25, 28, 29, 30, 34, 36, 37, 38, 42, 44, 46, 47, 48, 49, 53, 54, 55, 61, 62, 63, 72, 74, 76, 78, 80, 82, 84, 86, 88, 90, 92, 94, 96, 98, 100, 102, 104, 106, 114, 144, 148
Regensburg-Großprüfening 16, 25, 30
Regensburg-Kumpfmühl 12, 16
Rhein 10, 12, 13, 29, 40, 61, 130, 134, 158
Römer 10, 13, 15, 19, 20, 29, 34, 35, 37, 40, 45, 46, 72, 76, 84, 86, 88, 92, 94, 100, 106, 108, 118, 122, 128, 130, 132, 134, 136, 138, 140, 142, 148, 150, 152, 154, 156, 158, 160, 164
Rom 11, 15, 19, 35, 40, 41, 78
Romanen 37, 40, 41, 42, 44, 45, 47, 49, 61, 90, 96, 140
Romulus Augustulus 41, 102, 160
Rotes Meer 124
Rugier 41, 42, 44, 132

Saalburg 66
Salzach 156
Salzburg 40
Sarmaninna 29, 88
Schottland 86
Schwarzach 34
Severin, hl. 30, 41, 42, 44, 45, 46, 61, 88, 148, 152, 160
Severus Alexander 19, 134
Siegfried 104
Silvanus 29
Skiren 41
Spanien 40, 114, 158
Stallwanger Senke 34, 118
Staubing 57, 61, 74, 76

Steinkirchen 12, 27
Stilicho 35
Straßburg 29
Straubing (Sorviodurum) 9, 12, 15, 16, 20, 26, 27, 28, 30, 33, 34, 36, 38, 39, 40, 44, 47, 51, 61, 62, 63, 68, 92, 108, 110, 112, 114, 116, 118, 120, 122, 124, 126, 128, 130, 132, 134
Straubing-Bajuwarenstraße 33, 40, 45, 48, 49, 50, 51, 52, 106, 120, 122, 124, 126, 128, 130, 132
Straubing-Bogen, Landkreis 9
Sueben 10, 40, 132
Südrußland 132
Südwestböhmen 116, 118
Sulz 34, 98
Sulzbürg 20
Syrien 110, 134

Taunus 66
Thaldorf 30
Theoderich der Große 44, 45, 46, 48, 104
Theodosius der Große 35, 88
Theudebert 46
Thrasamund 104
Thüringen 33, 41, 46, 48, 84, 160
Titus 12, 66
Tours 47
Trient (Iulia Tridentum) 158
Trier 17
Türkei 35, 148
Tunesien 84, 114, 160

Ufernorikum 41, 44, 152, 160
Ungarn 19, 76, 90, 128, 136, 138
Unterirading 30
Untersaal 30, 61

Valentinian 30
Vallatum 24, 28, 36, 76
Vandalen 35, 40, 104
Venantius Fortunatus 47
Vegetius 68
Vespasian 12
Vindeliker 10

Wachau 41
Weißenburg 34, 118
Weltenburg 11, 24, 30, 31, 32, 34, 36, 61, 74, 76
Westgoten 35, 40, 41
Weströmisches Reich 35, 40, 41, 152, 160
Wien 41
Wieland 104
Wolfgang, hl. 76

Zaitzkofen 14, 92
Zeno 45
Zentralasien 132, 136
Zentralfrankreich 114
Ziegetsdorf 25, 88